風險社會典範轉移
打造為公眾負責的治理模式

周桂田◎著

國立臺灣大學社科學院 風險社會與政策研究中心 Risk Society and Policy Research Center ｜ 遠流

風險社會的嚴峻考驗

顧忠華／國立政治大學社會系兼任教授

「風險」和「安全」是一組相關連的概念，當我們處在一個安全感高的環境中時，我們會覺得周遭的一切都是可信任、不會傷害到自己的人和事物，然而當這種信任感被破壞時，那麼任何來自大自然或人類社會的力量，突然間都有可能變成「風險源」，直接或間接危害到我們的生命、健康、財產、乃至全面生活。

在台灣，2014 年似乎是這麼一個反轉我們安全認知的年份，發生在高雄的丙稀氣爆事件，完全暴露了地下石化管線的高危險性，但以石化工業起家的高雄地區，竟然毫無警覺這類工業災害隱含的風險！過了幾天，新北市也出現傷亡慘重的瓦斯氣爆意外，很多台灣民眾驚慌失措，我們的日常生活大量依賴石化能源，誰知道這些輸送管線何時會釀成巨災？要住在哪裡才享有真正的安全？

更令人恐慌的是，中秋節前夕爆出了食用油品的嚴重安全問題，一家曾獲得政府頒發「金商獎」，並有 GMP 和 ISO 認證的公司，其生產原料被查出來自「餿水油」（或大陸俗稱的「地

溝油」），這個訊息如晴天霹靂，本來去年才經歷過「棉籽油」事件，好不容易恢復的消費者信心一夕崩潰，這代表台灣的食品安全根本沒有保障，誇張一點的說，我們的食衣住行哪一項沒有存在風險？再加上地震、颱風，還有類似日本 311 福島核災的陰影，這種不安全、不確定的日子真是難過！

也是在這樣的情境脈絡下，周桂田教授出版的《風險社會典範轉移》非常具有現實性和啟發性。他所提供的種種思考，包括如何看待風險的結構及治理問題、如何理解風險全球化及其後果、如何「解構」風險背後的專家壟斷及官僚支配、以及如何省思高科技風險所揭露出的「無知」……這一切圍繞著風險社會的論述，猶如一面照妖鏡，映照出今天的人類無時無刻不受到工業化及全球化帶來的災變威脅，但是大部分的政府和民眾仍然「徘徊在舊的治理與管制觀點」，無怪乎始終擺脫不了災難一旦發生，頂多祭出亡羊補牢措施，卻在預防風險上根本束手無策的宿命。

這樣的窘境，就上述的幾個台灣案例，已經展現無遺，因此我個人相當期待讀者們能夠從這本《風險社會典範轉移》著作中，汲取到作者累積多年的智慧和洞見，對於風險認知、辨識、評估、溝通、處理、到通盤式的治理，都有深刻的體會，並在適當的時機充分應用，一起以行動來建立台灣風險治理的新典範。

最後，從周桂田教授鍥而不捨地關注風險社會議題，同時在台大社會科學院成立「風險社會與政策研究中心」來看，他在德國求學期間的指導教授貝克先生（Ulrich Beck，他也是最早提出「風險社會」概念的社會學者）一定非常欣慰。貝克教授在參與德國總理梅克爾針對日本核災後，德國能源政策應如何調整的諮詢委員會中，大力主張應為下一代著想，不再使用核能發電，結果導致德國採取了全面廢核的政策。

　　這種「典範轉移」的經驗，相信有許多值得台灣學習的地方，但願台灣政府和公民們能夠逐漸擺脫面對風險的僥倖心態，真正打造出一個人人安居樂業的安全家園，而周桂田教授對此想必可以有積極的貢獻，是為序。

2014/9/8 於中秋節

自 序

　　人類學式震撼。2014 年春，中國三十七個城市細懸浮微粒 PM2.5 超標；南韓世越號船難，三百多青年學子喪生；7 月 31 日夜，台灣高雄石化管線氣爆，包括消防兄弟與居民三十一人消逝；8 月 3 日，中國昆山台商中榮金屬拋光車間粉塵爆炸，八十五人罹難；8 月 19 日，日本廣島土石流滅村，五十二人死亡，二十八人失蹤，如台灣 2009 年八八風災小林村滅，四百多人罹難之哀痛；中秋節前夕，台灣再度爆發餿水油事件，衝擊全台。

　　這些是我們日常生活周遭跨越階級、國族、種族、性別、世代的人類學式的震撼。

　　近十多年來，在東亞，無論在台灣、日本、南韓、香港或中國，人們面對這些無止無盡的食品污染或風險（美國狂牛症牛肉、三聚氰胺奶粉、戴奧辛污染肉品、塑化劑污染食品、美國強推瘦肉精牛肉、基因改造食品等）、福島核災輻射污染擴散、輻射食品、PM2.5 懸浮微粒污染擴散、劇烈氣候變遷引發大規模的土石流或洪水，甚至快速的老人化、少子化等，已經形成這個

區域特殊的社會、經濟、環境與生存風險威脅。

物壯則老。而我們這些年輕的國家政體與社會日復一日的不斷承受這些苦難與風險，如果像風險社會理論中的反身性，整體國家與社會能因此覺醒與翻轉，在鉅變中能徹底轉型朝向更永續、健康的未來發展，不啻是世代間重大工程與幸運。欣喜的是，物壯則老，這些東亞國家與社會，包括台灣，都仍然年輕強健，仍然都有翻轉轉型的機會；然而，老子的智慧是審度舊有社會自然的韻律，倡議社會的自然變動在一切規律中流轉；但我不禁懷疑，這些東亞區域間人類學式的震撼，已經一次一次逾越舊有社會朝向現代化的法則，甚至超過貝克 1986 年分析西方式的風險社會，而使得這個區域內社會更為脆弱。東亞、台灣風險社會之反身性（政治、社會）運動，拉得回來嗎？要拉向哪一個方向？

剝削式資本主義，深化與驅動這個區域內各國商業與工業獲利者，僅有少數具有良心、前瞻與社會關懷的社會創業家（企業家、創業家）能在這個遲滯、隱匿的結構中，清晰向前，引領社會，而不像許多產業一般，墮落與推諉，一次次的淪落於社會信任的道德底線之下。技術官僚、新自由主義式的專家政治，代表這個區域間的政府治理特性，其欠缺前瞻的永續經濟洞見與執行力，並停留於二十世紀實證主義式的風險治理典範，當然一次次錯失風險溝通與公眾民主參與，當然造成政府與公眾的對峙及高

度不信任。然而，這樣的政府治理，能通過已經不斷發生、嚴峻的全球化跨界風險的挑戰嗎？

反身性治理。政府治理轉型怠惰、政黨競爭轉型怠惰、產業轉型怠惰、能源轉型怠惰、社會轉型怠惰，是這個區域內任一國家的高度危機，特別是台灣。而台灣，無論是對外、對內的政治、經濟、日常生活食品、能源安全等，都到鉅變轉型的關鍵時期，需要每個人停下來思考，共同商議與建立互信。公眾參與，是台灣與全球一般風險治理必走的路徑，與其讓政府與公民社會持續高度對峙，何不善用豐沛的、強健的社會資源，重建相互的信任基礎與社會發展共識，來拆解政黨間見縫插隙的惡鬥。這是一條艱難的路，但我們已經開啟，需要耐性，也需要制度性的建構。重要的是，國家與社會能共同肯認風險治理典範轉移的重要性，決策與管制制度方能真正摻入公民參與元素，而躍升治理的品質。

然而，轉型怠惰與嚴重遲滯，就是因為各方都未覺醒，尤其是政府與人民。

說來慚愧，這本書已經延遲數年出版，在社會實踐與理論分析的辯證學習中，書寫各章，希望能提供一些個人淺見來倡議國家與社會結構性的變動方向。雖然如此，一路下來，內心的理路更為困頓，而持續發問什麼是全球架構下在地的社會理論；

從反身性的角度來看，本書大部分仍然在於引介西方社會理論與典範，無論是風險社會理論、科技民主的批判、或風險治理典範的國際潮流，雖在書寫中多從本土觀察的角度進行撰寫，也察覺日、韓、中國學者同樣引介相關的科技評估治理典範學說，但實質上，移植理念只是證成全球風險社會無論在專家政治治理或公眾感知、參與機制等問題的共通性，仍非以全球在地化、東亞的社會結構為主體性進行研析。

西方社會經驗與問題結構所抽離的理念型概念，往往引領當代政治、社會理論的分析架構。然而，東亞社會在政治、文化與地理特性的親近性，卻隱含有著西方概念無法觸及之處。東亞各國，包括台灣所蘊生出相當脆弱的、遲滯、隱匿風險的政治與治理結構，構成相當特殊的國家失能之風險個人化，每個公民在喪失國家管制保障中無奈的、微弱的、直接承受風險威脅。這個風險個人化卻在此間演繹成相當諷刺的小確幸倡議與文化，並形成獨特的東亞社會之風險美學。然而，此種歷經惡性循環的人類學式風險震撼、脆弱不堪的風險美學、殘破的政府治理，不就是東亞社會近五十年來示範後進追趕、快速工業發展而追隨西方社會現代化的典範？這些範例不正以中國為引領、擴及東南亞、甚至全球各新興快速工業化國家，繼續模仿、繼續超英趕美嗎？

依賴結構或世界體系之中央邊陲分工理念型，已無法解釋全

球化跨界風險的經濟、環境、健康與生存威脅的震撼，我們需要前進，在社會實踐與行動觀察中探究新的世代問題結構。即便如此，個人量能有限，需要集體行動的邏輯與智慧，台灣，不就是一個迥異於西方社會經驗來創制新社會的重要場域嗎？

周桂田　甲午年中秋

目錄

風險社會典範轉移

打造為公眾負責的治理模式

周桂田———著

第一章

導論

二十世紀中末期以來全球新興科技衍生各類科技風險與不確定性，在全球化網絡散播、流通下，迅速擴散為對生態、健康、倫理、族群、性別與社會分配等衝擊。同時，嚴重的工業跨境污染並造成全球氣候變遷劇烈災變的威脅。這些跨界的環境污染及科技風險（trans-boundary risks），將當代文明帶向高度無法預見、無意圖後果的轉型爭議。然而，此等人類前所未有的「控制革命」（Beniger 1983）危機，並未改變世界各國治理的典範與模式；各國政府仍沉迷於發達工業與知識經濟社會、新興科技帶來的經濟效益、前瞻競爭思維，對於這些驅迫人類朝向未知的風險文明發展，仍然大多徘徊在舊的治理與管制觀點。

　　事實上，此種隨著各國政治經濟機制運作而擴散的全球化風險文明衝擊，除了巨大的影響經濟社會、社會安全體制的穩固性、生態環境的永續之外（朱雲漢 2011），也全盤的挑戰人類健康、倫理、社會風險，並威脅人類生存與社會分配正義的基石，而啟動人類社會無止境、不可逆的鉅變（irreversible great transformation）。因此，我們需要擬定新的社會分析理論與變革議程；前者試圖剖析劇烈變遷社會的定位與提出架構性的詮釋，而後者則端視全球各國的政治社會特性而進行修正與建構。本書撰寫的目的屬於前者，我們將系統性的引介與討論風險社會理論所建構的反身性現代化（reflexive modernization）觀點，並延伸性的針對此等劇烈社會、科技與環境變遷導致之跨界、跨領域風險挑戰提出新的治理典範。

　　本書主要分為三個部分，第一部分從認識論的角度探討風險

社會的結構、反身性邏輯、社會秩序與結構轉轍（第二章）；風險個人化、生活風格、風險自由與弔詭、個人行動與次政治（第三章）；以及當代風險社會下之不確定性知識系統、無知、科學化現代社會及其所造成的無意圖後果（第四章）。

第二部分則從風險社會的角度界定全球化、全球在地化風險；探討科技經濟綿密的網絡運作，如何形塑全球化風險的動態邏輯，同時，反省鑲嵌於在地政治、社會關係脈絡下的全球在地化風險，如何辯證性的反匱到全球各地（第五章）；進一步的，從全球化下風險社會的結構（高科技風險、個人化、風險動態結構）與類型，探討公民由上而下政治實踐之反身性政治（第六章）。

第三部分則著眼於探討在當代科學不確定性爭議下，狹隘實證主義風險決策、專家政治與管制典範的有限性；並進一步分析新興的風險治理典範轉移的重要性與迫切性，如何挑戰在地社會科技民主的發展（第七章）；在新的風險治理架構下，面對各種逾越科學有限（確定性）知識的健康、環境、倫理、社會與族群衝擊，我們探討風險溝通的重要性，分析風險溝通的脆弱性與社會信任根源。並且，根據後常態科學典範進一步架構開放、多元領域、多層次參與的風險評估，如何嵌合風險溝通與民主決策之正當性基礎（第八章）。

第一部分一開始第二章〈現代性與風險社會〉，我以典範轉移的角度——風險社會學——闡析現代性之正當性危機，特別是在工業科技發展下，現代社會秩序和個人行動在面對各種科

技、價值與風險爭議，所形成現代化發展典範的轉移。同時，以
「風險社會」概念為主軸，我進一步分析現代社會制度、秩序、
心理及生態（人類、環境）之危機，並探討風險作為當代社會理
論的核心與建構基礎。

　　在這一章中，我在總體上討論風險、社會秩序與現代性的
關聯，並以貝克（Ulrich Beck）所建構的「反身性現代化理論」
（Theorie reflexiver Modernisierung）為切入點，探討西方社會自
啟蒙運動所面臨的發展危機；文中指出，馬克斯・韋伯（Max
Weber）目的式的單線理性（Lineare Rationalität）為基礎所展開
的現代化工程架構，在人類生態及環境日益惡化的危機中，已經
顯得搖搖欲墜。尤其科技對社會生態的衝擊，根本上動搖了人類
對社會規範、價值及秩序信仰的基礎。這構成了現代性的危機。
因此，我們進一步探討現代性中的風險結構，包括社會分化結構
的複雜性與風險的意義、當代高度的生態破壞危機中，自然與社
會的緊張關係所形成的風險文明化問題。最後，我們對比反身性
現代化與簡單（工業）現代化的各種制度、價值與個人行動機制，
提出當代人類需要建構一個結構性轉轍風險社會實踐理論。

　　第三章〈個人化與風險自由〉針對當代人類在工業社會機制
與制度化過程中所壓縮形成的風險個人化與行動自由問題，進行
討論。透過工業主義的價值及發展機制，現代個人面臨行動條件
的改變與行動意義的危機，並陷入自作自受的不安全性範疇中。
我在這一章將指出，對個人化的研究一方面不能再以心理—哲學
的取向進行推論，另一方面也不再以「全體」、「社會」、「功

能」、「系統」等角度，將個人化現象僅視為原子化、自私的社會論述。相對的，我從貝克之「主體取向的社會學」進路，探討工業社會發展與制度化，將衍生個人化認同、網絡與行動挑戰，同時造成風險直接及於個人的行動選擇壓力。

本章將指出，當個人在當代生活世界喪失傳統的規範及安全性，他的行動認知將處於一個相當龐雜的現代風險體系內，而無從憑藉。因此，其就很難去判斷整體社會的意義——制度的內涵、科技的進展與充斥爭議的各種現代事物。一旦在當代生活世界中，個人失去了其行動與認知的「自明性」（Selbstver-ständlichkeit），則其整體社會行動的正當性就會起了問號；特別是及至六〇年代末工業社會的生活形式和安全信仰一向支持著西方社會的民主體制和經濟社會，而今在環境風險與社會風險全球化的趨勢下，「工業社會集體及特定團體的認同及意義來源（種族認同、階級意識和進步信仰）已全然耗盡、解消及解除魔咒化」（Beck & Beck-Gernsheim 1994: 470）。這不但致使人們對現代社會認同結構的動搖，同時也使得每個人暴露於全球化風險結構情境中。例如基因科技食品正由全球政經霸權侵入日常的超市貨物架上，而每個人面臨赤裸裸的風險抉擇，並須自我承擔風險責任。總體而言，在本章我從結構和行動的角度來思考這些風險個人化的挑戰及當代人們未來的行動出路。

第四章〈知識、科學與不確定性〉將從知識、科技與專家所構成的現代抽象系統出發，批判性的討論其賴以為基礎的知識或科學所構成的支配性問題，並延伸指出科學不確定性所衍生的科

技風險與無知問題。亦即，我將指出（科學）知識雖然是當代工業社會發展的動能基礎，但以有限的知識範疇過度自信的框架科學不確定性與未知的領域，已經導致嚴重的無意圖後果，如全球生態災難、倫理爭議、健康風險、族群與社會分配等問題。倒過來說，無知已成為當代風險社會的最大動能。無知反覆的衝擊與腐蝕科學及科技系統運作的正當性，同時導致社會公眾對科學的爭議與不信任。

因此，本章後半部將集中討論當代風險社會需要發展新的知識與行動典範來建構科技與社會溝通的平台與機制，尤其需重視公民之價值選擇與偏好所構成的社會理性，以為日益擴大之知識鴻溝與科技、倫理爭議提供相互對話、學習的基礎。

第二部分將風險社會的結構視野拉到全球化的層次，討論全球化牽動風險擴散、發展的動態關係與邏輯，以及在地社會如何回應與面對政治上的挑戰。我以兩章來處理它。第五章〈從「全球化風險」到「全球在地化風險」〉延伸風險社會理論角度，思考全球化到底帶來哪些問題視域？構成哪些基本的風險？全球化本身構成風險之內在動力邏輯為何？同時，本章嘗試性的思考在地研究面對風險問題實踐之認識觀為何，這個面向包括討論鑲嵌於全球與在地之政治、社會脈絡意義，進一步分析全球（普遍）與在地（特殊）相互交盪的全球在地化風險，並探討其在方法論上應加以關注的地方。

特別是，本章討論比較了解工業革命與當代知識／科學（技）／資本所造成相當不同之巨大社會變遷與變動、衝擊與影

風險社會典範轉移

響，進而指出當代人類進入高科技全球化資本主義所造成的「控制革命新危機」。在這個分析架構下，我們嘗試勾勒全球化風險的動態面向與其之間的動態辯證關係。最後，對全球在地化風險的研究認識討論上，本章指出研究者面對不同地區或國家，應注意到非西方社會在長期政治殖民解放後，結構上仍存在新的一波文化、經濟或高科技的殖民；而對這些社會而言，論述全球化風險時，應該從在地社會角度反身性的探索其特殊意義。

第六章〈全球化下風險社會之政治實踐〉則對應性的提出反身性政治實踐，指出風險社會的政治秩序觀基本上脫離了傳統的、工業社會的政治秩序範疇及社會連帶關係，面臨新的重組關係。傳統政治秩序之理念型態大抵不脫離社會契約論的內涵，從盧梭（Jean-Jacques Rousseau）的總意志（general will）到霍布斯（Thomas Hobbes）的巨靈論（Levithan），皆強調個人意志自律，並將管理統治眾人的權利讓渡給國家；而洛克（John Locke）的契約說更強調財產權與政治秩序公平正義的重要關係。然而在全球化網絡迅速流動結構上，工業災難和高科技風險撼動平穩假象的工業資本主義社會秩序，原本工業國家、大有為政府、政治冷漠的資產階級社會及其社會連帶整合之納入／排他機制等秩序基礎，皆面臨崩潰。尤其，全球化網絡節點的迅速擴散促使災難和風險常逾越政治、經濟、社會或科技系統邊界，導致風險的責任變得無限擴大，也挑戰全球在地化的風險治理與公民參與及監督機制和能耐。

從這個角度，本章借用紀登斯（Anthony Giddens）「結構

化歷程」觀點，分析風險結構與風險（政治）行動互為辯證、影響的發展所形成「風險結構化歷程」。我討論了當代主要風險結構面向，包括全球經濟風險、全球結構性失業風險、跨界的科技風險、生態風險、文化全球化風險等，並進一步分析反身性政治實踐與行動的理論意涵。其中，本文強調如何透過個人行動，來改變原先個人、社會與國家三個層面在風險社會下的政治角色與關係；並且，從文明演進的角度我也指出，此種反身性的政治實踐如何成為掙脫風險牢籠、對抗當代風險文明化（Riskozivilisation）（Beck 1993a）的重要關鍵。

第三部分則在本書前兩部分的基礎上，申論風險治理典範轉移。第七章〈新興風險治理典範〉探討新興科研與各種跨界的環境、食物、疫病威脅所構成綿密互動的全球化風險，嚴厲的挑戰既存之國家風險治理模式與能耐。自 1970 年代以來，以量化科學數據以及根據其所衍生的成本效益分析模型，在客觀性、價值中立性、效率性的宣稱下支配世界各國的科技決策。在這個面紗中，科學管理與社會工程學成為擬定與管制環境、社會發展的顯學，其並配合官僚的階層化形成威權的專家政治來控御一切；尤其，其顯現在政府部門大量組成的科學專業委員會，以之作為在科技決策過程中抵擋政治介入的重要機制。

然而，此種決策與管制模式日益受到挑戰，特別是遭遇科技不確定性與社會價值選擇衝突時。舊典範科技決策之風險評估與溝通模式由於無法因應日趨複雜的科研或跨界風險的治理需求，面臨轉弦易轍的要求。特別是，當面對複雜、多元、外溢於科

風險社會典範轉移

28

技安全性之健康、社會、倫理等風險爭議，科技決策需要社會高度的接受與信任基礎。因此，發展新興的風險治理與評估模式為當務之急。後者除了需要審視各國既有的管制模式與政治文化傳統，進而突破性的反思與發展新的決策模式，但普遍上而言，需要注入更多元化、多層次化的風險評估專業審查與風險溝通，以擴大評估的公正性與重視民主決策程序。就此，在此章我主要的目的在於分析與討論國際上新興風險治理典範的發展趨勢，並批判性的反思在地社會長期以來之隱匿風險結構與決策文化，以建構性的思考台灣未來風險治理的發展出路。

第八章〈風險溝通、評估與信任〉接續前一章，我將探討公眾對科學的理解與信任問題，並從這個問題點引伸分析如何揚棄量化風險評估弊病、建構具有品質的科技評估與決策；後者的關鍵在於科技治理需要朝向進行開放、透明的風險評估與風險溝通發展。就實踐層次而言，風險溝通是一個相當複雜的過程，最基本影響對公眾的溝通機制包括媒體、政府、產業及社會與政治相關行動者；而風險溝通若侷限在線性、單面向的啟蒙與傳遞資訊之威權專家政治模式，將無法回應與解決科技不確定性與社會爭議難題。換句話說，風險溝通並非技術性的、假設公眾對科技無知之欠缺模型問題，而是介於科技決策者、產業與公眾之間如何進行雙向、透明與互動對話的結構性問題。從另外的角度，我也將提出風險溝通與公眾信任的「不對稱原則」分析，亦即，公眾對科技風險感知的信任是相當容易被破壞，不信任的發展比建立信任感知來得快，因此在進行風險溝通以及釋出風險資訊，皆需

要注意程序的民主與透明，方能累積公眾對政府風險治理之信任性；否則，將背道而馳。

除此之外，在這一章我正式的申論風險評估新典範——後常態科學。從今日傳統風險評估日益無法應解決科學不確定性衝擊角度，我進一步提出後常態科學作為新的風險評估典範，並論證建構開放性風險評估的可能。文中，以歐盟近年來對科技決策評估程序的反省為借鏡，檢討性的提出傳統風險評估所造成的問題，包括評估效力的遞減、無法解決複雜的風險不確定性、失去科技評估決策的穩定性、公眾逐步喪失信任等。在這個脈絡下，分析歐盟如何藉由後常態科學之風險評估架構，進一步的提出「專業知識的民主化」與「擴張式的科學審查社群」概念：其強調多元、多樣的專業知識審查，並肯認（Anerkennung）在地的常民知識與公眾參與科技決策之重要性。

第九章將總結本書三大部分，從認識論探討當代風險社會的形成、全球在地化風險研究與政治實踐、新興風險治理典範之建構。我將指出當代人類面臨劇烈的結構、行動與知識本質等變遷，需要的巨觀與微觀兼備的治理思維與視野，並反省當代政治社會制度能耐與決策模式之改變契機。

第二章

現代性與風險社會

一、前言

現代性（Modernität, Modernity）概念源起於啟蒙運動時期社會思想家探索現代社會秩序的變動與發展。在十七與十八世紀，霍布斯、洛克、盧梭、康德（Immanuel Kant）及黑格爾（Georg Wilhelm Friedrich Hegel）針對「社會契約」概念，或是體系性的建構，或是體系性的批判，而浸淫於對現在社會體制及精神的思考。十九世紀工業社會逐漸發展，馬克思（Karl Marx）、涂爾幹（Émile Durkheim）、韋伯及齊美爾（Georg Simmel）分別從勞動、資本、階級、理性化及整合的觀點，闡析現代性的問題。這些傳統的概念模組，如契約／勞動、行動／階級與國家／社會等，曾主導人們對現代社會的分析，成為主要的顯學。但在二十世紀末，因科技高度的發展及現代社會高度複雜的功能分化，使得社會科學舊有的思考機制受到強烈的挑戰，甚至喪失了他們詮釋能力的整全性和圓滿性。因此，一個結合分析當代社會由於知識、科技發展所形成的社會系統複雜分化及其危險之社會理論：風險社會學（Soziologie des Risikos），就逐漸登場（Bechmann 1993）。

本章將以典範轉移的角度——風險社會學——闡析現代性之正當性危機，特別討論在近代工業科技發展下現代社會巨大的變動與風險，並將對個人行動的自明性、安全性與可預見性形成挑戰。尤其，在當代工業與科技急速的發展擴張之下，科技安全的不確定性、對環境及生態劇烈的破壞、對人類生存環境的反

撲、科技衍生的倫理、價值與社會分配等風險爭議，都顯示工業現代化路徑需要進行重大改變。

我們將在總體上掌握風險、社會秩序與現代性的關聯，以貝克所建構的「反身性現代化理論」為切入點，探討西方社會自啟蒙運動以來，以如馬克斯‧韋伯目的式的單線理性（Lineare Rationalität）為基礎所展開的現代化工程架構，在人類生態及環境日益惡化的危機中，顯得搖搖欲墜的現象。尤其科技對社會生態的衝擊，根本上動搖了人類對社會規範、價值及秩序信仰的基礎。這構成了現代性的危機。因此，我們進一步探討現代性中的風險結構，包括社會分化結構的複雜性與風險的意義、當代高度的生態破壞危機中，自然與社會的緊張關係等，所形成的風險文明化問題。最後，我們對比反身性現代化與簡單（工業）現代化的各種制度、價值與個人行動機制，提出當代人類需要建構一個結構性轉轍[1]風險社會實踐理論。

二、「風險」之問題意識

何謂「風險」？何謂「風險社會」？它們在社會學上如何被建構起來？具體而言，它們如何與當代的社會形態、體制及社會行動條件關連起來？做為一般的理解，風險被認為是一個未來的不確定的、充滿危險的可能（Bonß 1991）。它基本上是時間

---

1 「轉轍」，意指軌道與軌道之間的轉換。以此比喻現代社會因應時代變局的結構性調整。

及空間取向的。相對的，風險這個概念作為社會學上之問題意識以及其作為理念型的思考，同時是被連結到當代工業社會的危機面向。當代工業社會的發展，由於科技的進步逐漸的進入了後工業社會時期（Bell 1975）。但也由於科技發展的高度複雜性和不可控制性，以及層出不窮的重大災變，如美國三哩島及前蘇聯車諾比核災事變，帶給人們新的恐懼和反省。有鑑於此，1991年於巴西里約熱內盧召開的地球高峰會，即提出了「永續發展」的精神。在社會學上，對科技、科學的發展與對科學理性的質疑，即逐漸成為人們對現代化過程反省的一個關鍵議題。我們可以說，風險議題已成為現代性思考的核心之一。所謂風險社會即是現代社會（Beck 1986; Luhmann 1995）。社會學家們探討科技進步和其帶來的風險如何改變社會功能系統的分化、制度的設計，影響人類日常生活的行動條件、心理結構和行為取向。更根本的是，人類如何在現代社會面對自我與社會認同。

對風險和風險社會的研究，有不同的角度和理解。斐洛（Charles Perrow 1988 [1984]）在其提出的「常態之意外」（Normale Katastrophen）見解中，認為現代科技的系統，無論是安全的計算性上或危險的控制性上，皆預測了高度風險性的存在。也就是現代科技管理系統無法不直接、間接承認風險的不可控制性。他批評傳統上對於意外災害的解釋侷限於操作條件的錯誤，而不去正視「易產生風險之系統的結構分析」（Strukturanalyse risikoanfälliger Systeme）。因此，他主張去設定一個長期的風險管理策略。我們可以同意，風險研究是對現代性理解不可或缺的

一環，因為風險（尤其是科技風險，如核能風險、基因科技風險及資訊科技風險[2]所帶來的生態、經濟與社會的損失）存在於我們的日常生活中。人類日常生活已由於科技化而大量改變其型態，風險因此經常的滲入了人與科技的互動之中，成為人們思考現代秩序及意義不可忽略的一環（Douglas & Wildsky 1982）。

　　而在當代複雜變動的風險社會中，傳統形上學的說理及範疇已失去其詮釋的功能，人們必須再找出符合社會演化或革命性變動的社會理論，提出一套從這個社會事實勾勒出來的問題意識和科學建構。從這個角度而言，風險社會理論本身是一項當代科學的建構。德國社會學家貝克在八〇年代中期，首先體系性的提出對風險社會學嘗試性的建構（Bechmann 1993）。隨後，魯曼（Niklas Luhmann 1995）從科學和社會系統分化的關聯性解析風險社會的意義。紀登斯（1990, 1994）則從專家統治的弔詭性切入現代性與風險的關係[3]。

　　從現代化發展為出發點，貝克宣稱自傳統社會過渡到工業革命演化以來的現代化過程為「簡單的現代化」（Einfache

---

2 由基因科技所生產的產品，在資本主義商品化的推波助瀾下，不但造成消費市場秩序改變的攻防戰，也引起大眾的疑慮。如 1998 年底由美國所生產的基因改造黃豆及其粉末已確定輸入歐洲共同體市場，此舉引起當地民眾一陣恐慌。關於對基因科技產品的社會學研究，可參考 Beck-Gernsheim (Hrsg.) 1995。對於由資訊科技所造成資料傳輸或計算上的重大錯誤及損失，可參考 Weißbach & Poy (Hrsg.) 1993。

3 「風險社會」議題在九〇年代逐漸受到社會學界的重視，其探討的課題除了環境危機之外，也從不同制度面、價值面及社會面（生產、秩序），進行對現代社會作為風險社會的分析。關於風險研究的源起、概念及社會分析，可參考 Bechmann (Hrsg.) 1993。我國學者的相關研究，請參考顧忠華、鄭文輝 1993；朱元鴻 1995。

Modernisierung），而當代工業社會的（再）現代化過程則為「反身性現代化」（Reflexive Modernisierung）。進一步說，前者意謂傳統、前現代社會經由工業社會解消與取代；後者則是工業社會經由另一個新的現代形式而解消與取代，也就是由工業社會所自我衍生的危險（人文、環境生態的危險）逼迫它自身必須面臨激進的自我批判、自我改變，進而再過渡到一個新的現代。貝克所關心的是，舊有的工業社會秩序如何被新的社會形式取代，而新的社會秩序如何可能（產生）的問題。他在1986年《風險社會》一書中一針見血的指出，現代科技所牽動的政治、經濟、社會及文化形式的改變才是關鍵。因此他主張，社會學傳統的典範已不敷使用，如功能學派、馬克思學派及其衍生的後工業主義、或後現代主義（Beck 1993a: 70）。它們所關心的舊有的階級社會形式已逐漸消失，取而代之的是具有高度現代性意義的風險社會形式；在社會演化的角度上，當代已從階級社會發展為風險社會，在舊有的階級社會觀下，原先人們所關照的財富分配邏輯之不平等已無法圓滿解釋新的社會樣態；相反的，當代人類首先面對的衝擊，是風險社會分配邏輯下的危機及不平等問題（Beck 1986, 1993a）[4]。同時，相對於工業（主義）所預設安全體系的工業（階級）社會，貝克認為風險社會這個概念，應界定為現代社會的一個發展階段，在此階段中期經由新的發展動能所引起的社會、政治、生態及個人的危機，已日漸遠離了工業社會控制與安全的制度化（Beck 1986: 35）。因此，風險社會的產生便是起於傳統工業社會安全規範系統的崩潰；人們首要對此安全系統的質疑，便

是決策程序的正當性問題與技術官僚理性的問題。從科技、風險、決策及制度化的討論，貝克嘗試以「反身性現代化」理論的角度，作為其思考社會理論的核心，我們可以從他所提出的關聯點，衍生出對現代性思考的另一番詮釋[5]。

　　紀登斯在其對現代性的討論中，也提出風險為其核心概念，

---

4 請參考顧忠華（1993）所作詳細的理論介紹及討論。

5 「風險社會」作為貝克所指稱對當代社會的一個新的認識觀，其核心問題在於現代工業社會所支柱的安全與控制體系已喪失了解決由其所衍生之社會、政治、生態與個人等危機的效力。同時，激進的解決和發展這些問題的實踐推力就藉由「反身性現代化」觀點展開。對此術語的翻譯，筆者採開放態度，期待仍有更為傳神的表達，但為更確定和釐清其意義，則以底下若干文脈來掌握其詮釋：

（1）首先扣緊於「風險社會」v. s.「剩餘風險社會」（Restrisiko-gesellschaft）（工業社會）：工業社會是在線性理性邏輯下以知識增長和科學來主宰和支配現代社會的發展；因此，它認為所有危險仍然是可控制性、可計算性。也就是工業社會發展為其對現代化不斷的反思（Reflexion）和修正之「簡單的現代化」過程。

（2）一旦工業社會所造致的危險逼迫它承認其不可控制性、不可計算性，則工業社會將批判自身，並進入到風險社會的認識（Beck 1993: 35）。因此，「風險社會是一個自身批判的社會（eine selbstkritische Gesellschaft）」（1993: 50）。為何呢？

（3）也就是，「在風險社會階段中，由工業—科技發展所引起危險的不可計算性之承認逼使整個社會的基礎進行自身的反省（Selbstreflexion）與重新檢證理性基礎。明顯的，在風險社會的理解上（嚴格的說）社會成為反身的（reflexiv）——也就是社會自身成為論題和問題。」（1993: 47）

（4）反身性現代化「並非現代化的反思（Reflexion）、現代的自我關聯性或指涉性」（1993: 31），相反的，它是「區別和相對於反思性（Reflexion），由工業社會的反思過渡到風險社會的反身性（Reflexivität），也就是說，反身性現代化意謂：自身面對（Selbstkonfrontation）於工業社會體系和其制度化規模所無能處理的風險社會結果」（1993: 37）。簡單的說，反身性現代化為在（工業）現代化的基礎上社會自身（反身的）直接面對無意圖的、未預見的現代化後果。因此，現代社會自嚐其發展的惡果；它反身的、自身面對現代化所產生種種未預期的、不可控制性和不可計算性的破壞。對於這樣的現象，現代社會自身也成為自我批判、自我改變的對象。

（5）它們涉及了三個相關領域：（一）工業社會與自然生態的關係；（二）現代化所產生的危險性逾越社會安全標準，並動搖了現代社會秩序的正當性基礎；（三）現代化導致個人化的危機（1993: 36）。

同時亦主張「反思的現代性」（Reflexive Modernity）觀察。他從專家在當代所統治的社會秩序出發，聲言在今日社會多元分化的時代，專家所扮演如前現代教士作為文化守衛者的角色，已逐漸喪失了其主宰與詮釋「社會意義」的功能。在前現代，教士提供了在宗教、社會及精神層面疑問的解說與慰藉，在社會功能上，他們賦予了權威中心式的秩序安定意義，並掌握文化捍衛的職能，適時的提供「社會本體論上安全」的意義。相反於此中心式的、權威及不可挑戰性的地位，由於當代社會體系複雜分化，在各個領域有其亟需專業上解決的問題，每個專家只能提供特定領域部分的專業知識意見。同時，由於專業知識的本質是可爭論性的，並非普遍、統一的或不可打破的神話。因此，可爭論性的專業和專家知識，在現代已無法提供本體論上安全的意義，而使得人所面臨的是一個風險的抉擇（Giddens 1990, 1994）。現代人類已失去了其精神安全的避風港，而處在專家多元爭論（如韋伯意義下的諸神戰鬥）、不知所措的處境。這樣的風險在當代最明顯的，莫過聳人的狂牛症問題。在病因懸疑、專家意見紛爭的情況下，1990 年代中期英國政府仍堅持牛肉出口[6]；同樣的，2003 年底美國境內首度發現狂牛症，美國政府近年來不斷透過遊說國際組織解除相關管制條件，並對各國政府施壓，強制輸入具有高度狂牛症風險的美國牛肉，而置世界各國民眾處於健康風險的威脅之下。這種全球性的風險正刺激了我們對現代性在風險意義下的思考。

　　從社會系統理論的角度，我們也可以同意，現代社會系統

因功能分化而日趨複雜化的現象，使得人們身陷在現代的叢林之中。人類在當代存在的處境往往陷入一定的困境，如何剖解這多元體系、功能分化的社會機制，由其中抽絲剝繭的提出現代性的意義，便是當代社會科學家的任務。其中，風險社會議題的提出便是一個科學的進路。魯曼所切入風險社會議題的門徑，是將科學（Wissen）與社會系統分化關聯起來。當科學愈進步，社會系統的功能分化也隨之複雜起來。社會形態的變動，也就隨著與科學的互動而日益發展。其中也就夾雜風險的存在。因為，當社會系統自我分化的複雜性，如脫韁野馬般的不斷發展，不但使得人們無法透視社會的整體，掌握社會秩序的意義；更往往超出人類的負荷，而形成社會演化的危機（Halfmann 1996）。當代人類生存首要面對的是隨複雜社會分化所形成的「風險意識」：「當人們知道更多，人們也就更清楚，什麼是人們所不知道的，且就更加的形成風險意識」（Luhmann 1995: 33）。從文化社會學的角度而言，風險意識等同於人類對現存社會秩序安定的不安與懷疑，它往往逼迫人們必須再去思考另一套「應變」風險的秩序模式，來確定人類在當代高速變動的社會安身立命的原則。

風險議題作為二十世紀末社會科學的建構，正符合了人們對現代性意義的重新檢討。現代科學與科技催化了社會變動的可能性。除了令人思考，他們如何改變社會分化及社會行動的條

---

6 專家們對 BSE 病因是否會傳染到人體身上爭論不休。同時英國政府頻頻對歐體市場施壓，相當引起民眾的反感與抗議。而部分問題牛肉是否被偷渡進口到檢驗制度較不完整的亞、非國家，也引人擔憂。

件，並模塑了新的社會秩序外，我們也值得反向思考，在什麼社會條件和社會目的下，人類催化了科學和科技的發展（Rammert 1989）。同時，其又帶來了什麼樣的副作用及和人類的關係。風險議題的產生，正是從這雙軌辯證的質問過程中，成為一個社會自我反省、建構的理論。

三、現代性與社會秩序的反思

風險社會議題對現代性的檢討，主要的出發點集中在理性、制度化、科學與科技政策等的正當性問題，最後則檢討社會認同的危機。於此處，我們將分別討論工業社會之理性化論題，及制度化危機對社會秩序帶來的衝擊。

1. 工業社會的理性邏輯與風險社會的「反身性」邏輯

自啟蒙運動以來，人類的「理性之光」即支配著整個現代化運動的腳步，其中人類所服膺的，特別是因為自然科學機械觀的確立與工業革命的推波助瀾，即是以精確計算、目標導向的「目的理性」為準繩[7]。因此，整個工業社會文明化的基石，即牢牢的拴在這個單線式的、目的理性式的理性牢籠之中。貝克稱這種以單線、目的理性為基礎的現代化過程，即是他批判意義下「簡單的現代化」。在這個脈絡下意謂著，工業社會中政治、經濟及技術的行動價值——計算性、安全性、效率性等科學萬能信仰價值，便與技術官僚、全能國家之制度化連結起來，簡化為「科

學理性」。在「目的理性」及狹隘的「科學理性」交織下，人類
單純盲目的描述進步的圖像（進步主義者），或悲觀的拒絕科學
文明的進展（悲觀主義者，如十九世紀浪漫主義學派），並無法
深切掌握到工業社會真正問題的根本所在。人們將工業社會所產
生的危機，只視為社會生產過程中的副作用或「剩餘式的風險」
（Restrisiko）。因此，所有制度的設計與制度理念的詮釋，尤
其是面對重大風險的挑戰，如生態破壞、基因科技對人類倫理的
挑戰，皆在這個邏輯下自我正當化。

　　事實上，工業社會自我正當化的論述已出現重重危機。現代
性的工程在社會科學家的眼光中不是漏洞百出，就是一個「未完
成的計畫」（Habermas 1991）[8]。拉圖（Bruno Latour 1983）甚
至從現代「理性二元分裂」的觀點（人與自然、理性與自然），
激烈的批判「現代」根本仍未存在[9]。而除了哈伯馬斯（Jürgen
Habermas）提出「溝通理性」、「生活世界殖民化」的見解，
對目的理性進行系統性的批判外，貝克也嘗試從「反身性現代
化」角度，重新審視工業社會的正當性基礎。簡單而言，貝克

---

7 新時代（啟蒙運動）確立了以人類理性為基礎的機械宇宙觀，逐漸脫離神性的宇
　宙觀。同時，根據人類理性主體，啟蒙運動強調進步的精神，科學或科技不再是
　神的創造物，而是自然機械法則的運用。自然的法則，即是機械式的秩序法則。
　因此，自然法則便是一套目的式的、規範式的與機械條理式的秩序狀態（理性
　法），成為人類遵循的對象。請參見 Hampson, Norman (1987)，《啟蒙運動》，
　李豐斌譯，台北：聯經。
8 哈伯馬斯批判這種以「目的理性」為基礎的現代化計畫之不足，人為現代社會應
　回到以「溝通理性」為基礎的發展機制。
9 拉圖認為根據這種現代理性所形成的社會型態，尤其是以科學理性獨大的社會進
　步形式，往往造成人與自然、人與社會及理性與自然的分裂關係。他這個觀點正
　與早期黑格爾對現代公民社會的批判觀點不謀而合。後者請參見周桂田 1994。

試圖以「反身性」（Reflexivität）的辯證思維，來取代單線式的目的理性思維（Baumann 1991）。他指出，這個對現代化批判的主體，便是工業社會本身。工業社會自我詮釋及解決風險的系統，已隨其自我再生產的複雜性（資本主義擴張型的科技、社會組織的發展）而失去了控制的能力。因而風起雲湧的社會抗議運動、大量的社會失業、社會認同的危機及社會不平等的興起，構成了工業社會的主要基調。現代社會必須從這種自我難題的弔詭性，找尋新的發展出路。它必須重新自我檢證，揚棄原來「目的理性」規範系統下的社會制度基礎，如科學萬能專家統治與全能國家等，重新構造社會發展的動能基礎。這個過程可稱之「風險的文明化」（Risikozivilisation）（Beck 1993a: 83）。人們遵循的不再是目的理性式的樂觀思考模式，而是全盤的反省到人類社會的未來與走向，以避免朝向一個自我毀滅的路徑。

　　在上述的脈絡中我們理解到，從工業社會過渡到風險社會，除了發揮反身的、自我批判的能力之外，也同時是一項具有自我建構、反省的社會建構過程。在此過程中，人類與社會共同承擔、面對與學習問題的根本解決；當整個社會面臨巨大的災難時，社會上的風險意識將更濃厚，促使人們自我去學習、裁量風險解決與避開的可能性，如國際性的裁廢核武及生態運動下發展出的國際環保公約。從反身性的現代化理論角度而言，這種自律性的、反身性的自我批判邏輯，即是風險社會的發展（文明化）邏輯。

2. 制度化的危機與社會秩序

　　工業（風險）社會本身進一步要檢證的，便是其制度化下的生活形式及共識基礎。這可以分為鉅觀及微觀層面，就鉅觀層面便是制度化下社會秩序穩定性的問題。人們要問，在何種社會機制下產生秩序穩定性？就微觀層面，人們則問工業化制度快速變遷的過程，如何帶來人類心理的不安定性（Gehlen 1992）[10]。這兩個問題皆牽涉了當代工業社會的制度化形式。如同前述，當代既存的三個社會運作型態為由技術官僚主導、並以專家政治為引領的「工業社會」、「資產階級社會」及「全能國家」（Beck 1993b）。其運作之共識基礎建立在科技的進步、經濟的發展與國家的擴張等面向；而其認識觀則強調安全的、計算的與控制的等目的理性之邏輯，只將災難視為工業社會的副產品。

　　然而，當代社會之所以稱為風險社會，其在於工業社會自我毀壞、自我造作、與其引發的災難自我對峙等事實本身。在這個認識觀上，人們必須承認在工業技術發展中災變的不可控制性和不可計算性（Beck 1993: 32）；打破傳統上工業社會對於安全體系的信仰與認識，將清楚指出，生態環境的破壞不僅僅是單一的生態問題，而必須總體的歸結在整體的社會制度化問題，尤其是社會歷史條件所設定的科技條件與發展方向（Halfmann 1996; Rammert 1993）。亦即，科技的形塑必須與其發展、建構之社會條件連結在一起；科技的行動來自社會的行動領域。整個社會

---

10 在這裡筆者試圖結合蓋倫（Arnold Gehlen）對科技人類學的探討，分析科技進步對社會的衝擊與對人類心理微觀面的影響。

制度化充分體現社會行動領域的內涵，這包含了行動者背後的「社會制度信念」（如計算理性式的思維）與「社會制度結構」（風險、災難的解決機制）；而其最終歸結於政治決策，也就是風險決策。

在目前代議政治體系強調國家政治主權原則，科技政策的決策，往往是技術官僚的禁臠，一般人民則「必須」接受、相信其專業的統治。事實上，技術官僚的無能與欺矇，陸陸續續反應在八〇年代以來重大的科技災變上，其已使得人們逐漸對社會安全體系的信念產生重大的質疑。科技專家已無法對這種重大災害的不可預測性提出回答，並提供人們「本體論上的安全感」，反而是其科技詮釋的不可靠性、爭議性在穩定的社會秩序中，激起了相當大不安的漣漪。人們的風險意識因而陡增，產生了魯曼所說的「風險的恐懼」（Luhmann 1995）。

同時，從科技與一般日常生活的關係而言，科學往往被理解為日常生活的型式之一。人們將科技視為「理所當然」的存在（Winner 1986）[11]，在生活中大量的與科技進行互動，如藥品、電腦或交通工具等，而不覺有何相異於其他生活對象。這個「理所當然」的意義與習慣在當代之風險社會已被打破，人們面臨的經常是無法判斷的風險。

從微觀之個體層面而言，蓋倫（Arnold Gehlen）指出人類對社會環境穩定性的需求滿足，往往提供了人內心安全的功能；而當代在工業化快速進程中，大量制度、社會形態及價值觀改變，已撞擊到人類心理系統的穩定性，進而對制度的變遷產生不

安（Gehlen 1992），這種情形在當代風險社會尤甚。當代社會系統功能複雜分化，科學進步導致社會專業更趨分工，制度的變動亦更為劇烈。因此，人們就更無法掌握社會變動的態勢。相對的，科技社會的進展又往往超出人類所能承受的能力[12]。所以，在風險社會生存下的當代人類心理，更存有不安定的叢結。從現代性的角度而言，上述鉅觀與微觀的分析，分別代表社會共識基礎的喪失與個體普遍不安的現象，這隱喻著社會既存機制的不穩定性和危機性。人們不禁要問，當代（風險）社會秩序如何可能？如果我們從積極面向接受人類與科技的關係為一個社會學習與適應的過程，那麼，我們就必須將此觀點與前述貝克「反身性」見解連接起來。在風險社會中，人類面對的是要求自我批判、自我成長及自我改變工業社會的基本邏輯與型態。而其重要的方式，即是積極的參與、實踐與建構當下及未來的社會發展。

四、現代性與風險結構

1. 風險結構與社會分化

　　如果我們大膽的從理論連貫性和當代性意義的角度來說，

---

11 這個可以理解為像格爾茨（Clifford Geertz）對日常生活的詮釋。請參見 Geertz 1973。

12 目前工業社會的發展邏輯是以「單線理性」、「計算理性」為主導，因此在這個脈絡意義下經常是以「經濟理性」支配為主，科技理性為副的發展樣態，進行繼續工業化的過程，而往往忽略了「社會理性」的機制。同時，並不考慮到社會無論在制度、價值或物理層面的承受能力，如人們日常生活對基因食品的健康疑慮，或者每天不知不覺的承受過度的輻射線而造成的不知名傷害。

我們必須強調，社會結構分化的論題一開始即是現代性的論題，也是風險社會問題的起源。從社會分化理論的始祖涂爾幹所提出的分工論、馬克思眼中的勞動分工異化、派深思（Talcott Parsons）的 AGIL 模組，到當代魯曼的系統理論及哈伯馬斯關於生活世界受系統的殖民化觀點，皆可斧鑿斑斑的看到這些理論家致力於現代性結構的思考，為社會分化的現代性風險下個註腳。同時，社會結構分化除了具有鉅觀層次的意涵，也關涉到微觀面向之社會認同與社會意識發展的問題。如王得落（Van der Loo 1992）所指出現代社會化的弔詭性。一方面，現代社會分化的結構規模逐漸增加，日益有全球性的趨勢（鉅觀）；而另一方面，現代社會分化的主體規模亦逐漸縮小，甚至已微細到個體的層次[13]。後者我們將從涂爾幹提出集體意識弱化的問題、齊美爾對個人主義趨勢的討論，到貝克指涉風險社會個人化的危機，來掌握風險結構的微觀面向問題。

現代是處於一個全球化的風險社會，各個社會內部系統自我複雜分化，並共時性的發生於全世界各個角落。無論是西方或東方社會，皆離不開這種世界性社會分化規模的擴張結構（如資本主義深化、全球戰略體系與跨國性的組織）。同時，這分化過程往往夾雜有同質化的發展，如美國化或麥當勞式文化。而在這種全球共時性的社會系統分化之中，佔最重要角色的莫如魯曼所指出政治、經濟和科學三個社會次系統（Luhmann 1995）。這三個次系統主宰了現代社會的發展。我們在之前曾提及，科學的進步導致社會系統分化複雜性的增加與風險社會的形成。但科學

的行動決定，先前必定要有社會的條件成因，才能影響科學的發展方向。哈夫曼（Halfmann 1996）甚至指出，科學（技）本身並非社會演化的主體，它並不能如其他社會次體系般的自我再生產、自我分化。相反的，科學（技）的演化必須依賴於社會的脈絡。社會系統首先自行生產「變數」（Variation），並進行「選擇」（Selektion），再由社會系統不斷的嘗試、學習的過程完成「穩定化」（Stabilisierung）。例如，科技政策往往在一定社會意識形態的選擇下（工業理性、經濟理性或社會理性）而決定。因此，科技演化是一個社會系統自我生產的結果。人們進一步可追問的是，在當代是什麼樣的社會機制產生變數、選擇與穩定的模塑現代社會的危機。

從上述指出的政治、經濟與科學三個主導次系統，我們可以相當清楚的掌握，對當代科學（技）權力的佔有與對其工具性支配的政治、經濟系統是構成現代風險社會的主要關鍵。科技的發展，在當代充分的失去其自主性，它隸屬為政治、經濟的產品，在一切「進步、發展」的目的理性意識形態下，它失去了自我發展的自主性動能。因此，貝克大聲疾呼「讓科技解放！讓科技多元自主發展！」（Beck 1986）。也就是說，當代社會在自我結構化的過程中，陷入了「目的理性」的發展邏輯，而忽略了其他意義的可能性。在這種過程中，社會雖不斷的自我再生產與再結

---

13 從這兩方面，代表著現代性的風險結構具有雙重意義：一是全球性的結構分化；其次是個體與社會分化發展的緊張性關係。

構，卻也不斷將社會帶向一個危險的情境，或導致一個扭曲的現代性[14]。

　　進一步而言，現代社會的風險結構建立在以政治經濟工具理性為基礎的技術官僚機制上。根據這個機制，現代國家進行其全能的統治。但成也蕭何、敗也蕭何，許多研究均指出此種科學代議統治所造成現代性結構的扭曲（Latour 1995; Beck 1993a），特別是代議政治剝除公民參與和建構社會認同的權力。而參與、實踐正是人們學習、建構對現代認同之開端，由此人類重新凝聚社群意識（Barber 1995; Taylor 1994）。因此，我們要追問的是，在微觀面上最基礎的社會認同與集體意識在當代風險結構的樣態為何？由此，進一步探問它們所關涉人類行動的自由意義在風險社會的發展。

　　因此，以此風險結構的新衝擊，我們不禁要回到古典的社會連帶問題：社會集體意識真的消失了嗎？社會認同如何可能？涂爾幹意義下的集體意識，意謂著個人接受並分享超越個人之團體價值和規範。在現代化的社會分化（分工）進程中，「社會連帶」從「有機連帶」到「機械連帶」逐漸鬆動，社會集體意識面臨新的問題，個人的社會認同也同樣受到挑戰。於我們的觀察中，前現代的社會集體意識凝聚力強，人們對社會的認同相當一致，其意涵社會控制形式中心化和權威化。相反的，在現代高度複雜分化的社會，人們集體意識與社會認同隨社會各領域的分化，出現多元而緊張的關係。尤其在風險社會結構的發展中集體意識並未消失，而僅是被各分化的系統重新取代、操弄，亦即被「專家（或

技術官僚）」所操弄的詮釋和論述而取代。我們在現代的生活到處充滿專家，專家們充斥了消費、政治、社會、科技、藝術，甚至宗教與哲學等不同領域。這些專家主導論述的霸權，也支配性的生產其「專業」的知識產品，甚至設計、規劃人類的生命權力。因此，社會舊有權威形式的中心，頓時被各個領域的專業代言人所取代。而由於專家知識經常是可爭議、可取代的，但又相當具有部分權威，故其呈顯為多元權威的態勢。在這個結構上，集體意識並未真正消失，其僅是隱匿於多元權威的背後。

當下我們關心的在於，集體意識與社會認同在現代被專家的多元權威取代與操弄，人們反而落入了選擇的困惑與緊張之中。由於專家知識是可爭議的，因此，在社會系統分化的配置上，專家只能侷限於對複雜現象的某一部分提供詮釋和假說，頓時使得現代生活充斥許多可能、論爭與不明確性，人們經常不知在這麼多的專家爭議中何去何從，並且在不明確的複雜現象上感到恐慌，更難於找出一致的觀念符合大家所期待的社會認同。根本上，人們失去了「本體論上安全」的憑藉，失去了對原先社會秩序的「信任」（Giddens 1990）[15]。最後，人們被迫面對渺小的

---

14 魯曼指出，社會演化的邏輯並非完全樂觀的朝向良性的「進步」發展，相反的，它亦可能朝向自我毀滅的方向不斷再生產，如生態危機即是一例，可參見 Luhmann 1986。事實上，各國窮兵黷武的核武競賽，已成為人類文明演化的一大危機。如果我們從批判性的角度出發，值得發問的是，為何社會演化竟然朝向自我異化、自我毀滅的發展，其造致的歷史社會條件如何，並應如何避免。筆者相當同意魏林（Praxis Wehling）的批評，他認為魯曼在這個論點上侷限於規範性的論述，僅僅陳述了一個理所當然的事實，並沒有確切的提出社會演化邏輯背後的條件及其發展方向的成因。請參見 Wehling 1992。

15 從「信任」的觀點，紀登斯一針見血的切中了人與當代社會的緊張關係。

自我決定。

　　這種自我決定使得在表面上人們選擇性增加，但事實上卻使人們立即而明顯的陷入無助的風險情境。風險意識即隨著社會日趨分化而陡增。韋伯主張人在諸神鬥爭的現代性困境下，必須勇敢的回到自律式的「責任倫理」上；但從風險社會的眼光，其卻有實踐上弔詭的困境。在當代風險社會中，個人面對的往往是龐大的社會機制叢結，以單人之力搏鬥一個巨大怪獸，實是力有未逮[16]。同時，人們在對抗某一領域的專家論述時，卻經常又必須借用專家的意見，這樣弔詭的過程往往又是「風險的循環」（Beck 1993a）。現代性因此是一個風險的選擇，人們憑藉著有限的知識、資訊和判斷，來抉擇自己不確定的未來。

2. 社會與自然

　　討論現代性與風險社會結構的另一個重要命題即「自然」與「社會」的關係。這個命題實質上有二個切入點：（一）自然在現代社會的發展定位；（二）自然生態破壞之危機對現代社會的意義。一般而言，就分析自然與社會的關係，集中在兩個相對的路徑，它們分別為自然主義（Naturalismus）與社會中心主義（Soziozentrismus）（Scharping & Görg 1994）。

　　自然主義者認為人類本身就是自然的一部分。並且，人類本身作為「自然」，有其社會發展的意義。人類自一開始透過反覆熟悉的練習，學得掌握自己的軀體自然與一些簡單的工具，同時逐漸學會一定的技藝[17]。無論透過對自己軀體或對簡單工具的

操作，人類逐漸獲得一些技巧，這就是技術（科技）的開始。技術（科技），在柏拉圖的意義下，為人類運用智性（認識）對自然的模仿（Halfmann 1996）。或者，如蓋倫所主張的，人類本身的自然就是一個「缺陷體」（Mangelwesen），需要科技的輔助（Gehlen 1990）[18]。在這個意義之下，技術（科技）本就屬於人類自然的一部分。因此，人類、科技和自然的關係本身就是和諧的，而非對立的。上述自然主義者的化約觀點首先會面臨二個難題，即它必須去處理經由人類社會所行動、認知或（自然）科學化發展的自然關係，以及在社會文明發展程序中自然或生態意義的演變（Scharping & Görg 1994）。也就是說，自然主義者企圖在認識論上去定位純粹自然的整體觀（自然先存論）有其困難性。

社會中心論者則認為，自然觀念僅是特定文化觀念下的產物，並且，它因此在社會（客體）的象徵化過程中扮演了物質—材料面向（Stofflich-materielle Aspekte）的意義（Scharping & Görg 1994）。所謂社會的象徵化過程意謂著人類社會行動的象徵性面向，具體而言，它指涉社會中的文化符碼、或制度性機制的形

---

16 現代人類的困境不再只是去面對政治上的「利維坦」（Levithan），而是去面對日益複雜與龐大的「社會利維坦」。以西方式回到自律的「責任倫理」思考或「實踐理性」的傳統，無論理論或實踐精神上皆趨於枯竭，而以社群關係為主文化邏輯的台灣社會，似乎也無法提供一個安身立命的場域，調和人在現代的危機。

17 這種過程在黑格爾而言，即是自我教養的實現。人透過反覆學習逐漸把握自然（包括軀體自然），並發展自己的理性面向。而這種從自然到理性的發展關係是和諧的與連貫的，理性（技術）不壓制、異化自然；相同的，自然不逾越理性。

18 莫斯科維奇（Serge Moscovici）也同意技術不但作為人類的工具，同時亦屬於人類自身的一部分。可參見 Moscovici 1990。

成、演變與發展。在這個程序中，它主宰與詮釋自然生態環境在當代的意義。根據這個進路，在當代社會，「自然」已徹底的「人類中心主義化」，自然在人的思維上變成了「生態」或「環境」，而對生態問題的解決卻成為人類道德思考與學習的一部分；或者，自然成了工業主義下的「物質材料」、工業加工的「對象」，並被生產為「商品」。相對的，在前現代，人類僅是透過科技維持對自然災害的控制，人和自然仍是處於動態的平衡。而這個平衡，在工業革命以來已快速被打破。工業社會的發展，產生社會系統日漸複雜性的分化，政治、經濟的次系統在目的理性的思維模式下，迅速支配各個社會相關的次體系。尤其是二十世紀末期，專業知識分工、社會組織不斷擴張與日益氾濫的資訊，使得人類、自然世界成為整個工業社會大實驗室的試驗對象，人和自然的關係也因此不斷在轉變。人類本身甚至變為科技建構的客體。在「物理」上，人類可能經由醫藥及基因科技而被改變；在「社會」上，人類被迫屈服於資本、技術生產的邏輯；在「象徵」上，人類逐漸被視為機械來想像，並作為勞動商品出售（Schelsky 1965: 449）。例如，當代資訊社會的興起已為人類帶來進一步的衝擊。人類在資訊工業的繼續演化下，逐漸被異化為資訊傳輸管上的「擬像」，造致人的社會認同產生危機。在這個風險結構的發展過程中，人類生存的社會條件、行動意義與生態關係正逐漸的改變。

對於此種惡質化現象——人文及環境生態的危機——貝克反過頭來就文化主義者的立場提出了「風險」觀點，指出現代

工業主義文化、象徵中所擬定的自然生態與安全體系觀已經面臨崩潰；而生態危機根本上是現代工業社會制度化的危機問題（Scharping & Görg 1994）。並且，當代社會生態的危機逾越了人們在工業社會中所認識和憑藉的安全信仰與規範。總體來說，科學進步所導致社會功能分化與複雜性的升高，造成了社會成為一個龐大、無法掌握的客體，並具有「無法透視」的性質[19]。人類處在其中，已把握不到理所當然的生存意義，因為人類已無法認清自己所處當代社會的複雜性。人們每天在生活領域所面對的，經常是感覺與經驗的模糊性和不安全性。面對每日與生活周遭環境的互動，如對基因食品、藥物的疑慮等，人們皆無法由自身的經驗與能力了解問題的原因和理由，反而必須藉由第二隻手──專家──來解釋。這種日常生活經驗中所意識與所感知（perception）的不確定性，經常使得人們陷入了風險的情境（Douglas 1982）。例如，人們常常覺察不出其生活周遭的危險性，如輻射。這種對生存環境的不可掌握性、不可透視性與不可察覺性，構成了對人類的強大威脅。

　　事實上，本人認為，貝克於風險社會觀點下所指涉的自然觀，是相當激進的社會建構主義。它甚至超越前述二者兩種定義式的自然主義和社會中心主義，而進一步指陳更徹底的（自然與社會關係）自我批判、自我演變的觀察──這就回到了最根本

---

19 請參考哈伯馬斯所提出的「無法透視性」觀點，參見 Habermas 1985。從系統理論的角度，人們也可以得出相同的結論，即是這個不斷自我再生產、日益複雜分化的社會，已使得人們無法掌握。

的風險社會「反身性」思考。

　　面對二十世紀末高度的自然生態破壞，貝克指出，所有過去對自然與社會二元對立關係的討論均被揚棄。「自然和社會對立的結束」（Beck 1986: 107）意謂著，在當代嚴重的生態破壞下，人們理解中的自然已脫離不了（現代）社會，而社會也不再純粹是人類自我中心主導的局面，它必須關照自然——人們所生存的生態發展。也就是說，從「反身性」的角度來看，生態的危機逼使自然與社會的關係不僅更加緊密，更越過人類認識論上對此二者原本的界限，而直指「自然環境的問題根本上就是（經由）社會的問題」（Beck 1986: 108）。高度生態毀滅的危機「建構」出超越自然與社會對立的認知——無論是純粹的自然先存觀，或社會主宰與形塑自然的看法——人類面對的是赤裸裸的自然和社會一起自我威脅、毀壞的風險。這種建構過程，事實上，也就是工業社會文明化的果實。工業社會文明化，也就是對自然的社會化過程，同時它也是「破壞、威脅自然的社會化」過程（Die Vergesellschaftung der Naturzerstörungen und-gefährdungen）。它建構出了一個威脅、危及自然的文明化社會，並在這個過程中，演變為威脅、危及到現代政治、經濟和社會等系統的發展。因此，現代生態危機是全面的、總體的、無所不在的自我威脅、批判的風險社會。

五、結構與行動

1. 結構化歷程

　　自七〇年代末，鑑於工業主義發展對環境生態的破壞威脅，全球各地興起了廣泛的環境生態保護運動。在這環境主義論述的推波助瀾下，社會科學界也展開對以派深思為主的「現代化理論」之批判；有關環境與科技風險的討論與研究逐漸成為環境及文化社會學領域的重頭戲之一。尤其在德國社會學界，以貝克所創制的「風險社會」（Risikogesellschaft）觀點，直接繼承與批判傳統的工業社會學與現代化理論，在九〇年代初發展為一新興的獨立研究領域 [20]。

　　「風險社會」議題基本上是扣緊在對「現代」（Moderne）的反省與改造可能。它的切入點迥然不同於傳統工業社會階段所強調的功能、分化或發展的現代化理論，而是直逼現代社會危機的核心——一個統一的「後設社會秩序」（Metasoziale Ordnung）或說「後設形構」（metaframe）的逐漸崩解（Bechmann 1996: 258; Rein 1991: 284），也就是現代社會在其自我演化的機制和過程中，逐漸侵蝕它自身建構的基礎。人類自啟蒙運動以來所崇尚的目的理性、進步發展與美好未來的信仰意識形態，在文

---

20 正值 1986 年車諾比核變災難事件，貝克出版了他令世人矚目的著作《風險社會——通向另一個現代之路》。以此觀點，風險社會理論自八〇年代末不但逐獲德國社會學界的重視，自九〇年代開始也成為經驗研究的重要依據；風險研究（Risikoforschung）甚而發展為一獨立的研究領域（Bachmann 1993）。特別是當代核能科技、基因科技及資訊科技所牽涉對環境生態及社會文化的衝擊與爭議，皆成為風險研究的對象。

明化的進程中被自身顛覆、危及，現代所進行的正是一個赤裸裸的風險文明化（Risikozivilisation），甚至是文明化危機的全球化過程。

西方工業革命造致了古典社會學的發展——或是讚揚工業社會的演化（孔德〔Auguste Comte〕）、理性化的除咒（韋伯）、系統與功能的分化（派深思），或是持批判質疑的態度指出社會連帶的失範（amonie）（涂爾幹）、勞動異化（馬克思）或社會客體的異化（齊美爾）。他們共同精微的眼光就落在由科技進步所造成勞動分工對社會發展的衝擊，同時促成人類生活和制度面進入了現代的階段。現代化在此意謂著不只是科技的理性化、勞動與組織的理性化，而同時是社會特質的變遷、人類生活風格形式的變遷、政治權力形式的制度化，甚至根本因此改變人類對社會真實認知的內涵。在這個意義下，我們可以說現代化是一個由傳統過渡到近代的「社會結構化歷程」[21]，其中隱含社會行動自主與再生的各種可能性。

社會結構化歷程從演化的眼光是不斷自我辯證、自我發展，並依恃不同歷史形式與條件進行自我的改造與重塑。其中，社會行動者承載著既存社會歷史結晶意義，繼續以創制者的角色生產與再生產社會生存與變動的實質所需。因此，行動與社會結構可說是雙向辯證的過程；行動者為在世存有者，承載社會客觀意義，並經由反覆的主觀經歷和自我的綜合創制能力，進一步發展並推動結構的演化與衍生。在這個面向下，行動者是自由的，他透過自身溝通與認知行動的掌握，並確立其權力主體的位置，在承載

和創制的溝通之間建構了社會的真實；而這唯有在現代性興起之歷史條件才有可能[22]。

現代性的崛起依恃於現代化的結構化歷程，它原本是和人類個體自由共同產生，同時體現在現代社會價值之系統、制度、個人日常生活認知與溝通行動等面向。因此，在理念型上，現代的形成不啻是以個體和社會的自由和諧關係為基礎，並實踐在社會分工與分化的自由關係（孔德、涂爾幹）、社會系統分化的功能自主與獨立互補關係（派深思），以及根據「社會契約」個體互為肯認連結的共同體關係（黑格爾、盧梭）[23]。但在現代化的歷史進程——現代社會的結構化歷程中，現代是與個人同時陷入自由的弔詭。許多社會學家均已指出現代的結構對個體的強制或異化面向；文化分析研究也提出辯證式的個體自由出路，類如將結構視為工具箱，任個體自由的選擇與應用[24]。從風險社會的角度來看，他們卻失去當代社會分析的基進性，而純然僅是工業主

---

21 筆者借用紀登斯（1979: 66）的結構化歷程觀點，並將之運用在現代化或文明化的發展面向。在社會文明化的過程中，既予結構機制影響行動的內涵，而行動的自主性也對結構進行反覆的再生產活動。本文的立場可說是闡析當代「風險社會結構化歷程」的現象。

22 這裡的前提必須是現代性的崛起，唯有在現代社會興起的條件下，個體才有可能從傳統的桎梏機制解放出來，並有發展自我的可能。現代的理性主體之確立起於啟蒙運動時期的政治社會思潮。

23 社會學一開始即注意到社會分工與社會秩序的關係，其皆率涉人類行動與社會秩序的基本問題，可參見孫中興 1993。

24 前者如王得落（Van der Loo 1992）指出現代化四個面向的弔詭狀態，其為結構的分化與全球化、文化的理性多元化與同質化、個人化與個體依賴化、自然的馴服化與科技的依賴異化。後者如史威德勒（Swidler 1986: 273）強調個體行動並不完全受制於結構面向，透過其「行動策略」的實踐確實能形構出不同的結構價值意義。但若在一個轉型的結構危機中（風險社會）壓迫到行動者的行動策略或意義基礎，則其之間的緊張關係將大為提高。

義的社會學（Beck 1993a: 70）。

相對於結構的強制觀，風險社會觀點更徹底的質問當代工業社會發展下結構與行動的「正當性問題」[25]。它的核心直指工業主義之「現代」與「自由」典範無法實踐性，在當代既有生存之社會與環境生態的高度破壞，使得人類不僅受限於歷史前所未有的結構危機，也幾乎喪失自我創制與決定的能動能力。同時現代工業社會在結構化的歷程中，也喪失其自我維持性、自我安全性與自我詮釋性的演化邏輯，它逾越了社會演化的本體安全標準，致使結構與行動的雙向辯證發展陷入了正當性的危機。從上述的立場，風險社會議題提出一個越過馬克思的基進顛覆觀點——馬克思肯定人類主體能動能力以改造資本主義體制和勞動異化；風險社會則是進行社會與個人的自我顛覆：社會透過工業主義對生態的破壞、科技異化和對人類生存毀滅的危機進行自我顛覆；個人透過生存形式受威脅和陷入自由危機進行自我學習和自我顛覆。以這雙向（社會與個人）自身所面對的危機，重新來建構與顛覆風險社會內結構和行動的去正當性，特別是在全球化意義下的「世界風險社會」（Weltrisikogesellschaft）（Beck 1993a: 39, 1996a: 125）之危機。

從現代化發展的角度出發，貝克審察到了當代工業主義社會雖然促使人類文明從傳統的社會形式解放，卻在其結構化歷程中建造一個人類自身無法估算控制的鐵的牢籠。它包括兩個面向：一是危及個人生平及生存形式的個人化；二是高度的環境生態破壞與潛在不可計算之安全威脅。

　　工業主義社會所遵循的為以單線、目的理性為基礎的現代化過程，它根據啟蒙運動以來的進步意識形態，並結合政治、經濟及科技的機制來進行其工業化、文明化的發展。簡化的目的理性和狹隘的科學理性，便在霍布斯式的「權力就是知識」（Latour 1995: 40）之現代體系下，與技術官僚、全能國家的制度化條件緊密扣合起來而構成現代文明國家的形式。現代文明國家也就等同於工業國家、技術官僚國家與資產階級社會（Beck 1993b），它們各自宣稱工業經濟發展為政治或科技發展的先驗邏輯，因此經濟的計算性、效率性就涵蓋了一切文明發展的意義；而工業文明中所帶來的災難與損失僅僅是其可估計、可計算控制的安全標準上之測量指數，它不過是一個可以接納的「剩餘風險」（Restrisiko）（Beck 1986: 35）。這種集體的、國家的與制度化的結構機制，貝克以「組織的不負責任性」來凸顯此自我危及之「簡單的現代化」（Beck 1988: 96）。

　　工業主義簡單的現代化之社會安全係數已被自身演化的邏輯所逾越。三哩島及車諾比核能電廠的重大災變、印度馬德里化學工廠毒氣外洩造成數千人重傷或死亡、各地域散布的核武競賽，以及基因科技對人類自然生存的威脅等，不斷的顯示在工業主義邏輯下，人類文明將不停的上演「常態之意外」（Perrow

---

25 貝克在此以「現代的正當性」（Legitimation der Moderne）問題直陳當代社會秩序的根本危機來源。它和哈伯馬斯（1990）之「晚期資本主義的正當性危機」論述並不相同。哈伯馬斯強調的是政治、經濟系統發展相對於文化系統的失衡性，導致人類在生活世界的行動異化性；貝克則從科技與社會制度發展的角度切入，指出它們危及結構的自存安全性和行動的發展基礎。

1988），現代國家事實上已喪失其全能式的控制能力，而必須交予風險政治。因此，簡單的現代化意涵著在目前價值與制度化體系下，人類生存之再生產環境與再結構秩序陷入了極大的危機。社會秩序的運作事實上是與人類日常生活的環境與事務緊密關連，並建立在人們對之的理解與認同；實質的生態破壞和生存的危機根本的動搖了人類對現代認同的基礎，也就致使社會秩序的正當性受到懷疑。

2. 結構與行動互為辯證

相對於上述這種不成熟的現代狀態，貝克從結構與行動互為辯證的角度，提出其所謂「第二階段現代」的「反身性現代化理論」[26]（Beck 1986: 25, 1990, 1991, 1993: 58）。從這個立足點，他審視工業社會正當性的危機波及結構與行動的穩當秩序關聯（Beck & Beck-Gernsheim 1994: 472），並提出工業社會自身成為面對現代化危機的主體，因為它被迫面對自我危及、自我毀滅的不安全性（如核能對生態的威脅），而必須激進的自我改變。也就是經由社會整體的「反身性」（Reflexivität）過程，重新定位科技進步與文明發展的整體關係，並回歸科技政策的決定權於社會。經由社會理性之論述、商議程序重建社會秩序意義[27]。這實踐建構的主體就是生存於日常的個體；個體行動者在面對龐雜的風險社會機制，可以在參與實踐的權力爭取過程中進行自我學習、自我反省發展。因此，反身性現代化的觀點，隱含了社會結構與行動和文明危機之對峙中，產生了再結構化的動能，而其來

源就是風險社會。

　　風險社會造致的另一個重要社會的轉型，即是傳統工業社
會以階級為歸屬的「財富分配邏輯」消失，並轉移為當代的「風
險分配邏輯」（Beck 1986: 29）。一方面，階級形式的消失使得
財富分配的問題隱形於新的社會不平等（如大眾失業導致的新貧
窮），而無法再成為歷史關注的重心；另一方面，自我危及的風
險之文明化具體的將危險散布到每個個體，而躍為當代社會政治
的重心。它包含五個命題，即（一）風險認知不易，經常演變為
各專業或團體爭議之「開放性社會建構」過程，如基因科技風險、
核四廠風險；（二）風險經常超越財富或階級的界限，形成人類
自作自受、自食惡果的「回飛棒效應」（Bumerang-Effekt）；（三）
現代化過程所造致的危險散布也被視為具有市場價值，將充分被
經濟系統所利用，並造成國際間不平等，如工業國輸入環保工程
到第三世界國家；（四）在風險社會中，知識扮演重要的政治意
涵，故應發展一套風險知識理論；（五）社會所承認的風險事件
往往演變政治化議題，不但涉及政治經濟的規範和生產成本，也
發展為政治權力的重組。總體來說，風險分配邏輯指涉每個社會
行動者皆是風險的關涉者和承攜者。除了風險透過政經市場機制

---

26 貝克自 97 年開始在 Suhrkamp 出版社編輯一系列的「第二個現代」（Edition
　Zwiete Moderne）叢書。他指出由於簡單的、第一個現代的教義在當代已失去其
　合法性，並造成人類每日生活的危機，其同時體現在文化、經濟和政治各個領域
　的挑戰與全球化的趨勢中。因此，「第二個現代」在意義上也就是他所謂的「反
　身性現代化」。請參照註 4。

27 鮑曼（Zygmunt Bauman）指出貝克企圖以「反身性」（Reflexivität）的觀點來取
　代目的式的「線性理性」（Lineare Rationalität），以建構另一個現代。請參考
　Bauman 1992。

的再結構化外，對於風險論述和風險知識的建構皆涉及權力的爭奪，行動者的作為便是對抗新一波社會（風險）不平等之最佳武器[28]。

　　除了歸諸於風險社會中整體安全契約（Ewald 1993）在核能、化學與基因科技等威脅下被打破；在現象學上，人類介入並破壞社會及自然存在的條件，根本上導致了一個「自作自受的不安全性」（Fabrizierte Unsicherheit）狀態；其涉及的不僅僅是科技殖民問題，也關係到整個經濟體制、社會國體制、政治系統與公民權利的變動與腐蝕（Beck 1994: 481）[29]。自作自受的不安全性相當貼切的描述人類以工業主義為先驗準則發展策略之失敗，在這個概念範疇下直接指涉了科技風險、生態破壞、安全體系失落與個人化之自由弔詭，並且它們愈趨於全球化的發展危機。同時，以全球體系的結構危機為分析理念型，自作自受的不安全性事實上也是當代人類現代化行動的結果。它擴延並超出仍可估算、可預測的風險概念，而直接指涉人類自我構作，並工具化原本的生存樣態，致使造成全球生存體系瀕臨崩解的情景。也因此，從這個概念貝克積極的發展和建構其對「全球化」（Globalisierung）問題的思考，由此提出「世界風險社會」（Weltrisikogesellschaft）的觀點[30]。

　　在風險全球化的過程上，人類生存體系的去安全性已超越國族界定、地區界限，同時也模糊了人們原本生存環境的認知與理解。人文和自然的認識論界限崩解，原來根據工業主義理性對自然的控制能力也失效失衡。自然失去其本身的運動性，僅成為

由社會所規定的自然，更為在極端的工業主義利益妥協下所規制的自然、生產材料或工業資源[31]。並且，工業理性的自然不再僅僅是自然材料、生產資源，而成為失控的、恐怖平衡的核子、化學與基因等研發、生產與軍備材料。自然的迷失已成為全球工業體系的副產品，並以此蘊生具人類學意義的「風險意識」（Beck 1986: 98）。人類生存於當代的地球村每日所認知的是無法認識的、所掌握的是無法清晰掌握的，如核能輻射放射線不可透視、不可觸探與不可感覺性；在重重的專業爭議中每個生存的個體陷入了自由的無能，他無能去判別每日生活與共的住宅是否有輻射鋼筋反應、也無能去判別即將堆於超市之大而美麗的基因番茄可口度如何？一個人類自作自受的不安全性鑄刻著當代人類「本體論上不安全感」（Giddens 1990, 1994）。人類於當代的結構中，不但失去對結構的信任，也懷疑自我行動的意義。

---

28 這五個命題詳細的討論，請見顧忠華、鄭文輝 1993。

29 貝克自 94 年提出「自作自受的不安全性」的觀點，其指涉「風險」（Risiko）在內的當代社會之各種生活、環境或生存共同體之安全體系整個崩潰的情形；它不僅描述現代的風險狀態，還指出現代各領域已陷入實然的不可控制性危機。請參見 Beck 1994: 481, 1996a: 125。

翻譯問題如下："fabrizieren" 在德文的意義下為 etwas Falsches, Dummes oder Negatives machen（自作的錯事或笨事），英文 fabricate 也有同樣意思。對這個術語，紀登斯的用字 "manufactured uncertainty"（1994 Beyond Left and Right），其在 1997 年德文翻譯本為 "hergestellte Unsicherheit"（Giddens 1997 Jenseits von Links und Rechts）。因此，這個術語本身為被動狀態，廣義上可理解為「被製造的不安全性、不確定性、不可知性」。在文中脈絡下，所謂「被製造的」（fabrizierte）的「對象」和製造的「主體」分別為：（一）工業主義之資本主義；（二）個人本身。因此，在中文意涵上筆者傾向翻為「自作自受的不安全性」較為傳神。

30 貝克自 93 年即提出「全球化」問題及「世界風險社會」概念，但正式的理論內涵發展是從 96 年開始。

31 Scharping & Görg（1994）指出現代觀點的「自然」為「人類中心主義的自然」，也就是自然被理解為社會制度化意義下的自然。

在全球化的意義下，原來內國之組織不負責任性整個升級為國際的層次（Beck 1996a: 131）。生態環境問題的癱瘓，經常出於制度化下技術官僚與政經體制的規範化程序；一旦落在政治經濟談判妥協框架內——如要環保或要發展，或決策行政的規劃程序中——如要快速開發或審慎評估開發，則經常延宕和掩飾問題的重大性。同時生態問題的國際化、全球化，雖迫使各國共同面對解決或簽訂環保公約，但也往往箝制於國際之間利益平衡和支配的再結構化。哈傑（Maarten A. Hajer 1995: 260）在其研究中發現，介於國際間正式的環境政治談判事實上潛在一個「論述的聯盟」（discourse-coalition）；它們由主要工業支配國家組成，並以自身的利益來推動國際環境政治的發展。因此，世界風險社會不再是全球性的自然環境問題之本質，而是演變為跨國政經利益的角力，由其談判制度化與規範化之論述聯盟所建構而出。

同時，在世界風險社會的結構中存在三個全球性的危險類型（Beck 1996a: 133）：（一）富足條件的生態破壞及工業科技的危險，如臭氧層破洞、溫室效應以及基因科技等危險；（二）貧窮條件的生態破壞及工業科技的危險，它隱含了國際上發展中國家的不平等問題。第一世界國家將其本國所淘汰之高污染、高風險的生產設備輸入第三世界國家，以轉移其環境風險成本，並造致他國負擔成長的污染。同時，第三世界國家也以仿效工業國家為其生存競爭原則，大量的以生態成本來換取快速的發展；（三）毀滅大眾的武器，全世界的核武競賽、民族主義國家意識形態下的恐怖主義等，也導致全球化的危機，而其發生效果經常為不可

承受估計的傷亡與影響。

事實上，這三個類型呈現全球風險的再結構化歷程進入了高度的危機狀態。在全球政經體系利益交換原則與工業發展先驗準則的運作之下，風險滲入並結構化為世界體系的一部分，它不再是局部的地域現象，相反的，往往具有全球效應，其真真實實的侵入到當代人類日常生活的行動過程。例如 97 年 10 月發生在東南亞各國的霾害事件，大量的濃煙與不潔的氣體，導致受波及區域內老人及兒童的死亡，甚至學生必須戴口罩上課，同時影響到電腦矽晶圓體的生產與市場流失。太平洋上的反聖嬰現象將導致東南亞各國（包括台灣）、澳洲與紐西蘭於冬季氣溫提升並缺雨，而北美與南美沿岸地區則有暴雨和水災氾濫之虞。面對此世界風險社會的結構化歷程，人類行動的條件、意義和方式如何可能？以反身性現代化的角度則集中探索於制度化面行動條件如何被改變，行動主體本身如何生產與再生產新的對抗、游擊策略？

3. 結構與行動的轉轍

風險社會結構化歷程闡析之最終重點仍是落回現代社會秩序正當性的問題，也就是（風險）結構和行動、（風險）社會和個人、社會認同和個體（風險）自由等（風險）古典命題。我們關懷的核心焦點在於承載風險自由意義的個體如何「建構」、「轉轍」一個動態的、辯證的風險社會結構化歷程。

由下表可清楚的掌握近代社會秩序的維持基礎在於社會契約精神，一方面政治上強大的（軍事）「利維坦」（Levithan）

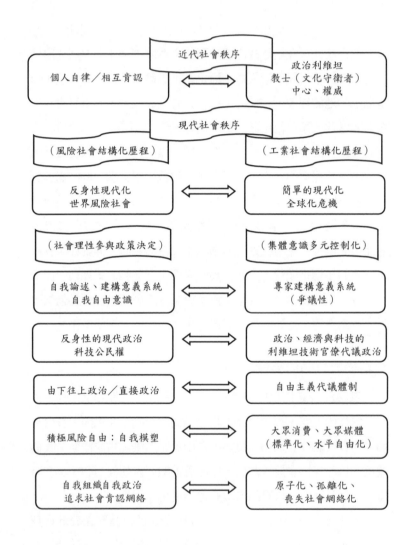

近代社會秩序

個人自律／相互肯認 ⟺ 政治利維坦
教士（文化守衛者）
中心、權威

現代社會秩序

（風險社會結構化歷程）　　　　（工業社會結構化歷程）

反身性現代化
世界風險社會 ⟺ 簡單的現代化
全球化危機

（社會理性參與政策決定）　　　　（集體意識多元控制化）

自我論述、建構意義系統
自我自由意識 ⟺ 專家建構意義系統
（爭議性）

反身性的現代政治
科技公民權 ⟺ 政治、經濟與科技的
利維坦技術官僚代議政治

由下往上政治／直接政治 ⟺ 自由主義代議體制

積極風險自由：自我模塑 ⟺ 大眾消費、大眾媒體
（標準化、水平自由化）

自我組織自我政治
追求社會肯認網絡 ⟺ 原子化、孤離化、
喪失社會網絡化

確立其統治的支配和正當性；另一方面個人根據「社會契約」理念進行「自律」（Autonomie）的行動。這套自由主義理念的雛形在簡單的、工業的現代化發展被發揮得更為淋漓盡致。由於政治、經濟系統「自我指涉性」（Luhmann 1984）的獨大發展，社會各系統皆失去其相對自主性而臣屬它們。因此，其體現在科技發展上也依樣畫葫蘆的施行技術官僚代議統治，將「現代」赤裸裸的置於政經邏輯的暴力之下。「權力就是知識」的典範（Latour 1995）結合今日高科技、軍事、經濟的現代國家，並成為一個當代新的巨靈（社會利維坦）。

它簡易的、嚴密的滲透到當代人類行動的日常生活面向，也規制了現代的生命權力。在這個現實的運作下，市場邏輯的自由主義代議政治被批判為剝除人的行動權力、人對社會的參與關係，致使有原子化、孤離化和喪失社會網絡化等批評之聲（Barber 1995）。同時，個體的「自律行動」理論在此也完全失效，如果我們從風險社會觀點進行與涂爾幹命題的比較，可以掌握到它們依據時代所推出不同的實踐觀；但涂爾幹由對社會分工的觀察指出的個人化行動，似乎在積極面上過度強調康德式的「道德自律」命題。而在風險社會下，一方面龐大的專家監督體系取代了集體意識的內涵，並發展為多元、爭議的控制形式；另一方面社會（安全）契約基礎也因此瓦解，人類行動陷入了自作自受的不安全性、不確定性與不可認識性。

根據反身性現代化理念，現代政治必須交予風險政治、由下往上的直接政治，也就是政策的決定——尤其關涉人類存在環

境結構的科技發展——必須加入社會理性的監督。科技的發展是現代（風險）社會結構化的關鍵因素，因此，它必須返回社會行動與結構的平衡關係。同時，集體性、階級性及社會（安全）契約被打破，個人化下的個體行動面臨生產社會文化動能的危機；並且，「（代議）契約理性」的失效——技術官僚的無能、現代國家的陽萎——逼使個體行動回到「反身性」的自我思考基礎。因此，自我（由下往上）政治意謂風險社會結構化戰略的延長，在現象上，以個我為中心，個體自我組織（社群）、自我發展肯認和認同的網絡；同時，在透過參與、論述和日常生活的實踐上，他掌握行動的能動權力，並且構造一套去專家、自我論述的意義系統。以此，他等待著、游擊著、伺機而起的、甚至全球網絡連結的在一波波的戰鬥中攻擊那「第一現代」惡的巨靈，以逐步造成風險社會結構化的轉轍[32]。

六、結論

從本文的分析脈絡中，我們可以輪廓的掌握現代社會作為風險社會的理論意涵。自「典範轉移」的角度，我們理解到傳統社會理論分析空間及分析能量的不足。它們侷限於對工業社會興起、發展與組織現象的詮釋和批判，並無法掌握近二百年來，特別是二十世紀末工業社會演變的形態以及其所產生不同面向的危機。因此，風險社會理論的建構，我們毋寧視之為一個社會自我再反省、再建構的實踐性理論。

　　觀察現代社會秩序和現代性意義，總體來說，可以從價值面向、系統面向、制度面向及日常生活面向來做分析。從價值面出發，貝克所提出的「反身性現代化」理論適足說明了當代社會的根本危機。當代工業社會的發展相當貧乏的、片面的繼承了自啟蒙運動的進步意識形態，因此，以單線發展的、進步的價值前提下，形成了「經濟理性」獨大、「科學理性」為輔的社會生產形態，而完全忽略了符合社會分配正義、社會發展平衡正當性等「社會理性」意涵。因此，今日我們到處所看到的危機，即是現代社會發展已逾越了人類所能承受的能力。

　　魯曼所提供的社會系統觀點雖缺乏批判面向，但也清楚的指出了社會系統日趨複雜分化的意義。在文中我們也由此比較以政治系統及經濟系統為主導的社會自我再生產方式（社會演化），並論析科技系統如何臣服於其下，成為一個非自主的發展體系。從這個不平衡的社會系統發展關係上，我們看到現代社會如何形成風險社會的根本脈絡。

　　與上述價值與系統面向相扣連，值得注意的是制度面向意義

---

32 整體而言，風險社會理論傾向於對當代社會普同性危機現象（環境生態危機、個人化危機）的批判；並且，貝克所提出之「（全球性）由下往上政治」——為其視為行動對結構轉軸的主要策略，特別是面對當代全球化的風險困境。不過，就理論的發展前景而言，風險社會理論似乎仍有向下延伸、注重差異性問題的空間。其一，各國的風險差異性及環境不正義問題：貝克雖然在近年所提出的全球風險社會觀點中，討論富有國與貧窮國之風險分配不正義問題（南北差距），但對各國地域、族群、性別與階級的風險負擔，應仍有相當大發揮的空間。其二，個人化風險與社會不平等問題：貝克雖然在個人化命題中，提出階級意識與運動解消之洞見，並由此牽涉婦女在勞動市場的社會不平等；但就與傳統社會學上的階級、性別、族群等議題的交錯，似乎仍有進一步揮灑的餘地，如全球化現象下（失業）階級之風險不正義、性別（歧視）之風險不正義、族群（歧視）之風險不正義等。

下的技術官僚政治。當代技術官僚政治充分體現「全能國家」與
「科技代議士」的精神。科技專家與官僚形塑並決定科技政策，
同時主導科技與社會關係的霸權。但由於二十世紀末重大災變不
斷，他們無法提出確切的解決，科技代議制度因此受到強烈的挑
戰。我們視當代公民社會為一個政治公共事務討論的、溝通的場
域，政治公民在這個政治共同體中，有權利積極的參與科技政策
的決定與訊息的交換，並且是在一個具社會反省的、討論的及相
互容忍的程序下進行。

　　再回到文化詮釋的角度，科技已成為人們日常生活的一部
分。人與科技的互動變為每日規律的、必要的過程。因此，科技
生活就成為人類現代思維中理所當然的一部分。但從批判面而
言，由於當代科技伴隨社會的發展過速，往往逾越人類的承載能
力，人類因此失去了對社會的安全感與信賴感。科技與日常生活
的關係，也就產生了一種日常風險的意義。

　　上述這個問題意識，促使我們在風險社會的人類學觀察中做
了進一步的闡析。當代社會科技系統不但異化了人與科技在日常
生活中的關係，也異化了人與自然的關係。無論在物理上、在社
會上或在象徵上，人類（自然）逐漸成為科技的客體，成為生產
的對象與操弄的工具。人類在當代生存的處境認同與意義已徹底
的被改變。人類學在這個脈絡下成為「被客體化」、「被異化」
的人類學。而反過來說，人類作為主體，也並不能把握這個日益
複雜的社會客體。科技愈單線式的發展，人類就顯得更迷失，因
為他無法去掌握和詮釋這個不可透析的、同時逾越社會理性的發

展機制；面對這個「社會的利維坦」，人類學意識也就成為風險意識。而風險社會之結構轉轍，關鍵就在於人們風險意識的覺醒，透過反身性的行動參與、實踐，而扭轉日益傾斜、單線目的理性或狹隘科學理性發展邏輯的風險文明演化。

第三章

個人化與風險自由

一、前言

　　風險社會議題的另一個重要內涵，為牽涉當代人類客觀生活情境改變的風險個人化論題。它歸屬人類介入其生存的社會生態，而導致自作自受的不安全性範疇中。也就是說，透過工業主義的價值及制度之實踐，現代個人面臨行動條件的改變與行動意義的危機。對個人化的研究，一方面不再是以心理—哲學的取向進行推論，另一方面也不再以「全體」、「社會」、「功能」、「系統」等角度，將個人化現象僅視為「自私的社會」論述。相對的，貝克指出，從「主體取向的社會學」進路，將精準的掌握制度化面向下個人生存於社會的圖像，同時也具體點出現代社會發展所造致傳統意義正當性危機對行動的衝擊（Beck 1986: 207; Beck & Beck-Gernsheim 1994: 29）。就我們從結構和行動的角度來思考，這兩個切入點，實質上相當銳利的指涉鉅觀面與微觀面下社會和個人的問題，前者可說是派深思之「制度化的個人主義」論題[33]；後者則為涂爾幹之「集體意識」危機和個人理性主義的論題。

二、風險個人化

　　除了對上述現代性分析方法論的雷同外，風險社會觀點最重要的是指出整體社會結構的變遷。現代風險社會不再存有如「簡單現代化」舊有的角色，即傳統的工業階級、性別角色和勞動分

工形態（Beck 1993a: 151）。它們消失在當代的社會福利國體制下教育、社會流動、勞動市場、失業與新貧窮等形態中。同時，在這個社會化的歷史矛盾過程中，導致一個新而弔詭的文化共同性——即個人化趨勢。

簡單的說，由於工業社會階級屬性及其文化形式的解消、婦女地位的改變及勞動市場上分工形態的重組，造致了當代人整個生活風格及形式的變動，人們必須自身直接成為社會生活世界的再生產單位——自我決定、自我選擇並自我承擔責任。貝克在此提出「三重的個人化」觀點 （Dreifache Individualisierung）（Beck 1986: 206）：「一是解放的面向，即從傳統支配及照顧關聯之既有歷史形式與社會連結解放；二是喪失穩定性的面向，也可說是解除魔咒的面向，即傳統安全性包括行動知識、信仰及主要規範的喪失；三是再連結、控制或整合的面向，即一個新的社會連結方式」[34]。這三個面向實質上是扣緊在整個現代制度化發展的樣態下，從本文的觀點可說是（風險）社會結構歷程化的果實。

這種「制度化的個人化」（Institutionalisierte Individualisier-ung）（Beck & Beck-Gernsheim 1994: 20）落實於上述曾提及的各種社會體制結構發展的情形。自 1960 年代以來，西方國家整

---

33 事實上，貝克的思考點在此相當親近派深思（Parsons/ Platt 1974: 1）的「制度化個人主義」命題（Institutionalisierter Individualismus）。其認為「個人（化）」的基本現象上是由次級的制度（如國家體制）發展所形塑，它導致一種內在自我強制的社會化，並使得個體由外在的強制轉向內在強制。關於此點我們將繼續討論，也請參見 Leisering 1997: 146。

34 也就是在高度個人化的當代社會整合如何可能的問題。

個社會福利國體制的確立，形成一個嚴密的安全網絡，個人的出生、家庭、工作、疾病、退休、老人照護等皆包含在國家的規劃之中。因此，從制度化理論的微觀層面來說，個人的生平及行動結構早就被國家規制完畢；國家直接對個人負責，並剝除中間社會單位功能，如家庭、社團或組織團體的功能，因而導致個人化的社會基礎（Kohli 1994: 269）。此現象也可稱為「社會國─個人主義」，它成為個人自我追求機會的個人化（Leisiering 1994: 157）。相對的，在這個面向下，其也牽涉資本主義社會體系中的個人生平規劃，或勞動風險個人化。在資本主義體制內，人們生活的機會是寄託於勞動市場上，勞動參與是人們日常生活的主軸，或可稱為「存在安全的基礎」（Lesenich 1994: 54; Beck 1986: 220）。這種結構化的正常關係被規劃在社會國體制之中，並形成一個生活流程的制度化（Kohli 1985; Mutz 1997: 131）。進一步而言，社會國的制度甚至概括三類被社會排除成員的「照護─給付」，其分別是老人、婦女與失業的窮人，這種照護─依賴形態更加速個人化的趨勢[35]。

從現實的結構來說，德國自六○年代以來，由於社會國體制下勞動條件及薪資、權利的保障，整個形成一個社會的「升降梯效應」（Fahrstuhl-Effekt）（Beck 1986: 122），人們享有更短工時、更高工資、更多休閒及消費能力。再加上工作的代際流動加速，使得舊有工業社會階級屬性及階級文化消失，既有特殊階級之命運共同感解消在「市場上的個人」（Markt-Individuum）結構中，並且，勞動權利的抗爭也被規範於社會國體制之規範程

序中，勞工運動相對的被綁死於制度化的勞資談判上。進一步來說，市場上的個人指涉兩個面向，其一為高等教育下婦女成為市場上的競爭者，其整個改變傳統家庭、性別關係與角色，同時強化個人權利主張；但事實上，在性別職業結構上卻形成新的社會不平等。另一方面，新的社會不平等也體現在失業和其所導致的「新貧窮」上。一旦人們被資本主義勞動市場排除，也就意謂著被正常的社會關係排除。自 98 年春高達 480 萬官方統計的勞動失業，已為德國社會投下不可預測的變數。迴然於工業主義時代大眾失業所引起巨大的社會、政治示威，市場上的個人邏輯提供了消解龐大失業人口的潛在衝突，集體的失業化為個人的命運情境。

也就是說，高度個人化社會的勞動市場，將集體的失業切割為私人的、無助的命運。同時，市場上的個人效力也及於每個勞動者，在勞動市場上個人可能今日是高薪的勞動職業者，享有一切社會地位與財富，而明日可能淪為制度化下的集體失業者，並躍為新貧窮的一份子。因此，這種不穩定的風險個人化結構，造致德國社會演變為所謂「三分之二的社會」或「75-15-

---

35 基本上，社會國體制和勞動市場關係可由三種不同社會福利國體制來區分，而它們則牽涉了個人勞動與正常的生平關係：（一）社會民主類型（瑞典）：為普遍的福利給付政策取向，國家福利給付獨立於個人的職業地位，並採積極的勞動市場政策和平等原則，照護被排除失業人口；（二）保守類型（德國）：國家不採普遍福利給付，福利給付依賴個人勞動條件，它的效果造成勞動市場階層化，社會照護系統的分隔化，個人依職業地位的保險給付獲得保障；（三）自由主義類型（英國）：國家只扮演輔助角色，相當依賴個人職業及勞動市場關係，個人生平為個人自我責任，其一旦失業則形同被社會排除，造致社會不平等。請參見 Lessenich 1993: 56。這三個類型顯示社會國之資本主義勞動體制強化了勞動市場上的「機會—個人化」。

10」的社會，隨時有百分之十的人處於失業狀態、百分之十五的人介於就業與失業的界限之間；而這種失業卻是流動性的，誰也不能保證明天（Beck & Sopp 1997: 192）。這個現象形成現代人陷於一種流浪漢的生存認同危機，也造致特殊的「貧窮民主化」（Demokratisierung von Armut）[36]（Leiserling 1997: 158）發展。進一步而言，它是最新的社會不平等現象，人人從「機會的個人化」（Chance-Individualisierung）掉落為「貧窮的個人化」（Armut-Individualisierung）（Beck & Sopp 1997: 189-193）；每個個人成為勞動市場上隨時具風險的私人命運。

　　除了上述工業主義階級及團體文化消失所導致的現象外，職業所需的地理空間環境、都市化發展也整個拔離人們傳統生存的集體性，並改變既有的社區文化。個人和家庭、鄰居、朋友的關係面臨解組的危機。同時，個人化的現象不僅呈現個人的「制度性依賴」（Institutionsabhängigkeit）——對勞動市場的依賴、教育依賴、大眾消費依賴與對社會國照護與支柱體系的依賴等，也由此衍生出「標準化」（Standardisierung）或水平化的個人化現象（Beck 1986: 119）。也就是，上述社會國範疇下的制度一方面僅是適合個人剪裁，另一方面又配合於大眾模型，完密無縫的產生出一種「制度化的（個人）生平模型」（Treibel 1996: 426; Beck 1986: 212）。並且，在後資本主義大眾消費下，大眾媒體更複製出標準的、一致的消費認同或生活品味。就此而言，個人化相對弔詭的相反於分殊化、多元化、差異化的走向，而趨於模型化、水平化與標準化的現象。事實上，此種現象相當呈顯風險

社會的現代矛盾，一分面去集體化、去階級化與去生活風格的共同化，另一方面又是同質化的對立現象。

　　階級屬性與階級文化的消失，基本上關連於社會國勞動與生活條件的改善（升降梯效應），而事實上，它也提供一個緩衝社會矛盾的功能，並致使市場上的個人邏輯有其歷史生存的空間。貝克指出，馬克思曾分析資本主義勞動條件，一方面使得個人從傳統機制（封建關係）解放，另一方面也形成「個別化」的發展；但由於集體悲慘的貧窮生活與惡劣的生存環境，迫使勞動階級團結起來對抗資本家，故而抵消了個人化的歷史機會。並且，不同於韋伯所探討的階層生活與消費形式，當代工作條件的改善（薪資的提高）與保障、生活條件的改變（社會地位、職業空間的流動）與大眾失業的增加，致使對勞動市場的更加依賴，並使得人們整個生活關係完全改變。人與社會關係的接觸變成以個人為出發點所組成的形態，並發展為「政治上的私人主義」（Beck & Sopp 1997: 180）。

　　事實上，歷來許多社會學家皆注意到勞動分工所造致社會結構與行動的變化。在齊美爾那裡，勞動分工導致社會分化，並且個人在社會分化中的社會化過程獲得相對的自由（Simmel 1908d: 70; 1989a: 20）。因此，個人化對他而言也是一種個人對結構的依賴，個別的自由並非其獨立達成，相反的，是與他人相

---

36 貧窮的民主化意謂著大眾失業的民主化，即人人機會相等，在勞動市場邏輯下可能失業，參見 Beck 1997a: 193。此貝克也稱「勞動市場—個人化」（Beck & Beck-Gernsheim 1994: 16）或「有資本沒有社會」（Beck 1996c）的當代資本主義社會。

互依賴的形式。同時，齊美爾所強調的是現代貨幣經濟與社會高度分化的發展，個人在勞動、佔有與消費的關係上，不但從傳統的連結解放出來，並獲得更大的自由。在這個面向下，齊美爾所分析的基本上仍是一個「初級的個人化」過程，即工業社會興起使人們從傳統的共同體脫離，而家庭變為個人生存的初級單位並保有其角色與功能；相反的，風險社會觀點所提出的卻是一個「次級的個人化」過程（Erbers 1995: 345），即個人化的趨勢是透過社會國體制、勞動市場與大眾媒體消費等次級制度所結構化、制度化而形成（Leisering 1997: 155）。社會國取代了家庭的初級功能，並直接承擔個人生活的照護；勞動市場的個人機會競爭、大眾媒體的個人消費邏輯，剝除了中間團體的屏障，使個人直接成為社會文化世界的再生產單位。

總體來看，貝克在此所提出的正是一個社會不平等的個人化，或制度化意義下的個人化。他標舉出形塑當代人類行動的結構化條件，並在一定的社會制度之歷史實踐面向下，以升降梯效應為觀察的核心因素，以此涵攝勞動市場的個我主義、階級與階級文化的消失等。

由此他進一步的洞見現代社會陸續建構一個個別化的個人生活世界──「以我為中心」的社會，或者是「沒有我就沒有我們」的社會（Beck 1996b），這也顯現在現實上德國社會陸續增多的「一人家計」（Ein-Person-Haushalt）生活形式。三重的個人化觀點不僅切入鉅觀的制度面向，分析行動被結構強制之過程，同時也指出微觀面上行動發展的弔詭。這個弔詭顯示，個人

行動雖被迫從傳統的連帶解放（階級屬性與階級團體文化），並喪失傳統支柱的安全信仰（傳統社群的規範信仰、傳統行動的理念知識），但他卻「能夠」從個體的生活世界中，去尋覓與重新建構自我的社會網絡。在這個轉轍點上，雖然個我（行動）有掉入追求大眾模式的標準化矛盾，但另一方面也隱含了其實踐之道。然而此種樂觀的「再連結、再整合」（第三重個人化）觀點，端視其政治社會歷史條件。以目前晚期資本主義發展中貧富差距劇烈的擴大條件，風險個人化恐怕無法單以個人來彌補與承擔。

除了勞動風險個人化、消費主義導致個人生活風格標準（單一）化、社會安全網絡制度化形成生活保障風險的個人化之外，如果我們再回到「自作自受的不安全性」觀點，可以看到個人化問題事實上也涵蓋在第二章討論風險社會之科技與環境風險全球化之範疇中。貝克指出「及至六〇年代末，工業社會的生活形式和安全信仰一向支持著西方社會的民主體制和經濟社會」，而今在社會風險與科技、環境風險全球化的趨勢下，「工業社會集體及特定團體的認同及意義來源（種族認同、階級意識和進步信仰）已全然耗盡、解消及解除魔咒化」（Beck & Beck-Gernsheim 1994: 470）。這不但致使人們對現代社會認同結構的動搖，同時也使得每個人暴露於全球化風險結構情境中。

當個人在其生活世界喪失傳統的規範及安全性，他的行動認知則處於一個相當龐雜的現代風險體系內，無從憑藉。因此，很難去判斷整體社會的意義——制度的內涵、科技的進展與充斥爭議的各種現代事物。一旦在生活世界中，個人失去了其行動與認

知的「自明性」（Selbstverständlichkeit）（Beck & Beck-Gerns-heim 1994: 19），則其社會認同與行動的正當性就會起問號。

三、風險生平與風險自由

　　當代社會由於科學高度的進步，科技、知識與資訊大量的生產及輸出，社會形態發展成高度的專業分工，社會系統也形成複雜分化的現象。這個過程，套用涂爾幹的術語，代表人類已進入另一個新的「有機連帶」階段。也就是說，人類社群的關係與集體意識的認同，受到整個社會多元分化的影響，產生了生態性（人類生態）的變化。人類的集體意識不再取向於中心與權威的形式，而是由不同領域的專家所取代。社會控制的形式也不再定位於一尊，而呈現鬆動的傾向。這些現象到底是否意謂人類從一元式的社會控制形式完全得到解放，抑或僅是變種的社會控制形式，而繼續陷人類於被支配的情境中；或者，它是一個現代性的弔詭，人類從多元的選擇可能性中仍得不到真正的自由。

　　當代社會發展為社會領域相互差異性、去中心化、分散性與多元性。個體在這個社會形式較能展現個別性與個人主體自由（Rehberg 1990），而不再拘束於一個集體的與單元同質的社會中。也就是，隨著社會連帶的鬆解，現代生活關係的多面向化、自我空間化、隱密化與多選擇化，人類生活的文化形式呈現分散的結構（Castoriadis 1990）。法國後現代理論家李歐塔（Jean-François Lyotard 1985）同時注意到了知識和科技在現代社會的

意義。他的出發點是，在新科學的影響之下，知識在當代高度發展的工業社會中處於怎樣的情境，並扮演如何的角色？李歐塔樂觀的認為，在科學不斷進步下，當代知識所體現的是異質、多元，而非單元、同一的。換句話說，人類的知識、思想形態不再如同過去，定位於一個以單一理性為基礎的、中心式的「大後設敘述」（Große Meta-erzahlung），如正義、真理等原則，而是呈現分化的結構（Welsch 1990）。人類隨著這分化的結構在不同社會歷史的場域中，創造並發展多元的自主性。其中，科學的進步位居樞紐的地位。這個觀點，凸顯了人類不再被「馴服」在一個社會的單一理性下，在積極面上，人類似乎多了許多選擇和自由。

上述的觀點打破了工業社會單一支配邏輯的思考，尤其是經濟支配的邏輯。社會理論因此架設在多元理性、多元主體的立場上，不再僅以馬克思的階級為實踐分析的主體，而是同時顧及各個社會領域作為實踐主體的意涵。在這個脈絡下，它是接近「反身性現代化」理論。但對於社會形式及知識、科學分化進步的掌握，以及在其機制下個人自由的發展與從社會「解放」的觀察，仍不能過度的樂觀，並化約為現代個人理性自律的行動結果。王得落（1992）指出，在現代化的過程中戲劇性的充滿四個不同的弔詭現象，其分別是「分化的弔詭」、「理性化的弔詭」、「個人化的弔詭」及「馴服的弔詭」。當代社會分化經常具有全球性的同質化現象，其反映在理性化的弔詭上。在現代化的進程中，理性化一方面不僅朝向多元化發展，如重視多元理性、多元文化；一方面又集中向普遍化的形態，較明顯的，即是以歐美文化為模

仿的美國化或歐洲化，如麥當勞速食文化、好萊塢化。同樣的，在當代個人意識抬頭，人們強調隱私與行動的自由，但另一方面又相當依賴於社會機制和照護的系統。如大眾消費機制與國家的福利給付。在社會馴服的解放上，人們一方面擺脫了單元理性的控制系統，但另一方面卻更依賴於科技的多元系統──這也就是如我們前面所提到的，集體意識在現代社會並未消失，而是由專家系統所取代。

因此，社會控制形式雖然去權威化、去中心化，卻由多元的專家理性所重新支配，成為新的控制形式。雖然人們在表面上有選擇的自由，事實上是陷入了不知所措的風險情境。同時，人們必須檢證的是，是否我們真的從單元的、獨佔的理性控制系統解放了。事實上，在當代風險社會中，人們依賴於專家代表的多元系統，一方面確實是具有多元選擇風險的意義；但另一方面，在專家系統背後所支配的仍是獨大的政治、經濟理性與被此二者支配的科技理性在作祟。因此，選擇的自由是有限的[37]。

從個人化的觀點，貝克指出當代人類所享有的僅是一種「風險的自由」（Riskante Freiheit）。一方面，科技進步和社會分化，個人無論在資訊、消費、運輸與溝通上獲得更多的行動便利與空間；然而，也產生社會整合的危機。例如，科技的進步使得工作制度逐漸分化，特別是工作場域的改變（工作地點的去中心化）、工作時間的調整等，其導致了人們在工作領域的危機：人們喪失了他在工作場域中與他人互動、學習，並增加肯認和相互認同的機會，進而削弱在工作場域社會連結的網絡、溝通能力，使得其

陷入自我中心的泥沼之中。

　　而科技的進步也發展出了大眾消費市場及大眾媒體的擴張，這個趨勢更造致了個人在消費和行動模式上追隨大眾市場的「標準化」（Standardisierung），如流行、生活美學文化。這種機制表面上鼓勵每個人自我成為行動的中心，建立一個以自我為中心的世界圖像，隱匿在消費社會中享受自己所喜好、選擇的商品，但事實上所有人皆遵循同樣的商品邏輯，這個商品邏輯卻是一個刻意被設計的、多元的選擇，因此個人化只是一個在標準化、水平式的（所有人等同式的）多元化假象或弔詭。

　　貝克因此認為，在這種社會機制與發展下往往鼓勵個人化的發展；其事實上並沒有增加個人的自由，反而使每個個體陷入自由選擇的困境，因為每個個體被迫在這個機制中面對自我決定，人們失去了社會連繫的參考依據，而必須在高度複雜而變動的社會中進行無所憑藉的選擇。也就是說，現代性社會所提供給個人的，是一個失去依靠的、不安穩的選擇機會。因此，人們為了逃避這樣的風險性，最方便的門徑，便是一味的追隨標準的、大眾的、流行的社會模式，如休閒的型態、消費的模式，甚至政治的觀點、專家的見解。這種追隨大眾標準化的方式，一方面保有多

---

37 如前述美國基因改造黃豆即將輸入歐盟市場，人們必須注意到其背後資本家強力遊說、運作政治的過程。可見的未來，在人們對基因改造黃豆的疑慮未消失之前，世界各角落的貨物架上早擺滿了唯一低成本的、物美價廉的基因改造黃豆，強迫消費者「自由的」選擇購買。另一例是，根據報導，未來十年內，這些正急速經濟成長的亞洲國家，包括台灣、南韓、泰國、中國、菲律賓及馬來西亞等，正是西方資本國輸入核能電廠的最大市場。在資本與政治機制的操弄下，未來這個區域最多的核能安全專家即是資本家、官僚及為其背書的法制設計者。關於未來亞洲核電市場，可參見 *Greenpeace Magazin* 2/96。

元化（在標準化意義下）的選擇，另一方面又能保持以自我為中心的情境。而事實上這種風險的選擇，正體現了當代社會新的控制形式，也正指涉風險自由的弔詭面向。

1. 生活形式的個人化（Individualisierung der Lebensøform）

個人化是人類行動經由制度化強制的結果，在微觀的內涵上進而牽涉到人類社會行動的情境、生活的風格、個人的自由與社會整合的關聯。整體來看，個人行動是陷入全球化的環境危機、安全危機、貧窮危機與勞動市場危機等強制結構中。在這個自作自受的不安體系中，個人赤裸的面對巨大的「社會利維坦」[38]，於行動的層次上雖顯得絕大空間的自由，但卻有失去支柱的苦惱（涂爾幹）或風險。從反身性現代化的角度出發，個人化的社會行動雖是歷史實踐的結果，卻是掌握與促使風險社會結構轉轍的關鍵。

個人化在行動層次上第一個遭遇的便是「生活形式的個人化」（Beck & Beck-Gernsheim 1994: 11）。在解消階級、階層、性別角色、家庭、鄰里和朋友等關係，個人從傳統的規則、意義解放，自我直接面對不同的社會、文化關係。因此，韋伯式的階層文化、消費慣習和生活風格已不復存在，愈來愈多的「一人家計」，顯示以個我為中心連結的社會關係網絡與生存風格。現代人的自我，變成存在於社會中的「自我生命」（Eigenes Leben），他強調追求自我選擇與自我發展的生活內涵（Beck 1995a, 1997）。自我生命的形式在某個程度上雖是個人主體在現

代的顯揚及擴張，但事實上他反而依賴於抽象的制度與組織，才能提升自我自由的空間和生活品質。同時，我們可以發問：現代社會中自我生命形式和社會整合、控制的關係如何。這個涂爾幹式的問題更精準的應是：生活形式的個人化是否危及社會整合的關係。涂爾幹所關心的是集體意識在現代社會興起後的走向——即集體意識應如何落實於分工後的個人理性意識上，來確保現代社會的秩序。

　　相對的，我們可以看到，生活形式的個人化卻隱含著大眾標準化與水平化的行動弔詭性，自我生命雖有較大的自由空間，但在一個面向下卻又臣服於不同歷史時空的社會控制形式；它臣服於集體的一個別生活形式，並體現在不同場域的標準形式中。此外，在當代風險社會的行動情境中，傳統一元、中心的集體意識或教義論述雖不復存在，相對興起去權威中心之多元形式；但人們的行動卻在某個程度上又臣服於多元、具爭議性的專家控制形式中。可以說，傳統的社會集體意識在當代社會高度分化與分工的狀態下，並非完全如涂爾幹所設想的落實於個人理性意識中。現代社會表面上是充滿個人性與個人主體的彰顯，同時社會秩序又似乎以個人的自律與符合個人的法制形式來維持；但事實上，現代的政治制度與技術官僚的專家代議統治，才是嚴密撐起整個工業社會秩序的大樑。當然，這種現代國家機器的治理結構已經

---

38 相對於霍布斯（1992 [1561]）之政治上的利維坦觀點，筆者視現代社會高度複雜分化、各領域充斥跨界、異質性的發展，並為專家政治所支配，已經形成新的壓制個人行動與自主的社會利維坦。現代個人失去對它掌握、認識與控制的能力，而產生莫大的風險自由挑戰。

逐步受到相當程度的批判，尤以對各種技術官僚統治失效性的批判，正是當代風險社會重要的反身性議題。

在這裡對於個人行動的重點，在於傳統的集體意識形式並沒有完全解放到個人身上；相反的，它們分散到多元異質的專家論述上，專家控御現代人的現代圖像、規制人類現代的「生命權力」（Bio-power）（Foucault 1976: 129），並且複雜化人們的認同意識。因此，這種自由結構是充滿弔詭和風險的，一方面人們消極的臣服於專家論述形式中，並陷入在多元專家爭議的迷思之中；另一方面，人們又反身性的尋求積極社會實踐，企圖來破除風險結構的不正當性。這些弔詭現象顯示，當代社會制度上強制個人生活形式與行動不單單造成消極的個人化樣態命運，其中也躍動積極的個人能動精神，而進一步牽涉人類在當代風險社會下之生平和認同問題，也是當代社會整合之鑰。

2. 風險生平——自我模塑的生平

所謂「生平」（Biographie）是指個人生活的流程、規劃和發展的樣態。而在當代社會，個人的生平緊密的和社會制度與實踐關聯在一起。因此，對於生平的研究不只在於心理的主觀層次，而在於客觀的社會結構中。風險社會觀點指出，社會不平等的結構影響個體形成一種個人化的行動模式（Kohli 1997: 232）。這個個人的邏輯，如同前節所指出的，生活形式的個人化基本上並非自律或個人自由決定的形式，而是集體社會化的動態發展所形成的一種強制，根本上又是一種「內在化的自我強

制」，它「剝除個人在工業社會中的生活形式，並在社會國的條件下，促使個人進行自我生產、策劃及模塑其生活形式與社會聯繫關係」（Beck & Beck-Gernsheim 1990: 16, 1993: 179, 1994: 14; Beck, 1993: 152）。在這點上，它與「個人主義」和「理性主義」所強調的「原子化」、「孤立化」、「自律」及「喪失社會網絡性」區分開來。個人化並非意謂於傳統解放後，當代人類自由主體透過所謂的自律而全然張揚的面向，也非社會個體之原子化、孤離化的看法；相反的，它是新的社會化形式下所發展出來——個人化在此代表著人們相對於社會之內在強制的要求，並且由個人建構其和社會溝通與連結的網絡。在這個意義下，它又是一種自我調節（Selbstanpassung）（Beck 1990: 16）的過程。

如前所述，在當代風險社會的結構實踐中，個人的生平體現於生活形式和勞動市場兩個面向。首先，個人生存安全基礎之正常的勞動關係，在當代變為一種「風險生平」（Risikobiographie）（Beck & Beck-Gernsheim 1994: 13）。其原因在於每個人皆是市場上的個人命運，他被市場所決定，無法保證自我。這種風險生平所促成個人化的行動邏輯，並非是自利主義的結果，而是在喪失階級屬性的社會中淪為私人無助的命運。

同時，風險生平也體現在生活形式中，個人從傳統的家庭連帶、住宅共同體、階級以及階層文化等關係和規則釋放（第一重個人化）；並且也因此失去傳統的安全信仰、行動知識的憑藉（第二重個人化）。在這些面向下，個人被迫直接面對當代複雜社會，去進行自我選擇、決定、聯繫與他人的發展（第三重個人

化）。這個過程也稱之「風險生平」或「（自我）選擇的生平」
（Wahlbiographie）、「自我模塑的生平」（Bastelbiographie）[39]
（Beck 1993: 152）。就社會行動的面向，個人失去傳統的支
柱，並在高度變動複雜的現代（科技）社會喪失其每日生活的
慣例性、自明性，迫使個人的風險生平在消極上演變為「破碎
的生平」（Bruchbiographie）（Beck & Beck-Gernsheim 1994:
19）；而在積極面向上，則是個人自身必須加倍的面對危機的承
擔，和學習對環境深入的認識和掌握，因之成為「反身的生平」
（Reflexivbiographie）（Beck 1994: 478）。

　　從理論的邏輯來看，「反身的生平」和「風險生平」或「自
我模塑的生平」三者是一起放在反身性現代化的架構下思考，在
此我們特別強調「自我模塑」（basteln）的行動意義。個人化的
生命意謂人類面對存在的不安全性，其體現的不僅是個人單獨的
經驗，而是整體大眾所遭遇的日常生活經驗，它們被迫自行去判
斷與決定，在自我的個體內營造自己的生活流程和規劃。這不再
純粹是凸顯個人主體的存在主義意義，而是當代風險社會下集體
的個人命運（Hitzler 1994: 307, 1997: 56）。因此，現代人所持
有的為一種自我模塑的精神，個人各自建構、編導與裝配自我的
生命，他們從既存的生活形式與意義元素中，模塑自我存在於世
之細微生命（Keupp 1996: 385）。

　　就行動意義而言，當代人的自我模塑其實僅僅是一種自我選
擇生平過程；在競爭、複雜的現代意義系統中，個人只能在既有
的行動條件下部分的參與或選擇和自己相關的活動，並由此建構

對世界的部分認同（Taylor 1994: 13）。也就是說，當代高度複雜分化的社會已呈現不可透視性、不可掌握性與不可控制性之風險樣態（Luhmann 1995: 33; Habermas 1985: 141）。人們因此不可能處於完全的參與掌握或認識，社會發展的詮釋論述大部分須交予專家，一般人往往失去自主自明之理。這種從傳統生活形式安全性剝離之不穩定性，涉及了人對社會的認同。

黑澤勒（Ronald Hitzler 1994: 311）指出，當代社會不再如 Berg/ Luckmann 所強調由專家建構與正當化整個意義世界的系統；相反的，在高度複雜的風險社會內人類僅處於「自我模塑存在」（Bastelexistenz）的生命情境中，他僅能部分享有、部分參與、部分認同現代世界；並且，由私人自行抉擇與安排其私人生命的意義系統。因此，社會意義是由不同的個人模塑而出，每個人成為自我意義的模塑師（Sinnbasteler）。

個體行動的發展不僅創制了自我的意義和認同基模，也影響到整體結構意義的發展性。上述的觀點指出了現代意義系統的分殊性，它的正當性源於個人行動的選擇與發展，並且它的有效性也達於個人。從微觀面來看，這相當肯定個人行動於其風險生平的積極面向——以積極的自我模塑，來建構自己存在的意義體系，並進而與他人互為交換肯認之社會網絡——藉此來迴避風

---

39 basteln 為 patchwork, potter, do itself，意指為非專業訓練的、補綴的，長時間在生活中培養的作為。Bastelbiographie 在文中的脈絡為於去傳統、去共同性意義的風險社會下個人「自我設計」（Self-design biography）、「自我選擇」（Selbstwahl-Biographie）、「自我編導」（Selbstinszinierungs-Biographie）、和「自我承擔責任」（Selbstverantwortungs-Biographie）的生平。因此筆者傾向翻為「自我編導」、「自我模塑的生平」。

險社會消極的技術官僚代議控制形式。並且，由個體行動依據其承載的意義系統，模塑出多元而活潑的內涵，事實上也等同於一種文化的游擊戰。他相對於結構的強制，使個人存在於風險社會體系內仍有建構自由的契機——即以自我行動來對抗結構。因此，這裡也可洞視到個體行動意義的創制與戰略，經常衝擊到結構意義體系的內涵，並與之形成緊張而對立的關係，其不但涉及既有結構的權力關係，也關涉到行動的權力戰略。

3. 自由的弔詭──風險自由

在風險社會個人化趨勢下，直接指涉個體行動核心便是內在化的自我強制過程。這個發展，根本上是和具體歷史形式下個人之自由實踐緊密相關，同時也牽涉其弔詭的樣態。從相反角度來看，如果不將個人化視為一個常態的現象，則近代社會變遷發展就難以想像（Treibel 1996: 424）。可以說，近代文明的發展和個體行動的內涵，同時呈現在歷史舞台，人類行動意義是日增的自我理性控制、日減的從他律控制形式解放出來，而這並非單面從個人心理及意識層次的發展，而必須緊扣在客觀的社會制度化發展來考察。如韋伯的責任倫理、涂爾幹的個人理性自律和傅柯（Michel Foucault）的自我規訓等皆在這個範疇下，以不同的進路觀察他律控制形式（在不同社會制度化意義下）的鬆解並導致行動發展的可能。

對伊里亞思（Norbert Elias）來說，個人化是一個必要的社會及個人文明化過程之現象。它體現在近代為社會的「非正式化

過程」（Informalisierung），也就是社會行動從一個既予的「社會儀式強制」或「社會強制機構」中解放（Elias 1990: 52）。例如近代婦女由於接受高等教育的機會，使得其傳統性別的角色產生相當強烈的改變，它衝擊到家庭的夫婦關係，並改變男女的權力平衡。也因此人們喪失原先支配性的「正式化行為標準」之安穩性與習慣性。從社會「控制的重要形式」觀點，伊里亞思指出，這種結構的不安全性現象導致人類在近代文明化過程中產生一個「個人的自我強制機制」（Selbstzwangapparatur der Individuen），此也就是他所謂的「個人化」（Elias 1990: 53）。

同時，伊里亞思系統的由對福利國家成立與發展的研究，進一步的強化他所謂結構的不安全性論點，這點後來也為貝克所跟隨。他與貝克同樣指出，福利國家的給付和照護網絡，使得個人愈來愈脫離傳統的社群連帶，國家取代原初家庭的功能，直接的介入和控制私人的領域。人們因此失去社會共同生活中心「保護和防衛的單位」，而導致日增的自我控制，在心理上則演變為「自我強制的內在化」（Elias 1988: 274）。

這種從傳統的依賴解放和內在高度的自我規訓化，使得現代人一方面有更大的自由及決定的遊戲空間，另一方面陷入孤立危險的弔詭。一方面「個我－認同」（Ich-Identität）的主體行動逐漸強化，另一方面逐漸遠離和弱化「群我－認同」（Wir-Identität）；但事實上人們又需要群我的相互支柱與相互依賴感覺（Elias 1987: 300）。此自由的弔詭顯示出在結構化條件下，高度自我規訓的行動雖創造出近代個體自我顯揚之能力和機會，

他卻又依賴於群體及群體所創造之抽象組織和制度[40]。

這種情形也導致個我與群我的緊張關係，社會行動從「群我—個我平衡」轉移向凸顯個體的「個我—群我平衡」關係（Treibel 1996: 429），並在近代文明化的走向中愈趨明顯。歷史就這樣給人類開一個玩笑，人類從歷史的形式中獲得自由的空間，卻有失去支柱的苦惱，反而不知所措。事實上，人類行動本身就是個難題，對許多人而言，寧願建構一個人工的群我認同，也不願讓自己落單於茫然無助的社會風險之中，因為在現代的處境中人們的認同隨處漂泊，在喪失傳統規範與安全信仰後，他根本沒有一個安全、固定的個我認同[41]。人們在內在反而害怕面對自我的責任要求（Gruen 1991: 57）。因此，就現代形式的社會行動而言，個體自由是和自我責任、自我認同扣連在一起，而自由的危機與轉機就在現代人必須時時處於追群認同的情境中。

貝克雖和伊里亞思的研究取向一樣，強調制度下個人自我強制的內在化或社會化效果，但他更進一步從自由的弔詭性問題指出現代人認同追尋的過度負擔面向：個人化同時也就是「標準化」、「制度依賴的社會化」，個人行動「依賴」的選擇與「追隨」大眾標準和水平方式的生活風格、消費風格，以確保行動安全的邏輯正確性，他稱之為「風險自由」（Riskante Freiheit）（Beck & Beck-Gernsheim 1994: 33）。

同時，風險自由也意謂著在工業文明對社會與環境生態的破壞之下 —— 所謂自作自受的不安全性 —— 人類行動不知所措的現象：整個社會安全信仰與規範的傳統基礎被拔離，專家爭議充

斥於不同生活領域、擴散化和全球化的失業、貧窮化等。它們使得人類在當代陷入更大的風險情境，個人行動雖在歷史形式下有極大的自由，但他（它）卻陷入選擇困境。

因此，在自由的論題上，貝克不但舉出行動自由與集體（制度）依賴的弔詭性，也透過具體歷史時空的條件來透析現代自由的困難性。風險自由代表著人類行動實踐的不確定性；面對結構的困境，風險自由是結構化歷程的延長，它隱含人類行動動態的選擇可能性──它承載結構困境意義，也生產、失落和再生產結構的歷程化內涵。因此，如前所述，它是結構和行動關係的模糊地帶，也是行動衝突於結構的動因，它的希望在於將人類風險的生平，轉轍為自我模塑和自我反省的生平。

四、行動的轉轍

1. 行動存在之計畫

從社會結構化歷程的觀點來看行動與結構的問題，我們可以說，現代人類的作為並非是去恢復一個先存的、本質的自我實體，而是人類的社會行動本身就是一個辯證的、創造自我認同的

---

40 伊里亞思所提出的弔詭性是「愈來愈多人活於互相依賴之中，但個別卻又相異於他人。」（Elias 1987: 185）或「人們有一個較大的選擇遊戲空間，他們能夠在一個更高的規模中自我決定，但他們也必須在一個更高的規模中自我決定。他們不只能夠、也必須在一個更高的規模中自我獨立行事。從這個面向來看，人們沒有選擇。」（Elias 1988: 167）

41 鮑曼：「後現代的要點在於現代所有連結形式的認同皆走向終點。現代人們能輕易的選擇認同，但卻難於保持它的存在。」（Bauman 1993: 16）這種漂泊的認同反而是現代人的危機。現代人持有的僅僅是「暫時的認同」、「今天僅有的認同」（Bauman 1992b: 694）。引自 Keupp 1996: 393。

「存在之計畫」（existential project）[42]。也就是說，現代人類的行動正是作為存在於結構、並顛覆結構的轉轍器。類如道格拉斯（Mary Douglas 1995: 233）指出當代人類存在之寄託，在於個體性（Individuality）的彰顯和由其所建構出的社會認同內涵；風險社會觀點則注意到了個人化下個體生活的形式與風格，並由此掌握現代主體行動面對結構困境所可能創制、發展的出路。

現代人類行動從傳統的機制解放，因此生活的形式變得多元化、差異化，並從同質走向異質、從單一走向分殊（Rehberg 1990）。這個看法基本上打破工業社會單一支配的邏輯，尤其是經濟支配的理性邏輯——一個從啟蒙運動以來之目的、進步信仰所構造單一發展式之整體社會觀。在這個面向下，傳統先驗的「後設—敘述」（Meta-Erzählung）——如正義、自由等大敘述假設——均被揚棄，真正的社會行動意義則必須重新被審視，它產生於個體在當代的存在現況，也就是人們於具體的社會歷史實踐過程所發展、建構出的社會意義[43]。

上述對工業主義邏輯和啟蒙主義理性中心論述的批判觀點，本質上掌握了現代社會系統高度分化與多元發展的情形。因此，對「個體性」（個人的生活風格、形式與內涵）的肯定，基本上也理解到在現代社會多元分化的「主體性」意義。但對於主體於現代社會解放、顛覆結構的存在能動性之觀察應相當審慎，以免犯了過度誇大主體行動的面向。也就是說，除了觀察個體從傳統機制解放的形式，也必須注重社會客觀結構所造成的實質現象。社會多元分化的結果不僅僅使得個體從舊有的關係脫離，同時也

產生不同的控制整合形式。表面上多元差異的行動形式表現了現代社會的內涵，但它可能僅是規劃中標準的、模組的或套裝的所謂「後現代性」。更精準的說，從個人化的角度來看，我們更應審慎的看待主體存在與創制的環境，並進一步的掌握解決風險社會危機的實踐基礎──在於發展由個我為出發點、互為肯認的社會網絡之根本問題（Taylor 1994; Keupp 1994）。

相應於此，風險生平作為當代人類存在計畫的表徵，基本上本質直觀的描述當代人自我生命被迫從傳統扳離，而陷入風險的存在形式──貝克在近期的思考中以「自我文化」（Selbst-Kultur）來強調它。自我文化的概念親近於自我模塑的生平，它意涵著個體面對不安全的存在情境，以否極泰來的姿態重新挑戰、要求一個責任倫理式的生存環境。這是一個以「我活著」（Ich lebe）的自我生命為主軸的世界，一個客觀上要求個人自我決定、自我發展、自我承擔的現代文化現象。進一步而言，自我文化的核心問題關涉到現代社會根本的秩序問題──也就是在一個高度複雜、風險的現代社會下，社會整合如何可能貼切的起步發展。個人化雖是現代自由的弔詭，但現代社會整合的契機卻也必須肯定與回溯到個體的行動上（Beck & Sopp 1997: 12）。它經由「我活著」的自我生命在積極面上「創造文化及政治的動

---

42 筆者認為風險生平、自我模塑的生平本身就是當代人類赤裸裸的「存在計畫」，它們和後現代主義的切入點不謀而合，皆指出生存形式、風格和內涵的自我變動性意義。在此借用道格拉斯（Douglas 1995: 232）區分兩組建構社會認同的觀點，即「本質論」和「存在論」。

43 這由李歐塔所提出對先驗論述的揚棄觀點基本上是可以肯定的，不過其涉及相關的實踐哲學問題，請見 Welsch 1990。

能」，雖以自我為中心取向，但也「以自我的文化創造個人之間的聯繫和互為肯認的形式」，因此，自我文化意謂著人們以個我為出發點「追尋群體」（Such-Sozietät）的社會內涵。

　　從反身性現代化來看客觀的社會結構，當代社會正陷入一個全球化的風險情境，也就是自作自受的不安全性、全球環境生態的破壞、全球化的失業、貧窮危機等。相反的，自我文化現象作為人們積極存在與行動的表徵，其基本上挑戰世界風險結構的範疇。也就是說，自我文化的實踐行動意義根本落於全球風險社會的層次，並展現為當代人類的轉轍、顛覆風險社會結構的存在計畫，它與風險自由的意義一般，以個人的此在（Dasein）立場發展積極的自我模塑、反省的行動內涵來「刺激」或「建構」風險社會結構化歷程的變遷。因此，誠如貝克將自我文化的概念範疇建立於個體行動具有「高度自由意識」與「自我組織」的能力上，並進一步發展為「自我政治」（Selbst-Politik）（Beck & Sopp 1997: 186）的內涵。由此來看，風險社會之行動與結構整合的契機就落在自我文化、自我政治的實踐[44]。

2. 自我文化、自我組織、自我政治——「由下往上的政治」（Subpolitik）[45]

　　根據上述所分析之人類於當代的存在計畫意義，自我文化與自我政治有相當濃厚的行動取向之建構主義意味。行動與結構的關係和發展，正如本文一開始所指出的，必須歸諸在行動承載與創造意義的社會結構化歷程。但若結構的發展或強制逾越了

行動者的承受能力，社會結構化就失去它的正當性並造致風險社會。在此人類作為存在於風險社會的存有者，就必須不斷進行質問、反省並徹底激進的改變結構的危機秩序。我們看到，當代風險結構具體的處於兩個面；其一為威脅人類基本生存環境的生態破壞，甚至大眾毀滅性武器的核武競賽；其二為被迫處於風險自由情境的個人化社會之行動危機。從建構主義的立場，這個赤裸裸自我危及的社會實體正是根據人類工業文明化價值和制度化所生產出來；要逆轉並重構風險社會的實體就在行動者本身。我們可以說，這就凸顯了貝克所強調現代化危機的「反身性」（Reflexivität）意義，即人類面臨自我所建構的社會危機，而進行自我改變的社會建構行動。因此，個體行動的實踐在當代並無危機，真正的危機陷落在消極風險自由的個人化[46]。

---

44 在貝克的看法中，相當強調無論是人文或環境生態的風險在當代皆及於個人。因此，解放與顛覆這赤裸裸的風險形態也就寄託於每個個體的行動上──自我政治或由下往上的政治。關於此所涉及的風險人類學觀點，請見 Beck 1986: 98。
　「自我文化」、「自我組織」及「自我政治」的觀點是貝克於 97 年發展出來的。它們事實上和早先風險生平推衍而出的自我模塑生平、反省生平皆屬於現象學層次的描述分析。後者較偏重在討論個人化意義下人們生平發展與規劃的危機，但也隱含自我創制學習的面向；前者則以肯認個人化的現實環境下，社會行動積極發展並影響結構的建構意義。可以說，自我文化概念是體現人類在世存有的踐行意義，它和自我模塑生平、反省生平兩個概念相等並平行，但又是它們的延伸。

45 同時，這些本質直觀式的概念並不嚴格區分於「由下往上的政治」（Subpolitik）範疇。「由下往上的政治」為貝克自 86 年一開始所提出，它基本上注意到個人化下個體行動對抗結構的意義，同時也討論了個體行動於不同場域如組織、企業或社會運動團體內個體實踐的情形（Beck 1986: 301, 1993a: 162）。在概念範疇上它較多政治社會的分析，但因此整體來說它也包含上述的各種觀點。

46 Subpolitik 的 Sub 為 nach unten（向下）、sekudär（次要的）。在文脈中意涵為社會形塑由下往上、由個人化下的個人出發、直接政治等，筆者傾向翻為「由下往上的政治」較妥當。
　舉個例子，如果我們說德國當代的青少年厭惡加入政黨活動，導致政治及社會共同體陷入危機之虞；但卻又將常看到高達 80% 以上的青少年支持或願意參與 Greenpeace 的環保運動。

行動和社會的關聯就在於人們相互肯認與認同的問題上，尤其在當代風險社會的情境中（Keupp 1996: 385）。科技事務的龐雜和集體喪失傳統規範與信仰的不安全性導致人們喪失日常行動的慣例性和自明性，並滑落對現代社會肯認與認同的基礎。風險意識的興起與每日生活的不確定認知，促使了行動者陷入不斷質疑與追尋秩序的正當性，現代成為一個人類不停「追尋認同」的社會。泰勒（Charles Taylor）指出，現代人的意義危機在於要求他人的認同，而事實上於多元複雜的當代社會，每個人往往只部分來自他人肯認、部分他人的不肯認或錯誤的肯認（Taylor 1994: 13）。這也就是我們經常在對同一重大爭議事件往往有兩套以上對立的論述互相矛盾、衝突，如核四廠的風險爭議。但一旦這兩套論述的爭執點並非事件本身，而是涉及事件背後「後設價值」的衝突（核能安全、進步信仰、代議民主 v.s. 安全失去控制、反身性現代化、直接民主），則將完全瓦解了現代社會多元性意義（Rein 1991: 284）；因為人們不再相信支持現代民主政治基礎的工業主義、技術官僚代議統治，當代社會因此陷入風險社會的危機。

面對當代風險結構，「由下往上的政治」意謂社會的形塑從草根的個人開始，它展現為「直接政治」的形式，要求個人自我組織，並發展與他人互為溝通肯認的社會網絡或行動。也就是從個人化的個我基礎，建構一個個體反省、集體共同參與的「論述社會」（Diskursgesellschaft）（Beck 1993a: 200）。在這個面向下，反身性現代化的結構化歷程就轉變為一個經由討論、商議

的社會發展。進一步而言，由下往上政治的內涵就是根據「反身性」——反身、自我面對危機——所推出的討論理性，特別是面對當代科技的高度風險性，政策的決定必須由公民參與、討論、理解和具共識意義的過程。從這個脈絡下其進一步牽涉到科技公民權觀點[47]。

　　同時，就前述行動影響結構、並與結構形成對立緊張的關係而言，在風險社會更為明顯。詳細來看，在當代，工業主義支配的價值與制度往往掌握了結構的優先性，行動對立於它卻必須建構另一套價值的論述和認同，以對它構成挑戰。在這個對立拉扯的過程中，行動必須摧毀結構強制的正當性，以文化游擊戰的策略佔上價值認同的灘頭堡[48]。其中，論述——尤其是論述的權力、位置、論述的結果、擴大就扮演很重要的角色。可以強調的是，個人的行動一旦獲得論述的發言機會，並搶回由技術官僚代議決策與詮釋的權力，就達到了初步迴避結構強制的游擊戰略點。在經由參與和學習的過程進行對社會的認識，並由此集體的

---

47 「科技公民權」要求人民有權知道訊息、有權參與科技決策及有權形成決策的共識。它保障人們自由、自律與尊嚴等基本權利原則（Frankenfeld 1992: 459）。就分析而言，「科技公民權」凸顯了人類在風險社會中另一個自然權利的發揮，隨著財產權、政治權及社會權之後，另一個與當代歷史社會變動鬥爭的主張。科技的發展除了在經濟、生態與人類健康上產生重大的改變外，也造成了相當多的社會問題。在當代，科技已非單純地僅以科學的眼光來看待，而必從一開始便顧慮到社會整體，尤其是接受者的特徵考量。例如整體社會倫理接受與調整的可能性、生態環境變化對人影響的可能性，或者地緣社會歷史的維持性等。因此，科技的決策形成於具有「社會契約」意涵的公民參與過程。

48 在此使用文化游擊戰概念是藉自葉啟政（1996a, b）先生。基本上，文化游擊戰觀點和風險社會觀點皆指出一般個體於面對龐大的現代化幽靈所採取迂迴的對抗策略——即迴避結構強制，而以「我」中心為行動的出發點進行打帶跑的戰略，其尤其體現在日常生活的各種實踐政略中，如抵制消費、購買。

個人在訊息與信念互為肯認、交換的形式下建構一個強韌的認同網[49]。因此,「由下往上政治」意涵著個體從自我文化的情境中實踐性的互為連結,並由參與、討論或具體的抵制購買行動建構另一個「論述的結構化歷程」(Hajer 1995: 40)來對抗以失去安全性、控制性的「工業社會結構化歷程」。

所謂「論述的結構化歷程」為行動者掌握論述的權力進行對結構的鬥爭,並由此行動主體產生自我認同的建構,並企圖破除既予支配結構的意識形態。在此激盪中一個新的社會事實經常被建構出來,並得以進行下一波的社會結構化改變。

在面對全球化問題之世界風險社會結構,貝克發揮並擴大「全球的由下往上政治」(Globale Subpolitik)[50]理念,同時結合自我文化現象,強調全球化風險責任的關聯歸屬落於每個個人身上。每個個體行動者為世界風險結構的承攜者,由日漸擴大的風險意識自行的關注、討論或行動抗議,並經由媒體的傳播與強化,形成一個自我為生態破壞敵對者的「世界公共領域」(Weltöffentlichkeit)(Beck 1996a: 140)。而面對世界風險社會的結構重組危機,自我政治(由下往上政治)為最佳的游擊戰效果,我們可以看待它為現象學上的行動與權力取向的社會建構主義[51]。它基本上是高度個人化下現代個人「生活政治」(life politic),個人們以跨國性的連隊,運用消費購買的抵制行動作為日常生活的實踐戰略,取代選票、國會和國家的無能,以自身的生活政治策略來發展全球層次的對抗網絡。這種「個人—集體的」生活策略,使得每個人提升為世界存有行動者和風險結構的

對抗者，或更徹底的說，每個人成為世界風險結構的行動轉轍者。

更近期的，貝克進一步以康德「永久和平論」之「世界公民」概念提出一個「共和主義理念」（Republikanische Idee）[52]（Beck 1996a: 140, 1997a: 26, 333, 1997b: 121, 168; Beck & Sopp 1997: 187）。共和主義理念實際上是自我政治的再發揮，它超越民族國家、國會政治的代議制度化，而行動的發展就寄託於個體身上。現代個人所生存的環境雖不再是操控於自然狀態下的利維坦，卻是相對生存於一個自作自受之不安全性、不確定性、不可認識性的全球風險結構中。因此，風險社會結構化歷程的轉轍動能，就在歷史實踐形式的弔詭過程中再度赤裸裸的歸返個人。

五、結論

在本節有關風險自由的討論，我們指出了人類在當代社會中

---

49 後結構主義者指出，認同並非客體，而是由主體透過語言參與所進行的自我建構過程（McName 1996: 149; Grodin 1996: 6）。同時，具差異性的語言論述產生於社會多元分化的場域中，因此在不同領域的溝通對話中，人們建構了多元形式的認同（Turke 1996a: 258, 1996b: 158）。

50 這裡貝克也發展「全球的科技公民權」觀點，並認為世界風險社會的實踐場域不再是在街道上的抗爭，而是透過大眾媒體傳送所形成的文化象徵、風險意識等過程（Beck 1996a: 141）。更徹底的說，其實也在 Internet 的論述實踐行動上。

51 也就是結合傅柯的論述權力策略觀，透過在日常生活中的論述、參與來建構一個社會事實（如加入主婦聯盟等社會運動形式之活動，抵制麥當勞的不當銷售），以對抗風險社會的基本危機。

52 在理念內涵上它直接批判「新自由主義」的市場上的個人邏輯，也不同意於「社群主義」者對共同體的懷舊，而是強調由個人行動意義承攜與創制來對抗個人化的風險情境，同時也由個人行動建構新的社會秩序正當性。

自由的弔詭性。現代社會分化的發展機制，如多元的價值、多元的行動空間、多樣的工作時間、地點或大眾消費、大眾媒體等，激化個人化的發展，並賦予個人自由選擇與行動的空間；然而，另一方面其卻形成全球水平式的、標準式的發展模式，同時人們也陷入社會安全信仰與價值迷失、科技與環境風險爭議、充斥專家觀點鬥爭的情境。因此，就表面上而言，人們脫離了舊社會形態單一理性的社會控制，達到了自主的、多元的、異質的甚至分散的自由解放發展；但就深層而言，這種自主解放又被擺布於全球同步、標準的分化模式中，並且，在科技上又陷入專家多元理性競爭與爭議中，使得社會集體意識被專家多元理性、多元權威所瓜分，並形成各擁其主的矛盾。

在當代工業社會演化的歷史舞台中，個人化自由是與個人化風險同時登場。人們處在這樣到處充滿刻意操作、滲透、專家爭議充斥的社會及文化結構之中，這個現代的「文化的工具箱」雖有如萬花筒般以多元繁複的形式出現，但卻適足以使人類迷失其中。一方面，大部分人們不知哪一種風險的選擇對自己最有利，因此跟隨與服從大眾多數多元的選擇是「最安全」的「自由」。然而，雖然人們陷入複雜的風險結構之中，但仍保持著轉轍風險的能動性，透過自我的學習、參與政治行動，來挑戰此種現代性的鐵的牢籠。就後者而言，端視其客觀的歷史社會、政治情境。

第四章

知識、科學與不確定性

一、前言

現代世界的基本特性為由科技、專家與知識系統貫穿我們每天的日常生活，其不但蘊生自主運作的機制與體系，也構成一套「抽象系統」（Giddens 1990: 83）[53]，推動與旋轉著現代社會這龐大複雜的機器。只不過，這三套緊密結合、並以現代理性為共同基礎的系統，不只在功能上發揮與影響現代社會生活的內涵，也在社會行動的面向上產生鉅大的支配意義，甚至異化社會行動的內涵或行動者的環境結構，而陷入極大的風險。其往往又具有全球化的效應，亦即，科技系統、專家系統與知識系統隨現代化的深度擴張，在當代所形成的衝擊後果遍及全球，尤其在政經網絡效應推波助瀾下，構成了全球化的危機警訊[54]。

正如許多論者所指出，此種風險源自於抽象知識系統的去民主化（Wynne 1994），其壟斷、支配、自我中心性格的權威操作方式，造成了宰制人類社會生活世界的隔閡，使得「現代」這具有高度去權威、去壟斷之社會意涵無法真正的實踐完成（Latour 1995）[55]。然而，即使到了今日高度民主化的現代政治發展階段，現代抽象知識系統的權威性格並未完全的解放，因而，在現代社會生活實踐的環節中，原本複雜難解的知識系統內涵，更因程序上的權威集中方式，而造成更大的問題。明確的說，知識作為科技系統與專家系統生產的資源，它同時也是後二者生產現代社會內涵的產品，但由於科技與專家系統持續的壟斷與權威支配，使得知識作為社會資源與作為社會生產的產品，在未通過社會理性

的溝通與監督下，成為風險來源。

知識系統帶來的風險與高度不確定性，隨社會、科學演化的複雜性而徒增，這一章將借助傅柯（1976, 1980, 1991）與李歐塔（1979）兩位後現代論者的觀點，指出壟斷式的科技與知識系統，將只是啟蒙運動之理性殘餘，無法建構科技社會的正義，也因此我們直到現在皆無法形構真正的現代；從另一方面說，傅柯與李歐塔論述中所延伸出來的多元、歧異、去中心化、去壟斷化、去權威化等觀點，不謀而合的將重心擺在處置「知識」的問題層次上，而與風險社會理論相對的親近。亦即，前者對知識或科學權威的批判，正在於解構其權威的偽善面；而其在現代社會的對立面，就如風險社會理論所強調的「無知」面向，人們坐擁一定程度的知識後，卻自以為是的以有限的知識解釋無限的現象、以確定解釋不確定性、以安全控制想像處理不安全。

因此，本章將從知識、科技與專家所構成的現代抽象系統出

---

53 筆者認為，現代社會的「抽象系統」實質上指涉由知識、科技與專家所構成的對現代生活的系統化組成與運作的過程，其包含高度的複雜化、規制化與體系化，並且相當程度的具有如魯曼所強調的系統化約性，現代社會也因此可理解為高度複雜分化的多元系統。所謂抽象系統其實具體關連現代生活每天面對的不同機制、行動規範或想像藍圖，這個部分可進一步參閱本文在第95頁的後續舉例討論。我們借用紀登斯使用的術語，進一步擴張為本文所欲主張之知識、科技與專家三大基本系統的風險問題。

54 以基因科學實際上對全球人類行動與結構的衝擊而言，基因篩選與基因轉殖（無論是對人類、動植物），將對全球物種優劣、生物多樣性、生態系內涵、文化多樣性（族群文化、倫理、動植物命名、象徵、宗教宇宙觀）產生莫大的改變與挑戰。

55 拉圖指出，現代社會重要的意涵乃指涉不同於傳統社會中充滿權威、壟斷與支配性的信仰，而在於開放的、透明的社會實踐與運作。而從當代科技對人類社會的宰制，拉圖批判性的指出當代科技又重返權威與壟斷的社會路徑，等於又違背了現代性的開放、透明意涵。事實上，這樣的觀點類如韋伯所指涉現代為解除魔咒的過程，而一旦科技或知識的系統又落入權威與支配的信仰路徑，等於又構成了另一巨大的鐵的牢籠宰制當代人類。

發，批判性的討論其賴以為基礎的知識或科學所構成的支配性問題，並延伸指出科學不確定性所衍生的科技風險問題。同時，將從不同無知的命題分析其分別對科學、社會行動者產生風險盲目的影響，分析其一方面衝擊到科學與科技系統運作的正當性，另一方面導致社會公眾對科學的爭議與不信任。最後，初步的提出發展新的知識與行動典範，建構科技與社會溝通的平台與機制，以為日益擴大之知識鴻溝與社會倫理爭議提供共同思考的民主基礎。

二、科學化的現代社會

科技在現代社會本身就是一個社會建構的過程。科技影響人類社會行動的條件與方式。但反過頭來，社會的制度與行動的領域決定科技的發展。因此，這是二者交互辯證的過程。科學的理性雖然成了推動社會文明化的驅動器，但它更建立在「社會理性」的基礎之上，從「社會認知」和「規範」的興趣出發（Gloede 1994）。簡單來說，科技的發展應符合社會分配的正義、政治決策的正當性和社會秩序的安定性要求。

在當代風險社會，「科學理性」經常壓制「社會理性」。「科學理性」的判斷往往成了整個社會判斷或政策決定最後的根據。專家的意見，通常依照一套「專業」的統計數據和說詞來驗證自己的正當性，其他的「門外漢」則無置喙的餘地。專家們決定了社會認知的空間，也規定了社會的分配，同時，又是社會秩序的

生產者，他們「安排」、「推動」了社會秩序的變動。但是，隱藏在這套「專家認知」背後的社會機制是什麼呢？

　　拉圖指出，現代社會對科學的態度，依然依循著霍布斯式的「權力就是認識」的觀點（Latour 1995: 30）。霍布斯所設想的權力分配邏輯，在政治上講求國家主權的必要性和代議制度的行使。根據社會契約的概念，政治上的公民必須服膺在這套代議體制下，以維持社會秩序不至於再陷入自然狀態的混亂。做為「利維坦」，國家主權的絕對保障，才能確實的穩定整體的社會秩序，消除「所有人對所有人的戰爭」狀態。事實上，這套假說作為自由主義代議政治思想的根源之一，在當代已受到強烈的挑戰。尤其是來自「社群主義」（Kommunitarismus）和「商議民主」（Deliberative Demokratie）的批判。恰巧的，這套政治制度和其意識形態整個全盤的轉移到科學領域上。「科學的代議士」，所謂的「專家」，利用社會意識形態的優先性和先天既有的統治權力，去決定並正當化其知識的中心權威。同時，經由這個程序，更穩固其科學代議制度一元化的權力結構。因此，技術官僚和全能國家的統治自我正當化，往往是人類社會在面對科技文明系統快速發展，陷入風險情境的關鍵之一。因為，透過這個政治機制，阻礙了人類與科技共同反省、成長的機會。

三、現代性的弔詭：科技、專家與知識系統構成風險

　　現代（modern）觀念的根源起自於西方啟蒙運動的基本思

維，「現代」於當時的自然認識觀和社會認識觀下被等同於「進步」（Progress）（Sieferle 1984: 30）。牛頓開啟的機械宇宙觀確立了人類自行建構、發現自然法則秩序（order of natural law）的能力，而這套新衍生的自然觀和發生學模型，也同時全面的被應用在政治經濟理論、國家理論和社會理論之上，如何建構一個具有符合自然永恆秩序的國家與社會，是許多建構現代社會先驅者的夢想[56]。

現代既等同於進步，基本上鑲嵌於啟蒙運動的歷史演化觀，即將「發展」（Entwicklung）、「前進」（progress or forward）視為新社會不可逆轉的趨勢，隨著科技與工業化的起步與配置，整個人類社會正朝向更美好的方向演進（Sieferle 1984: 16-18）。於是，科技、工業被認定為現代的驅動軸，而進步觀則定為現代的後設論述（meta-discourse），因為它實踐社會美好的生活與正義。

從認知與技術批判的觀點，霍克海默及阿多諾（Max Hork-heimer & Theodor Adorno 1992）在《啟蒙的辯證》一書中點出了啟蒙運動被窄化為「工具理性」（instrumentale Vernunft）的操作迷思，現代社會誇大了科技、知識的權威（培根〔Francis Bacon〕「知識就是權力」），將之視為控御社會工程、自然世界「進步」的重要方法（Hastedt 1994: 17）。知識、科技一旦被工具化與權威化，就成了現代社會的墮落淵源，因為它們愈來愈偏離民主與正義原則，它們所產生的效果則往往凌駕於社會所需，成為支配、異化社會的危機。依此，韋伯所解析從傳統社會

到現代社會之「理性化」（rationalization）邏輯，在科技與知識演化的面向上，往往被譏為單線、技術理性的社會演化論述，從其嚴重的造成社會、倫理、生態、健康或環境災難的風險威脅，變成了現代性自我毀壞的內爆危機（周桂田 1998）。

　　換句話說，現代論述的基本論調即在於人類社會透過科學—技術文明化（wissenschaftlich-technische Zivilisation）的過程，它規定並介入人類行動的結構與秩序，並往往產生全球同質化的效應（globale Homogenisierungseffekt）（Lübbe 1991: 213-215）。亦即，現代的動力主軸之一非是科學、技術不可，其整體系統性的分化為科技系統、專家系統和知識系統，因此，我們一方面可以了解現代社會基本上是上述系統整體的「控制革命」（Beniger 1998），另一方面可以批判的分析與解構此種控制革命系統的根本問題所在，而此亦是後現代論者對科技批判的重心。

　　整合科技系統、專家系統和知識系統的運作，正是紀登斯（Giddens 1990）所強調的現代抽象系統（abstract systems），這套系統撐起了現代華廈的大樑，人們每日生活依據這套系統而存，規律且重複性的。例如一個人每天外出上班，腦中已習慣有一行動藍圖，先搭淡水捷運到火車站，再轉班到南港線，藉一張儲值卡，可有效的控制時間、空間的速度與方位。

　　這個過程牽涉到了無數的控制革命系統，首先，它關聯了全

---

56 盧梭、洛克、霍布斯、史密斯到黑格爾等人，皆企圖從類型學的方法整合自然契約的觀點，建構新秩序的國家理論，此為當時啟蒙運動者所做的社會藍圖。而這部分的社會政治理論為現代社會的基本價值和發展機制奠定了「現代」的基礎。請參見 Cassirer 1989: 229-267; Baumer 1988: 355-397。

球衛星定位系統之全球性科技，指揮車行的安全與現況；其次，捷運路徑的藍圖、規模、速度和周邊都市風格的配置與設計，必須由無數不同領域的專家參與；最後，所有硬體和軟體的建制，都需要一套完密的知識系統作為基礎，成為現代捷運機制的中心。因此，對於這些複雜、繁複的抽象系統，現代人除了每天例行的行動習性外，更要對新的變化產生學習適應，並將之重新納入熟悉的例行行動模式中。換言之，這些過程寄託在人們對許許多多抽象系統的「信賴」（trust），信賴因之是現代的重要內涵，它也是工業社會哲學人類學的重要指標：

> 現代制度的本質，乃深層的扣緊於人們對抽象系統的信賴機制，特別是信賴專家系統。（Giddens 1990: 83）

然而，現代抽象系統（科技系統、專家系統及知識系統）所建構的工業文明，卻遭逢相當大的挑戰，其所興起的文明風險、生態災難、環境破壞的事實，反饋的衝擊並挑戰了依循啟蒙進步理性之科技系統、專家系統及知識系統。同時，這些腐蝕現代性的各種現實或因素，更逐步的撼動了人們對現代的信賴關係。

我們先來討論這些現代系統的結構性問題，交錯援引與對比後現代主義和風險社會理論對科技及專家知識系統的批判。隨後，依此更深入掌握抽象系統機制所構成的不確定性（Ungewißheit, uncertainty）和不安全性（Unsicherheit, unsafety），闡析它們在後現代（李歐塔、傅柯）和第二現代（Beck）的主張和出路為何？

1. 科技系統全球化結果及風險

　　科技，從最原始的替代、減輕、超越身體器官功能的範圍（Gehlen 1990），擴展至今成為現代的抽象系統，來輔助本質上有缺陷體（Mängelwesen）的人類在現代社會的生活。科技的系統，尤其是科學─技術文明化擴及影響、改變所有人類行動和社會結構的內涵，往往非地區性或暫時性的，相反的是全球性、跨地域性，並且可以說是自工業革命以來到當代相當長時間的歷史累積效果與過程。我們在此並不集中討論這個時期發展過程為何 [57]，而重點在於分析科技系統全球化後的結果。事實上，1960

---

[57] 科技系統自工業革命以來的全球化過程與不同重要性的關鍵比較，周桂田（2003）指出「當代，知識／科學（技）的進展與突破，躍升為人類社會生產元素的關鍵，生產力的來源不再僅僅是剝削自然資源和勞動，而是加入知識與科學（技）的運用，作為企業創新和規劃技術變遷的來源，在 1960 年代末，資訊科學的應用與相關知識的發展，已為後工業社會的來臨奠下了基礎，貝爾（Daniel Bell 1973 [1995]）所分析此種新的社會類型呈現了結構性的轉變，即資訊科技發展在各部門逐漸滲透、並形成了資訊化的基礎結構（infrastructure）、美國製造業部門產值遞減而服務業產值遞增，同時，知識與科學逐漸在工業生產的角色上日益加重，這兩者的應用（包括資訊和知識）成為了後工業社會的主要結構特徵（p. 19），因此，後工業社會生產上的討論重點不在於之前工業社會的勞動價值理論，而在於知識價值理論，亦即，技術和科學（已經）成為一個首要的生產力（p. 12）。換句話說，知識和科學的應用更加複雜化了既有的生產關係，亦即，生產元素從資本、勞動、土地、資源、市場的序列，轉為資本、知識／科學（技）、市場、勞動、資源、土地的序列，知識／科學（技）取代了勞動的重要社會位置，同時，1990 年代之後，在全球化經濟意義下之科技與資本主義競爭，創造了新的市場網絡與資源網絡，並拋開了土地的地理侷限性。進一步的分析，知識／科學（技）的歷史社會角色，已非工業革命初期的次要位置，其隨著晚期資本主義的社會脈絡發展，全然的滲透、深入人類生產的各個元素，並從生產元素的演變，如同工業革命般的，延伸到社會各部門與系統（包括組織、教育、制度、經濟、文化、社會等系統）的大變革。不同的是，這次知識／科學（技）的影響與衝擊除了成為造就生產元素的重要關鍵，更成為全球化社會、經濟變遷成熟的推動引擎之一，其與全球資本互為結盟，支配全球未來社會的發展。換句話說，其一方面變成了全球資本主義社會發展的生產主角（如資訊主義、生物科技工業），另一方面，

年代以來工業社會的體制更加速配套這個發展趨勢，科學—技術的進展基本上鑲嵌在現代工業與經濟成長的基礎上，隨著六〇年代後經濟全球化趨勢，其相對的變為競爭的重要關鍵。在這個結果上，科技系統不但是全球化的驅動軸，它提供全球網絡化與競爭化的功能，同時它也是全球化的結果，在全球加速競爭與互動中更強化自己的角色。

例如，核能、資訊、基因科學—技術的研發與應用，促成了商業、金融、生物多樣性的全球快速流通與網絡動作，為下一波工業現代提供新的社會發展曲線；然而，由於全球的加速競爭，各國在現有的競賽基礎中莫不一再的強化科學—技術先驅者的利基位置，強調研發的投資。

因此，科學—技術在經濟競爭的邏輯下變成全球化的驅動軸心，同時卻不斷反饋演變為全球化的競爭指標、結果和過程（周桂田 2003）。換句話說，科技系統不在純然是科學技術研發本身，也鮮少能再說它們將能維持普遍性、客觀性與中立性，相反的，它們外溢成全球化的競爭系統，變成經濟、技術競爭工具而運作。

科技系統作為全球化的競爭標的，除了提供全球人類更便利的溝通、互動與交往，改變了人們行動的習性與內涵，促成商業、文化的變遷，更重要的是由於它在強烈的專業競爭過程中，經常由於優勢競爭地位的考量，捨棄對社會理性的尊重，同時毫不考慮社會與生態的接受能力，而製造出相當大的風險。因此，科技系統與社會生活形成了高度的緊張關係，這種關係卻逐漸腐蝕人

類對科技的信賴，並日趨對現代科技架構下的各種行動風險感到存疑，而無法再完全信賴科技系統[58]。

而科技系統運作於全球化的競爭生產邏輯，導致巨大的風險結構包括科技落差形成的貧富差距拉大、文化與生物多樣性遭受威脅、全球生態威脅風險等，可以下述三點來討論：

一、新科技的霸權效應，乃延續富有強國支配貧窮國家的戲碼，此種中心國家相對邊陲國家的現代論述，為後現代主義者所不滿（Welsch 1991: 51）。以全球連結的網際網路為例，肯尼迪（Paul Kennedy 2000）指出，全球只有百分之二點四人口連結網路，東南亞兩百人中僅有一人上網，阿拉伯國家是五百人有一人，而非洲國家則一千人才有一人。科技霸權之支配與從屬關係。所製造出的新不平等世界風險，經常延宕為落後國家因科技認知不足，導致問題爆發過遲的嚴重性，而反撲到全世界，例如

其與資本緊密嵌合而激烈化全球競爭與發展差距，即透過資本密集鼓勵之創新研發，可能形成產業的地區或全球壟斷，這在生物科技醫療與製藥、光電、航太與資訊產業等顯而易見。」

58 科技系統作為現代社會的基礎結構，不容否認具有相當程度的貢獻，但也日漸的衍生各種風險，從細微到巨大，同時又可分為確定性的與不確定性的風險，其影響程度不一。細微又屬於確定性的風險如吹風機所造成的電磁波對人體的傷害，細微又不確定性者如手機對人體DNA的影響有愈來愈多的科學證據。並且，民眾對大哥大基地台的抗爭日益增加；巨大而確定性風險者如核能科技所應用於民生的核能電廠、用於軍事的核子武器，巨大而不確定性者如基因工程、奈米科技所將衍生引發的生態侵害、健康風險與對人類社會倫理的重大衝擊。至目前數之不盡的案例遍及各領域，所形成科技與社會的緊張關係日益升高，人們對科技的信賴已無法再盲目樂觀，也因此有愈來愈多檢討、批判科技與社會的文獻，在此筆者不再贅述。諷刺的是，確實當代人類面對科技層出不窮的風險解決之套，似乎又要尋求與依賴科技知識（Beck 1986）；面對此種科技風險必要之惡的循環，是否另求方案，不以科技運作為唯一標的之另類風險評估（alternative risk assessment）思考，也或許是我們可開闢的方向，此部分將另文討論。

科技對生態嚴重破壞（如使用 DDT），這種新科技霸權效應基本上歸屬「世界風險社會」（world risk society）的範疇（Beck 1996, 1999）。

二、新科技霸權所導致全球化的同質性（Homogenisierung）與單一化或統一化，為後現代論者對當代科技系統的根本批判，並視此為「去歷史的文明化」（ungeschichtliche Zivilisation）危機[59]（Lübbe 1988: 212）：其不尊重在地文化、生物多樣性的特殊脈絡與普遍性的接軌，將塑造出強勢的、唯一的標準尺度，推向一個單一的、法西斯科學—技術的文化。李歐塔在《後現代狀況》一書中對科學知識霸權和單一化程序的「正當性」點出了質疑，在他的觀點中，科學知識的合法性和自我規範的證驗性皆失去了準則，因為，它仍需要靠外在的社會敘事才能獲得其權威和目的，因此，科學霸權和知識的單一化並無關真理，而僅關係於權力（Lyotard 1979: 48），以此推論，當一個社會支持科學機構的研發，也僅為取得科學權力的優勢，並凌駕統一他人（國），其牽涉到全球競爭的權力和主宰他人的工具。

從風險社會學的角度來說，新科技霸權促成全球生態或社會的同質性與單一化，往往造成相當大的風險，因為它牴觸了物種生態、文化、倫理的多元與寬容原則，而其乃是文明延續的基礎。

以基因科技為例，基因篩選與剪貼，運用在人類生殖上，將造成性別、族群及其背後支撐之文化、倫理多樣性的危機，尤其優生學的濫用，更將使全球進入人種競賽的恐慌；應用在動、植物上，基因改造的物種及有機體，可能促成生物多樣性的滅絕風

險，並改變生物鏈自然法則。尤其，強調單因優生的基因改造物種（如種子），其將淘汰既有現存、但較弱勢的品種，而僅維持同質性的單一物種，其將破壞物種多樣性的互利互剋均衡。

三、科技系統的全球化同時也帶來全面的生態風險，其對人類行動與決策行動的明晰性帶來了高度的不確定性衝擊。嚴重的生態破壞、全球暖化效應、溫度與曝曬陽光的風險、二氧化碳效應、持久性有機氯之跨境污染食物、狂牛症、基因改造食品風險等，皆迫使人們面臨工業文明以來最大的生存挑戰，風險觀點指出了其為風險文明化，後現代主義者可以問，這是「現代的結束」（Ende der Moderne）嗎（Maurer 1991）？

然而，當現代人類蒙受此「風險的文明化」（Beck 1993）苦情，滾動全球化競爭之軸的科學—技術系統卻絲毫不停下來，風險社會理論問的一個關鍵性的問題是：「到底是什麼系統性的謬誤存在於科學對風險的認知？」（Beck 1986；周桂田 2000a）。可以肯定的是，以政治經濟支配為中心的全球主義[60]，正吹著全球化競爭的號角，將科技系統的優劣視為全球角力的主要工具，

---

59 後現代論者相當的反對科技帶來的全球同質化、單一化的壟斷結果，此種中心控制觀之科技運用，仍延伸強國統治世界的控制手段，基本上，是以帝國理性與歷史為基準，而去地方歷史。請參見 Welsch 1988: 50-57。

60 關於科技研發與競爭在當代乃鑲嵌於全球化經濟競爭運作的邏輯解釋。簡單的說，世界各國爭先恐後發展基礎與新興科技，莫不希望整體國家的競爭力優勢或爭取並駕齊驅的優勢不墜；而在跨國公司方面，可以看到更加激烈的合併風，以期擴大全球市場的比例優勢，並從資本主義大者恆大的法則中，加緊科技研發與科技產品的開發。其關鍵在於，當代許多關鍵技術包括航太、醫藥、光電、化學、軟體等，具有全球優勢高度排他性，一旦取得科技研發與科技產品的全球優勢，將佔有全球相當比例的市場，進而在排除他人進入市場中不斷依靠資本積累，繼續策略性的享有研發的優勢。而這些富可敵國的跨國公司不但在現實上佔有高度的全球市場與產值，其科研基金超越單一國家科研的投資更是時有所聞之事。

因此，風險問題被視為隨時皆可擱置。

這個命題在李歐塔對科技系統的評斷上同樣有效，他指出當代科學知識致力的不再是「這是真理嗎」，而是相當世俗關涉到（競爭）權力的配置，研發的取向變為「這有什麼用處」或「這有多少價值」（Lyotard 1979; Conner 1999）。大學與科學機構一旦僅考慮實用的工業價值，而無視真理的追究或風險的不確定性衝擊，也算是當代的一大危機。最受矚目的莫過於 1998 年瑞士對基因科技研發權利所舉辦的全國公民投票，在全球競爭與科技利益的論述下，人們擱置風險，任憑科技系統權力的擴張。事實上，目前沒有任何一個國家敢宣布放棄生物科技的研發利基，雖然有橫在眼前的全球生態與健康風險爭議，但在下世紀明星工業論述驅使下，無人願做「理性選擇遊戲」下的犧牲者。換句話說，全球的風險災難將會是在經濟全球主義下一起沉淪[61]。

2. 專家系統壟斷支配的風險

現代人類行動結構受囿於專家系統作為現代制度的指揮中心。現代的論述中，專家配備知識而擁有規訓、統御人類社會的藍圖和行動的內涵，因此，科學權力的代議士莫不是由專家來扮演，專家的論述與知識的光環形成壟斷的地位[62]，專業獨裁夾著科學知識的神秘性與複雜性，拒與社會理性溝通，而恣意的工具理性思維，往往不願面對科學不確定性的風險結果。換句話說，專家系統的權威性，在高度的科技爭議事件中迴避了社會民主溝通的層面，反而斲傷了專業提供服務社會的功能，社會行動者則

常因專業權威的迷思而喪失了其行動的信賴。

　　風險社會理論特別注重專家與門外漢間的溝通問題，特別是高度風險不確定性下，專家與專家間的爭議導致了社會行動者（即一般民眾）對知識系統和事實判斷的迷惑，因此，面對這些具爭議性的風險，則需要更大的透明參與及社會溝通來彌補。進一步而言，科技的社會溝通當然並不能解決科技面衍生上的問題，諸如生態災難或健康風險，也不能保證社會能達到共識或允諾某一爭議科技的發展，重點在於，專家所決策發展與運作的科技乃關連於、影響於、來源於社會，因此需經由公眾的理解與選擇，而這變成當代解決科技爭議風險的民主實踐之基本程序[63]。

　　除了科技溝通面外，李歐塔則直接質疑專家論述權力的正當性過程，並反對專家獨裁的論述方式。就他而言，專家僅僅是依循著其專業敘事的規則，取得知識論述上的正當性，因此，人們會聽從專家的話基本上就存在於日常的文化規則中，其規定了「在一個既有社會權力體系中，誰有權、有責任發言，誰又必須聽從這些指示」（Cornor 1999）。換句話說，專家天經地義取得論述的位置和權力，因此其若過度濫用其專業的獨裁，而不聳

---

61 即使許多國家已意識到應對基因改造產品進行嚴格的輸入規範，但在本國的科學研發上又極力的強調與投資，深恐落後於他人，此種矛盾態度不在於考慮生態安全的科學真理，而在於其工業價值的競爭性。

62 拉圖指出專家的壟斷往往造成了「權力就是知識」的結果，反而誤置了社會工程的發展，這部分討論請參見周桂田 1998。

63 進一步的說，一旦科技涉及高度爭議的風險，無論是專家間的爭議或社會接受度的爭議，社會對此科技的信賴程度已大幅降低，因此，一旦進行風險評估若仍侷限於科學專業，而未將公眾諮詢與社會溝通程序擴大納入風險評估的過程，往往引發更多的質疑。因此，自1980年代始，科技的社會溝通逐漸成為各國重視的議題（Wynne 1980）。

固和社會行動者的對話溝通管道之透明順暢，將喪失其正當性，社會行動者也將拒絕克服於此種獨斷而具爭議的專家系統。

同樣的，傅柯（1990）視專家系統的壟斷化為對「真理政權」（truth regime）的維護，而這也是現代社會的特色。在現代社會，國家透過其精細權力儀式的設計，支配並排擠其他論述對自身的危害，生產一套特定的真理和意識形態供人信仰與遵循。為了維持國家統治正當性和合法性，每個社會都不免有一套生產真理政權的機制。專家，正是這個機制的執行者。當然，這裡所指的真理政權則擴延出國家的領域，而指整套的現代抽象系統中所包含的科技、知識與權力的關係，對現代社會運作的情形。

專家系統，必須提供指揮行動者的正當性，因此，建構真理政權，排除他人論述的權力和位置，專家系統的壟斷化經常成為現代論者必然的手段。而如何進行專家系統的壟斷呢？對專家「論述權力」（論述資格、論述內容、論述空間）的操控往往是最佳的方式。傅柯指出專家論述權力本身就是一個鬥爭的過程，為爭奪論述的真理和霸權，通常要使出一定「排除」（exclusion）的手段，例如拒絕非其族群、團體論述的資格、降低或貶抑其論述的位置和發言的內容（Foucault 1976, 1980, 1991）。事實上，這套論述權力的鬥爭策略，在現代社會早和技術官僚結盟，獲優勢的專家—技術官僚系統經常拒絕、迴避和相同領域專家或其他領域專家[64]、甚至與公民社會（門外漢）溝通，也因此，後者必須發展社會運動，藉由運動中的風險論述來「逼迫」、「挑戰」或「取代」原先的專家真理論述（周桂田 1997）。

　　專家系統另一個需要考慮的是，專家透過專業知識和精細的科學技術與制度設計，透過一定的紀律與懲罰緊密的規訓現代人類的「生命權力」（Bio-power）[65]（Foucault 1976: 129），並企圖訂定現代人類生命的內涵、價值和行動的結構。這套精緻的生命（權力）科學強調著「嚴謹」、「規範」的學術論證內涵，企圖以其單線的因果推論來規定複雜的生命知識和現象，在有限度的認識上闡釋某種「科學事實」；但事實上，這樣逾越科學不確定性界線保留的作法，卻逐漸引發高度的爭議和風險疑慮，變成人們日趨爭議的課題。可以見到的是，愈來愈多人反過頭來質疑科學專家的生命論述、實驗研究的道德倫理問題。換句話說，專家系統的正當性已不復如前，並遭受高度的挑戰[66]。

　　以 2000 年 6 月 24 日公布之人類基因組圖譜為例，科學專

---

64 我們往往可以看到某些機構在評估政策時，傾向邀請親近其機關立場或利益之專家擔任委員，而較具批判獨立之專家，不是從未在名單中或通常在一次出席發表批評意見後，就被「束之高閣」，此例子不勝枚舉。

65 我們可以看到到處有人高舉嚴謹科學知識的論述（無論是自然科學或社會科學），來懲罰、排除他者（other）的挑戰，因此，主流科學專家排除非主流科學專家做為懲罰、科學專家排除社會公眾的參與基礎，認為公眾的風險恐懼乃非理性或情感用事等、主流族群專家排除弱勢族群或弱勢性別，歷史上最聞名的乃希特勒藉優生學專家的論述進行對政治異己、猶太人的大屠殺。

66 事實上，無論是自然科學或社會科學專家目前皆面臨專業正當性與社會責任的嚴峻挑戰，起因在於這些專業群體面臨的不再是單純的科學問題或社會問題，而是高度的全球化政治經濟競爭與排除的大架構下，所引發出的典範選擇問題。對自然科學家而言，服膺單純科學真理的時代不再，他所面對研發與生產科學乃涉及高度的國家競爭或巨大的經濟競爭邏輯，而作為一個具有世界公民意義的科學家，卻面對是否要真切思考其研發工作所另外涉及的全球生態、倫理、健康風險等世界公民責任的問題；對社會科學家而言，同樣的其既有侷限於單一國家領域之社會工程設計的思維典範，也面臨強烈的挑戰，到底是民族主義競爭思維或世界主義思維的兩難，或應採取建構何種公共的善（public goods），基本上有一定程度的矛盾。

家前所未有的替全人類制訂「生命之書」的壯舉，卻涉及以單一功能基因解釋複雜基因綜合有機體的科學質疑，並同時引發了健康、社會（階層）、倫理、性別、工作歧視等風險，為未來人類社會秩序投入隨時引爆的巨彈。基因科技之「生命之書」的制訂衝擊，明顯的溢出了專家系統所能評估、解釋和解決爭議的範圍，它無法再僅以科學或實驗室內有限的角度和視野來討論，但因為它撞擊了全人類生命的內涵、價值與社會行動的秩序，必須綜合倫理、社會和法權的共同思考，以迎接基因風險時代的來臨。

3. 知識系統與風險

時值二十和二十一世紀之交，微電子、電腦、電信、新人造材料、機器人、生物科技等六大新科技彼此結合互動，創造一個嶄新的經濟世界。這六大領域所屬的基礎科學突飛猛進，開發全新的科技，也造就全新的產業：電腦、半導體、雷射。這些技術也能協助傳統產業改頭換面，電子商務可以輔助傳統的零售業，行動電話可以無所不在。人類可以嘗試新事物，利用基因工程製造動、植物；人類史上第一次全球經濟可能融為一體。說得白一點，這是人工智慧產業的時代。……人類已經不能再靠以往的舊公式功成名就。人類發展史中，控制土地、黃金及石油等天然資源一向是功成名就的要素。但一夕之間成功的要素變成了「知識」。（梭羅〔Henry David Thoreau〕2000: 22）

幾千年來，農地僅次於社會組織及創業家精神（通常以軍事領袖的形式出現），是另一個財富金字塔的基石。第一次工業革命之後，能源取代土地的角色，成為支撐財富金字塔的基石。在第三次工業革命中，知識取代土地及能源的地位。知識是技術得以突破的源頭，技術有所突破，才能形成不均衡狀態，讓高報酬及高成長率能夠同時並存。具備知識，才能在一夕之間開創新事物。（梭羅 2000: 122）

知識建構新的現代，它取代傳統工業社會中土地及能源的地位，成為第三次工業革命的關鍵要素。因此，從反身性現代（第二現代）的角度，知識創造並建構了現代社會的基礎、結構、動能及衝突（Beck 1999），因為從現實的資訊革命到二十世紀末的生化革命，知識儼然成為轉動、改變、衝撞現代社會運作內涵的能動（agency）。

事實上，知識的快速生成和演進是現代社會的特性，而它運作、推動現代世界的內涵，也必然配備在現代社會以知識為反思、修正與溝通進步的媒介。人們有意識的應用知識為生產的工具或資源，也用來對社會整體系統的思考（如草擬一個都市藍圖）和規範（如對全球暖化危機的全球管制二氧化碳公約），進一步的運用於社會。紀登斯從「制度的反思性」（institutional reflexivity）提出了知識建構現代的積極面，在他而言，人類乃藉由其自身「行動反思的監視」（reflexive monitoring of action）來運用及適應知識帶來的變動（Giddens 1990），因此，任何人

皆足以操作並習慣知識所帶來制度面、結構面及行動面的發展契機。

從積極的系統及功能思維來看，知識確實是社會反思、修正與溝通等自我反饋、監控的內涵和過程，魯曼稱之為社會系統結構性反饋的共同結果（Gesamtresultat Struktureller Kopplungen des Gesellschaftssystems）（Luhmann 1992: 163）。它作為社會溝通系統與對象，也直接反饋到社會本身，並推動社會之發展與變化。例如資訊知識變為當代社會溝通運作的主流，它同時也不斷反饋生成新的資訊網絡知識內涵，而帶動網絡社會的變革，無論在結構和行動內涵或意義上。而當知識作為社會溝通對象（系統）時，則直接關涉到人類的認知、意識和想像，成了人們溝通學習的過程（Luhmann 1992: 165），亦即，人會不斷感知與想像知識溝通的內涵，而自我學習與發展自己去接受與習慣此社會溝通與運作機制。這一點見解上，魯曼與紀登斯應無差異。

然而，知識作為社會溝通反饋的系統，不能僅再單純的考慮其樂觀面向。知識雖然成為現代社會生產的工具與資源，但它亦是風險的生產者（知識變成一種負擔〔Last〕）（Schmidtke 1995: 25）。前述基因工程改造人類、動植物引發健康、社會、倫理、生態等風險即是最好的例子。在這個新的現代中，傳統所強調和界定的社會行動結構已逐漸崩裂出缺口，並且由知識依賴（Knowledge-dependent）和由科學所建構的全球發展（Scientifically mediated global reconstruction）（包括了社會結構和制度等面向）所取代（Beck 1999: 110）。科技和以專家為基礎的知

風險社會典範轉移

識，徹底的滲入和影響現代的每日生活，也因此，其所製造出的風險衝擊層面廣達全球各領域、地區，基本上無法精確地全盤掌握。

換句話說，現代知識的生產和知識系統的反饋乃緊密的關係到社會：科技系統及專家系統為生產反饋知識，並作為知識社會（知識經濟、知識生態、知識時代，包括了資訊、生物、化學、光電、航太等高科技運用）的承攜者。同時，這樣的過程基本上已不可避免的在全球化競爭的架構下進行，因而形成了全球的變動與挑戰。亦即，它們所導致的衝擊，也因此是表現在全球層次的風險[67]。

紀登斯除了從正面探討現代社會運用知識之制度反思、修正之外，也注意到了其具有高度的緊張性，其一，上述的專家和科學知識雖帶來巨大的能量，對人類行動的基礎和內涵產生制度性的修正和反思，以進行新社會的再生產，但它卻同時帶來自身功能系統的不穩定；其二，其所產生的風險及所「製造的不確定性」（manufactured uncertainty）將衝擊到人類對現代社會的信賴與認同，而引發人類存在的不安全之「離根」（disembedding）的危機（Giddens 1990: 21; Beck/ Giddens/ Lash 1994）。因此，科技、專家和知識系統雖是推動現代社會的重要關鍵，但在演化的過程中同時反饋並生產風險，形成弔詭的局面。

---

67 紀登斯（1990: 124）稱之為「風險全球化」（Globalization of risks），而貝克（1996）則將它定義為「世界風險社會」（World risk society），這兩個說法都很有意思，筆者更強調「全球在地化」的面向，則可界定為風險的全球在地化（Glocalization of risks）或全球在地化風險。

然而，紀登斯基本上仍是對知識、科技和專家系統的生產持較積極的態度，強調它們雖然構成風險，造成人們對現代的離根，但人們仍將透過自我再反思、再學習，將脫離日常規律的衝擊轉化為與時俱進的生活適應，重新的鑲嵌（re-embed）及認同不斷辯證、變動的現代制度（Giddens 1990: 144-145）。換句話說，在他樂觀的態度中，風險與信賴、危機與機會是相對辯證的過程（Giddens 1990: 148）。

　　相對的，貝克從「另類的現代」（Alternative Moderne）意涵提出對知識系統的批判，更徹底的與啟蒙現代脫鉤，並且在理論的態度上和紀登斯仍殘存著一種中心的、普遍的知識觀分道揚鑣。紀登斯所主張的反思性現代性（reflexive modernity）仍強調知識作為社會制度建構的核心，因此，對普遍、系統知識真理的批判並不徹底[68]；在同一個分析術語下，貝克自 1986 年在《風險社會》一書中提出的「反身性現代」（reflexive moderne）觀點，基本上是根本的質疑與批判知識所建構的工業現代，此種批判認識論又建立在脈絡主義和情境主義之上，即對知識與現代的批判來自於它們所產生的問題、災難、危機本身，工業現代所發生之無法控制、無法計算、無法回復補償性的災難與風險，「反身的」逼迫人們的溯源批判知識與現代的機制和內涵。

　　因此，貝克所欲建構之反身性現代化的媒介不在於知識，而在於其對立面「無知」及其所構成的「無意圖的後果」（unintended consequence）（Beck 1999: 119-121）二大關鍵。對知識的肯認與宣揚，似乎是順理成章的作法，然而，洞察知識所帶

來的當代問題，逆向性的突破缺乏反省的災難或風險現實思維，其用意在於摧毀啟蒙運動以來不斷宣稱知識具有進步正當性的論述，一針見血的指出當代科學普遍效力的失真。

四、（無）知、現代及不確定性

1. 無知、無意圖的結果及自我危害（Self-endangerment）

基本上，知識對社會的建構與制度化意義，一直被視為自啟蒙運動以來人類最大的成就。「理性之光」揭櫫了以人類為主體之自然權利（Naturrecht）的開展，而同時，人類的理性與知識逐步系統性的建構對自然秩序和社會政治秩序的闡釋觀點，並據以提出具經驗法則的自然原理與現代國家原理。這一連串具有高度創造性的發生學思維，推進了自然科學和社會科學的興起，並相當體系性的演進為現代知識學科的正式傳統。然而，在這極度富有高度創造力的過程中，啟蒙運動以來所高舉懷疑、批判與進步的思維，卻戲劇性的被轉化為單向線性的文明演化觀，而此種單一理性（monorationality）的知識發展觀，卻刻板的演變為啟蒙理性的標誌，而強調控制、計算、系統統御等人定勝天的現代化發展思維[69]。

---

68 紀登斯雖提到對知識的普遍性和系統性的質疑，但未能捉住問題的核心，反而傾向對知識（反思）現代化的觀點，因此，風險在此意義下就成了知識反思現代化的機會。請參見 Giddens 1990: 150。

69 關於啟蒙運動先前具有的懷疑、批判與進步思維如何演變為單一的、線性的發展理性，可參照 Sieferle 1984。

正如貝克指出的，以單一理性為基礎的線性現代化（linear modernization）過程，無論運用在經濟、科技、社會、政治、科學等領域的正當性（legitimacy），已面臨極大的危機。主因在於人類在工業現代中所製造、生成的各種層出不窮的災難和風險，直接反饋的衝擊現代社會本身，形成了一種「自作自受的不安全性」[70]過程，而迫使人類重新面對反省此種現代化的發展路徑與思維。亦即，工業現代化所引發之科技、生態和社會等巨大風險，反身性的反撲與融蝕現代社會賴為維持、運作的價值基礎，如進步演化觀與制度理念，如西方民主制度的理念[71]。

然而，造成這些風險的根源，並非在於運用知識本身或透過知識的反思來建構現代世界，而在於以單一、獨斷的理性來運用知識，所造成的知（識）的無知、未知，並因而變得從未考量或估算、無法控制和彌補的災難後果或危機。也就是說，在單一理性思維下，運用知識卻可能衍生發展無知的險域，運用知識卻相對的可能帶來無意圖的嚴重後果。然而，一旦科學家一味的僅奉科學為客觀、中立為唯一真理的來源，而不承認科學研發仍源自於社會需求與利益、鑲嵌於社會並受社會所影響，同時其發展也重大的影響社會，那麼這樣的科學觀事實上已不可避免的自限於獨斷、獨大與狹隘的科學理性中。並且，在科學理性背後激烈的世界競爭體系下，科學知識一旦純然變成了推動社會功利發展、全球化競爭的利器，科學家也捨棄懷疑、批判的精神，漠視科學本身內含的高度不確定[72]及其可能引發社會、倫理、生態的風險，那也正是人類以知識來蒙害自己、自我危害的可見未來。

　　事實上，無（未）知和無意圖的後果作為現代社會風險的根源，可以借用魯曼社會系統理論之二階觀察方法來進行科學與社會關係之討論。以第一階的觀察上，我們看到了知識和科學理性的單元化，最重要的是其失去自我批判和懷疑的精神，從有限的知識範圍過度確定的去解釋無知的領域，未遵循科學不確定性的嚴謹保留原則。因此，科學（家）過度膨脹的狹隘科學或知識理性態度，不但造成知識嚴重隔閡的危機，當然也對其所直接、間接造成無意圖後果之災難和風險，認為與之無關，或是解釋其為「實驗室外所難以操控的結果」[73]。

　　而在第二階的觀察上，狹隘科學理性出發者既然不遵循科學不確定性保留原則，則容易以科學專業權力與支配性的論述擴大結合其優勢的政經資源，相對於社會公眾，輕易的取得其科研的正當性，並合法的掩飾其所造致的健康、社會、倫理、生態風險。亦即，雖然他們在論述上不斷強調依據科學的客觀性已考慮到其所產生的諸種風險，但事實上他們的宣稱卻未能真正察覺自身的盲點，即使一位科學家用軟性的語詞強調已注意到科學與社會衝

70　請參照註 25。相關討論見 Beck 1993: 481, 1996: 125，或參考周桂田 1998: 137。

71　這屬於全球化風險的問題範疇，即全球科技、生態風險逾越了民族國家所能解決的能力，形成新一波的全球化危機。

72　對科學不確定性隱藏或漠視，經常是科學家的自我盲目的地方，而其對全球化的生態風險造成一定影響。請參見 Wynne 1994: 175-6。

73　目前基因改造動植物的科學爭議，在科學專業隔閡及科學理性獨斷恣意態度下，根本無法產生完整的預防性共識（precautionary consensus）：化學專家與植物病理專家因立場不同而產生不同科學解釋；前者根據實驗室改造的推論，往往不苟同後者在生態學上的警告（或者相反立場和結果），科學不確定性的嚴謹保留原則絲毫不受重視，也因此，風險預防性似乎與科學理性無關。

擊的溝通，但若其未真正的認知到科學（假設）認識論上的客觀性問題，而進行不斷的自我修正，則其盲點永遠存在[74]。換句話說，無論在科學範域內的風險問題，或由其所延伸之科學範域外之社會、倫理衝擊，都可能被狹隘科學、知識理性，以其支配的權力所壟斷解釋，在此發展下，當然，以安全保證不安全性、以確定解釋不確定性、以有限知識分析無知領域，最後以科學進步神話論述無意圖的災難或後果，乃僅是科學研發「必然的」副作用[75]。

後現代主義者基本上也反對單元（面）──獨斷式的科學理性統治（Poser 1988: 89），特別是對其所發展出的狹隘確定性抱持著解構的態度。李歐塔在這點上的見解相當接近上述所強調科學之高度不確定性、不可控制性、不可計算性及無法彌補性等，其指出，單一科學理性所建構的是充滿未知、無知的現代世界：

> 後現代科學所關注的範圍包括，不可決定的事物、正確控制的限制、不完整資訊所刻劃的衝突、磨擦、災難和實用性的弔詭。後現代科學將它自己的演化過程理論化為斷裂、災難、不可修正、弔詭的。它正在改變「科學」這個字的意義，並且表達這種改變的進行方式。它所生產的不是已知的事物，而是未知的事物。（Lyotard 1979: 60; Connor 1999: 39）

亦即，新的科學認識觀，並不寄託於所謂科學的「客觀性」

意義上，而是指出科學的有限、價值判斷的恣意（斷裂）及其導致災難風險的後果。科學變成了風險的來源與弔詭，也是製造無知的角色。換句話說，李歐塔科學觀的進路，也同風險社會一般，相對於強調知識建構現代的角度，提升到批判科學之無知所盲目建構的現代社會。

這個立場相當親近於風險社會觀點對科學的反省：（一）批判啟蒙現代化之單一理論、自我控制、進步發展思維；（二）洞察並強調不確定性的建構問題，科學建構高度的不確定性風險遍及社會、倫理、生態各領域，形成了自我衍生的風險及危險，並擴大為全球與在地的危機（Beck 1999: 126）。

2. 科學不確定性

> 人類只是自然的僕人及詮釋者：他所作和所知的，只是他
> 在自然的秩序中實際上或思維實踐上的觀察；除此之外，
> 他一無所知，且他無法作出任何成就。
> ——培根的自然概念（Bonß 1995: 260）

科學原本就容許不確定性，從文藝復興時代開始，科學為打

---

74 此乃魯曼二階觀察方法相當精闢的地方，即在觀察現象或自我觀察上，我們「永遠」處於第一階觀察，而具有視角上的盲點，即使進行對（自我）第一階觀察或盲點的批判，而進入到相應的第二階觀察層次，此刻所發展的，已變為新的第一階觀察，因為此觀察之際，仍同時產生新的盲點，需要不斷的進行第二階觀察與反省。

75 如果我們以二階觀察的方法討論本土社會，將發現其批判性與反省性相對貧弱，對科學、健康、生態、社會、倫理的不確定性風險往往是「視而不見」或隱而未發（被藏匿），甚至連第一階的觀察與批判都尚未達成。請參照周桂田（2000）相關的經驗研究。

破神學時期的權威思維，基本上是以懷疑精神，亦即，以不確定性原則來尋求真理；而在科學實驗過程中，保持著不確定性原則，企圖以有計劃、控制的行為來降低不安全，及非期待的結果，增加期待值與安全性，因此，可以說，科學本身是一個「不確定性之科學化」（Verwissenschaftlichung der Ungewißheit）過程，人們以「確定的」（sicher）知識解釋、操作「不確定的」（unsicher）的問題現象（Bonß 1995: 252-55）。然而，科學（實驗）並非單一的、孤立的過程，而其必須衡量複雜性問題，以及其所導出的意圖後果及無意圖後果（Bonß 1995: 258-9）。

因此，作為不確定性之科學化，科學雖然在發展的過程中（自啟蒙理性以來）企圖致力將不安全性降低為「常態行為」（Normal Verhalten），將風險從不可計算性朝向可計算性方向走[76]（Bonß 1995: 51-52），但科學根本上並未排除不確定性的難題。特別是高科技發展作為現代社會變遷的驅動軸軸心，卻同時帶來極高度不確定性的問題，更逾越了傳統或較低度科學風險的範圍，而產生了無法預測、估計的後果。此種兩難性的擴增，正如後常態科學的分析，愈來愈經常性的產生在各領域複雜性上。

亦即，現代知識或科學的研發與運用，無法再用單線的因果邏輯來假設與分析，一個生態問題皆不再只是某一單因現象所造成，並且也未必能從單因的解釋和排除而獲得目的（Beck 1986: 88）。簡單的因果觀事實上是建立在「強的因果」歸納演繹，屬於有限度範圍的線性因果；然而，真正的現象卻涵蓋複雜的因果

內涵，屬於「弱的因果」關聯，為非線性的因果意義[77]。其無法簡單的用「危險」（決定者）與「風險」（被決定者）模型來歸責風險社會內各種複雜、高度不確定性的難題，它不但具有偶發性（Kontingenz）的意義[78]，更重要的是它牽涉了全球各種社會的價值、倫理、政治文化脈絡之複雜性；後者影響了科學（技）與社會之權力互動與風險內涵[79]。

不確定性在社會學上的意義為何？尤其面對現代性的兩難，又如何詮釋高科技社會的風險問題？科學不確定性（uncertainty）所衍生的風險，不僅僅涉及科學上反覆驗證、普遍經驗法則的「可否證性」（falsification）（Karl Popper 語），也隨著複雜科學綜合判斷而存在本質上的「模糊性」（Ungewißheit），同時，除了科學認知與法則的精確性問題，在應用面上更產生了科技風險，進而引發了在社會行動意義上的「不安全性」（Unsicherheit）

---

76 啟蒙以來西方理性化過程中，凸顯人類「合理化」控制能力，將不確定的、模糊的科學現象，或自然機械觀下所產生的盲目現象，企圖納入其「理性的」操控範圍中。

77 Bonß 在這部分的討論對科學實驗之「確定」與「不確定性」關係，相當深入，其指涉科學與風險的問題，最早源自於十三世紀以來的實驗。參見 Bonß 1995: 57, 255-56。

78 魯曼認為風險決策立基於偶發性，他並用「危險」（決定者）與「風險」（被決定者）兩個對立概念來分析風險形成的意義，但此種區分基本上乃未見到風險社會中的複雜性因果問題，而僅能對單純的現象進行責任歸屬，事實上，對許多風險問題而言，這種區分無法掌握問題的關鍵。參見魯曼 1991: 25, 1993。

79 魯曼區分「危險」與「風險」作為歸責的對象分析，基本上仍是以簡單的、傳統上可計算、歸責的觀點來理解風險行動，未顧及複雜的風險系統，在原因和效應關係之責任及歸屬上乃相當不清楚。參見 Luhmann 1990, 1993。例如一個生物科技公司研發產品所可能造成對人體健康及環境生態之衝擊，其風險責任並非僅是該公司（某一科學人員），而是整個國家政策和社會價值所允許的結果，況且，一旦災難確實發生，可能也無法完全歸責該公司，而是所有生化科技發展的複雜結果。

（Bonß 1995: 36）或風險。

在認知上，不確定性基本上是科學認識的本質問題，如前所述，科學的原則出於懷疑和不確定性，孔恩（Kuhn 1994）在科學典範的革命中凸顯了科學圖像的「鴨兔弔詭」，即點出了認知上的不精確性和選擇性意義。而在高科技社會，不確定性原則更形重要，它指涉科學獨斷的謬誤，科學所宣稱保證的安全性和精密性事實上失去效力，因為，從不確定性原則出發，科學本質上具有牽涉不同變數複雜性問題，同時跨科際領域的風險評估確實不易。

然而，現實的情況並非科學（系統）本身起了主動的反省或批判保留，而是實然的風險與災難打破了科學狹隘認知的神話框架，並逼迫科技系統性的去反省不確定性所造成的廣泛風險問題。

科學不確定性的爭議與衝突，經常高度關聯社會行動面向的風險。社會行動者處在科學安全保證的神話下，在實然上卻必須面對與經歷高度不安全性的現代風險社會，公眾作為門外漢，不但在科學學習認知上感受到專家爭議的矛盾，也在生態、健康及倫理面向上受到威脅。而此種社會行動上的不安全性，將逐漸引爆在政治上的行動，產生連串的政治效應[80]。換句話說，單純的科技風險，處於複雜的生活世界體系中變得更為棘手，尤其是當它關涉到全球價值、政經利益、社會公平（性別、族群、階段），它所引爆的力道將無可估計。因此，不應將科學風險視為是單一科技議題，而必須以廣泛的社會行動領域來分析之。

五、「無知」建構風險

科學與知識的應用發展，在現代社會成為新的社會變遷指標基石，如工業革命、後工業社會（Daniel Bell）、資訊化社會（Manuel Castells）等描述，而這二者則鑲嵌在社會發展的脈絡中，它們一方面來自於社會需求，另一方面卻演變為擔任當代社會發展與變動的重要驅動關鍵。從科學應用與研究的角度來說，科學知識的高度複雜化與專精化，也因為不同專業訓練的理性或內涵（disciplinary rationality）所蘊生的相異立場或利益（興趣）（disciplinary interest），而經常導致了相當有趣的緊張或衝突。也就是說，科學理性內部事實上存有不同學科訓練理性界線的重疊與模糊地帶，因為根據不同學科理性思維所產生不同的解釋結果而有時呈現相互的矛盾或衝突。亦即，科學的不確定性必須擴大到不同的、相異學科理性的對峙意義，例如同一件現象從基因工程研究者的角度與生態學者的角度所闡釋出的內涵或評估出的風險，則顯然經常有所不同，這可以稱為科學專業的爭議。

然而，科學專業的爭執並非能相當清楚的在社會大眾間說明，或透過實驗室的論證釐清疑點，因此，其往往擴散到社會，而產生新的政治效應。我的重點是，在以知識（學科）專門化為主的當代科技社會，科學爭議高度不確定性所造成的風險和衝突，從這個角度來說，往往就無法單純的依恃科學實驗室來解

---

80 如全球各地興起的反基因改造食品運動，所形成的政治效應。

決。

　　進一步的說，科學專家所掌握的知識之研發與應用並非全面的，若僅僅鎖定在科學實驗室的假設，往往造成不同學科有了不同的科學評估結果，而形成科學內在的爭議，這些爭議在政治化或社會化的過程，若未能跳出狹隘科學理性的限域，思考科學之外的衝擊，而進行與社會的對話、溝通，甚至發展互動的平台機制，則通常會演變為拒絕科學研發之高度社會爭議[81]。事實上，由於科學發展的快速，對社會衝擊的範圍、規模與影響也日趨擴大，有愈來愈多人為無法控制或必須重新思考科學研發的界線或倫理問題。然而，事實上我們看到雖然科學不確定性與衝擊影響往往逾越了科學專業所能控制、估算的能力，但大部分的爭議解釋仍受限於相當單面向的風險評估，仍然無法提供社會公眾的信服[82]。從另一個角度來說，當代科學的正當性，由其所擴及到社會、生態、倫理、健康等不可立刻解決的巨大風險日漸腐蝕。

　　我們可以說，上述此種科學對社會的關係若不釐清，而自認科學永遠處於所謂「客觀」立場，則是相當盲目與不負責任的。科學的研發雖試圖帶來人類的進步福祉，但若僅自限於唯一科學學科理性標準、若僅從單一的科學角度解釋風險而無視社會其他領域風險、或若未見到全球資本主義對科學的政治經濟影響，則我們可以宣稱這種科學是盲目的[83]。亦即，當代社會透過科學發展所帶來的知識性成果與內涵，可能轉變為盲目的結果。從批判的面向來看，當代科學對社會發展的重點，根據風險社會理論的關懷，不再強調科學知識之建構與貢獻，而在於「無知」（有限

的科學知識之外）所產生的風險或所建構的廣大領域風險（社會、倫理、生態、健康等巨大風險）。

　　二十世紀當代社會與科學發展的現實結果是，（科學）知識雖是當代工業社會發展的動能與基礎，但同時衍生了高度的、全球化式無意圖的災難後果，如愈來愈嚴重的全球生態破壞、全球暖化、物種滅絕。因此，工業風險社會發展至今的關鍵似乎不再只是知識，而是「無（未）知」（unawareness; Nicht-Wissen）（Beck 1986: 300, 1999: 120-124; 周桂田 2000b: 78），因為工具理性式的運用有限的知識，卻經常引起大量無知的風險，無知（或說以有限的知識解釋未知的領域），轉而變成風險的最大來源。

　　此種「無知」遍布於各個領域，除了前述科學（技）人員以狹隘的因果證明知識去解釋無知或未知的現象，而造成爭議、不確定性，並實質的衝擊到生態和社會，也包括了技術官僚的無知、消費者的無知及媒體報導（論述）的無知，這些也都是構成特定社會風險的根源，並產生於一定的社會脈絡。

---

81 近來不同社會對科學研發高度爭議與受到全球質疑和關注，莫過於冰島政府自1998年與東加王國自2000年來企圖建立全國基因資料庫的失敗案例，詳細可見劉宏恩（2004）。這些案例相當明顯的表現出科學研發與科學研發決策者忽視了科學之外的問題，尤其對公眾隱私權與基因歧視可能的倫理風險過度輕易的評估，也未能先進行一定程度的社會溝通或公共諮詢，尊重與納入公眾的意見。

82 例如我們前述提出的大哥大基地台電磁波爭議，經過媒體的報導，有愈來愈多的大廈民眾拒絕在其頂樓設置基地台，甚至要求遷出，而附近的居民對電磁波強度對人體傷害計算的功率、方式與檢測的科學依據，皆有高度的質疑。換句話說，單一有限的科學解釋在此並不能平息公眾的懷疑不滿。

83 這三個要件相當重要與複雜，但並非本文討論的重點，在此僅作為條件式說明科學問題。

深入的分析無知的類型，根據貝克的分析，可視為一種潛在可能的「知（識）」及「未知」的形式。它適用於上述任何對象，並且可解釋為幾個類型：（一）對風險知識選擇性的接受或傳遞；（二）知識的不確定性本質；（三）對事物之知識誤解或錯誤判斷；（四）無能去知（包括已知道或受到壓力而無能力去知）；（五）無意欲去知；或許我們應再加上（六）真正的無（未）知，其可表現為「不知的無知」（unknown unawareness）（Beck 1999: 121-127）。

換個角度來看，當代全球的風險源起於科學技術所引發的災難危機，但無知卻成為風險最大的動能，因為現代社會所據以的三大支柱基礎，即知識系統、科技系統與專家系統，內在上即存在於知的鴻溝，包括知識專業複雜性、單一學科理性侷限、科學不確定性與爭議、資訊充斥選擇問題、風險資訊傳播方式、風險評估方式、公眾信任來源、公眾學習能耐、科技與社會溝通方式等，而這些知的鴻溝若未能發展或進行有效與漸進的解決路徑，則相當容易轉換為無知的面向。亦即，個人認為，現代知識、科技與專家系統的運作本質上相當容易構成知的鴻溝，而無知與無知構成的社會責任，就很難僅僅推卸於公眾的怠惰或非理性（Wynne 1980），相反的，無知的社會責任應是平均的遍布於現代知識、科技與專家系統上，同時，社會系統作為學習與發展的面向也是相當重要[84]。就結果來說，當社會整體包括科學家、媒體、公眾或社會運動者，選擇濫用某種單一知識或無知，或根本未能意識到自己的無知，則往往促發社會更大的風險盲目性。

　　因此，如何來看待無知的構成與無知構成的社會責任？這個部分可分為兩個面向，其一為我們所集中討論的知識、科技與專家三大系統，其二則為公眾如何認知知識、科技與專家系統。由於後者涉及公眾的風險感知、風險評估與風險文化等相當系統性的討論，因此本文僅就此部分進行綱要式的分析，這也是本文的限制[85]。

　　知識、科技與專家系統構成無知的面向涵蓋了上述貝克所提出的六個類型；相對的，社會系統或公眾構成無知也同樣相應的涉入了這些類型的組合。例如，科學家或門外漢都可能是上述第一種無知型態的製造者。無論是以實驗精確為傲的科學研究人員、科技決策者、媒體報導者、消費者或一般的公眾（門外漢），經常會犯了對風險知識選擇性的認知與傳遞謬誤，並且在一定社會氛圍下形成某種具共識的風險文化。代表三大系統的科學家或科技決策人員，一旦僅從科研利益的角度出發，經常性的會故意忽視風險的存在，或有選擇性的處置風險，此種工具性的心態所發展出相關科研帶來公共利益的論述，若加上先天論述權力的優勢或該社會較缺乏反省批判的機制，則此種選擇性的認知往往不自覺進行自我正當化。同時，媒體或社會公眾一旦無法、也無能

力辨識與思考相關問題所在，這時候就相當的容易發展為一種特殊、隱匿的風險結構與文化。例如，不同社會對基因科技產品的批判與接受程度，隨該社會的傳播、溝通而有天壤之別，也因此構成了不同類型的全球在地化風險之先進與遲滯狀態[86]。

另外，從媒體或公眾的角度而言，選擇性的接受或傳遞風險知識，一方面可能真正基於類型六的無知，面對科學知識或科技系統的複雜性而做出反應，但另一方面也造成風險溝通上常見的問題，即媒體依據報導利益進行選擇性的風險傳播，而未進行相關平衡性的討論，將容易形成公眾某種程度的科學風險認知。

在第二個類型上，就如本文前述相當的討論，知識或科學的不確定性在目前科學界雖然受到肯定，但一旦牽涉到風險問題，則非科學家所能侷限於科學理性中處理。消極的一面如我們所提出，科學家將知識或科學的不確定性鎖定在科學領域的討論與解決，而不正視逾越科學之外的風險問題，此種典型所生產的無知正逐漸受到挑戰；積極面來說，愈來愈多的科學家正視到科學知識與其運用延伸出的不確定性已逾越科學本身，而尋求倫理、法律與社會面向上的思考來試圖降低無知的成本，此種發展目前正顛覆著舊有的風險評估模式，要求以多元領域之不同理性觀點來探討風險，因為只將問題鎖定在科學風險上，將忽略了非科學領域之社會系統衝擊，形成對事物知識的誤解或對風險錯誤的判斷。

事實上，忽略廣泛多元風險評估而形成對風險錯誤的判斷，也往往是第三種類型無知的典型作法[87]。此種作法雖暫時能便宜

行事，達到科研或科技產業的初步目的，但是對於往後的發展
與社會的支持信任度，埋下了社會高度風險恐慌的因子。例如，
在基因科技公司與聯合國成員國爭議中，前者相當選擇性的「認
知」無健康風險之虞，而未顧及生態、倫理及農業不正義[88]，此
種態度將導向對問題本質及影響面的故意錯誤判斷，因此，我們
看到基因改造產品在全球各地趨向不受公眾歡迎的發展，因為
公眾的信任基礎已相當薄弱（周桂田 2000, 2002）；因此，聯合
國於 2000 年初擬定「生物安全議定書」（Catagena Protocol on
Biosafety），意圖以預防性原則（precautioous principle）對該風
險進行規範。

　　第四種無知類型「無能去知」則較為複雜，但它也可作為某
種「知識」的形態。這部分包括：（一）當公眾或門外漢已意識
到科學風險的存在，但由於專業知識的複雜性，尤其當代科學體
系的龐大與高度爭議觀點，他不得其門而入；（二）科學家雖重
視到科學不確定性之外的社會、生態系統風險，但在這領域他無
法、也無能力處理，必須求助於其他領域人才；（三）受到壓力
而無能去知的，最常發生在牽涉利益的科學家、傳播人員及技術
官僚，他們所面對的壓力不但可能是制度上的機制，包括預算、

---

86 請參見周桂田（2000b）比較歐體與台灣對基因改造食品的風險，該文中提出了
　　對風險選擇性傳遞的批判觀點。
87 包含基因科學與奈米科學無論在研發過程或運用過程上，科學界內部要求進行倫
　　理、法律與社會意涵（Ethical, legal and social implication, ELSI）研究的呼聲愈來
　　愈高。
88 Monsanto 生產一種名為「終結者」（Terminator）的種子，依之，農民只能種植
　　一次，需不斷的向公司購買種子，造成全球市場壟斷及農業不正義、違反物種多
　　樣性的風險。請參見魏汎娟 2000。

研發內容、報導內容及政策決定，也經常面臨同儕社群上的無形壓力[89]。

最根本的但似乎又回到最原初的乃是無意欲去知（unwillingness to know）的類型，通常指科學家或公眾帶有偏見下，固守或誇大原先的風險評估，不願進一步的探求深入的風險衝擊。前者如科學家不理會實驗室之外的影響衝擊，無意欲進一步了解科技對環境的複雜性改變之各種可能因素。無意欲去知的結果相當容易正當化對科學之外風險的忽視，或者認定科學不涉及政治與社會，採取冷漠的態度，即使風險具有爭議也並非科學家的責任[90]；後者如社會運動者有時抱持某種運動策略，在沒有對話或透明資訊平台機制的情況下，暫時採用了某一科技風險判斷，然而，這樣的結果事實上並沒有進行雙方或多方的溝通，而進一步同時由媒體傳播出一定的風險資訊給公眾，反而容易造成誤解與對立。

針對最後這兩種類型所形成的爭議、知識鴻溝、同儕壓力、科學家的社會學習怠惰、公眾的學習能耐與對科學的理解等問題，正如我前述所強調的，亟需針對不同科技風險逐步建構科技與社會溝通的機制，透過制度的設計減低科技爭議上極大的社會與政治或經濟成本。建構此類機制並不能完全保證能妥善解決科學不確定性引發的風險爭議，或對爭議性的科技政策達到一定的社會共識。但是，如果我們真正肯認現代知識、科技與專家系統透徹的影響當代人類社會生活，同時它們的發展也因此取之於社會，由社會公眾來共同決定，也就能肯定科技決策應加入社會溝

通的民主程序。它是雙向要求的、並應是多元進行的，一方面要求科學家或科技決策者肯認對風險的無知，另一方面要求社會公眾建立對科技風險的學習認知與自我判斷能耐，不再人云亦云。而此類科技與社會溝通的民主決策機制包涵相當廣，包括社會參與的風險評估、公眾諮詢、公聽會、設計對話平台、監督委員會、公民會議等。當然，溝通的主旨在於打破單元壟斷的傳統唯科學解釋（scientific explanation exclusively）程序，而各種多元的溝通路徑並不能又陷入另一套社會專家壟斷的情境與風險，其仍得針對不同社會脈絡與風險文化對溝通程序的影響，進行深入的討論[91]。

　　上述在實踐哲學的對應面上在於人們應撥開無知之幕，而主張充分瞭解與掌握侵犯到我們生活實踐的問題真相。從康德式的行動自律觀（autonomy）來看，人們應勇敢的提出自己的知性來進行實踐自我，亦即，此種普遍性的實踐律令即指涉人類無論面臨何種社會脈絡與問題，應激發內在根本的實踐理性，進行對環境的挑戰。事實上，此種普遍形式的律令，在道德實踐上肯認

---

89 愛爾蘭科學家反向的研究分析出基改食品有弱化免疫體風險，不但受到基因科技社群猛烈的攻擊，亦被英國皇家學會裁撤其職位，引起軒然大波；技術官僚之政策決定，往往受制於該領域科學社群網絡的壓力，而迴避了事實的真相。

90 這個部分可見 O'Brien（2000）對風險評估經驗與學理上的批判討論。其相當精采的指出大部分的科學風險評估是漠視社會脈絡知識的。

91 例如，在忽略在地社會原存的風險結構與文化，而一味的推動某一種擬似民主溝通的活動，可能將衍生新的問題而與原來的風險結構問題相互衝突或呼應。事實上，多元路徑或各種形式的民主溝通在學理上值得再深入討論注意的是，其是否產生新的中介、新型的專家知識壟斷，而造成另一種無知的風險與代理專家宰制現象，尤其由許多社會科學專家、社會運動菁英介入操作的活動。這些除了在制度學理上需要更進一步的闡釋分析，也應著重不同在地社會脈絡所產生的風險結構與政治關係進行思考。

人類先天的知性能力，而這樣的要求乃適用於不同的環境脈絡。換句話說，康德道德哲學提供了當代行動者面對多元複雜科技風險，相當強而有力的論述基礎。然而，人們當然可以質疑個人的道德理性是否能完全承受、解決更為龐大的科技社會系統的風險牢籠等問題。

相對的，從另一個角度出發，傅柯提出了更為尖銳的實踐權力鬥爭觀察，人們與其理解到現代知識、科技、專家系統，透過精細的制度、政策、論述與儀式，高度的規劃與控制現代人類的生命權力，則不如從對這些系統認知與論述的鬥爭認識，強烈的高舉自我的意志和意願去知（will to kow）（Foucault 1980），進而掌握對科技風險內涵的學習與判斷能力，提出自我認定的主張。這個態度似乎是更為基進而實際，凸顯了現代人生活在高度複雜的分工、規訓社會中，有權自己主張、參與關係自身命運的現代工程。尤其，身處在高科技風險社會中，高度的不確定狀態和不安全威脅，通常又掌握在專家的論述和掌握中，此種集中、中心式的規訓方式，對任何個人皆是無知多於有知。因此，高舉自我的意志和意願去知相對的表現著多元、個別參與的自主行動意義，也提供了集體社會個別學習、自我判斷行動的重要基礎。

事實上，大部分的行動者都會有意願去探知關聯於自身的風險。真正有問題的是不知的無知或有限的無知，即指涉科學家以有限的知識，解釋或操弄未知的領域；其根據狹隘科學理性的基礎，以有限度的因果假設當為知識的類型，而製造出無意圖的風險災難仍不承認。不知的無知之風險盲目性，對一般人也有解釋

效力。一般門外漢在毫無資訊獲得、透明的情形，真的不知道風
險的存在。風險意識和內涵通常產生於社會的集體建構，而不知
的無知風險通常產生於一個較封閉、少批判、溝通的社會中，而
形成更大的風險。

六、「社會理性」與科技政策

　　因此，要解決當代風險社會的困境，必須重新審議「社會理
性」的意義，包括社會分配的正義性、政治決策的正當性和社會
秩序的安定性等。更根本的，是對全盤政治體系（代議民主）的
檢討。「科技民主」的概念很早就被提出 （Mumfold 1986; Sohn
1994; Winner 1992）。科技民主的理念試圖打破「專家—門外漢」
（expert-layman）的界限，將科技的決策帶入社會理性的決定之
中。我們若進一步推演，也就是將「科學的理性」，擺於「社會
理性」的一環共同考慮。「科學的理性」不再視為唯一的、目的
式的準則。專家的專業意見只是提供為社會總體決策的參考而非
先驗的定論。同時，「專家 v.s. 門外漢」的界限被打破，因為人
們已意識到，承擔整體社會風險責任的主體非僅是專家，而是全
體的社會。「科技民主」的意義，也降低了技術官僚統治的獨裁
面向，一般的社會公民皆有參與科技政策決定的權力。

　　在「科技民主」的理念下，同時發展出「科技公民權」
（Technological Citizenship）以及「社會契約式的科技決策」
（Sozialverträgliche Technikgestaltung）兩個觀點。「科技公民權」

要求人民有權知道訊息、有權參與科技決策及有權形成決策的共識。它保障人們自由、自律與尊嚴等基本權力原則（Frankenfeld 1992）。就分析而言，「科技公民權」凸顯了人類在風險社會中另一個自然權利的發揮，隨著財產權、政治權及社會權之後，另一個與當代歷史社會變動鬥爭的主張[92]。「社會契約式的科技決策」觀點，起源於科技所帶來的社會危機。科技的發展除了在經濟、生態與人類健康上產生重大的改變外，也造成了相當多的社會問題。在當代，科技已非單純的僅以科學的眼光來看待，而必從一開始便顧慮到社會整體，尤其是接受者的特徵考量。例如整體社會倫理接受與調整的可能性、生態環境變化對人影響的可能性，或者地緣上社會歷史的維持性等。因此，科技的決策形成於具有「社會契約」意涵的公民參與過程，它同於「科技公民權」的主張，強調公民自主參與科技決策的辯論（Ehlert 1992）。

事實上，若我們更清楚掌握拉圖對當代科學代議性的批判，對於「科技民主」、「科技公民權」與「社會契約式的科技決策」等觀點，就有理論上值得補充的地方。當代自由主義意義下的代議民主政治，在現實的實踐上屢遭批判。最明顯的莫過於它導致公民政治權力實質的喪失。公民在代議士對權力的把持與操弄下，日漸疏離對政治的關心，人們亦因此喪失社群生活的意義，龐大的社會群體一個個疏離為孤單的原子，這形成當代民主的危機。對於「自由主義」批判的議題興起於八〇年代，主要的代表者「社群主義」和「商議民主」試圖在社會行動實踐上，修正代議體制的弊病（Barber 1995; Habermas 1992, 1995）。這

些論題的主要貢獻，是重新讓人審視傳統代議民主體制和資產階級社會的關係。如社群主義者強調社會共同體的重構與其要件；商議民主理念主張人民政治參與及理性溝通的必然性。從文化社會學的面向而言，這兩個學派洞見了代議民主機制的缺陷，並掌握了工業社會伴隨而來的社會抗議運動之能動意義，企圖將社會實踐和直接民主的內涵應用於當代社會民主體制之上。弗斯特（Rainer Forst 1994）就指出，當代「公民社會」的內涵不再侷限於傳統資產階級社會的觀點 —— 如黑格爾將公民社會僅視為資產階級的「需求體系」[93]。相反的，當代公民社會的意義根本上與「商議民主」的理念緊密結合在一起。公民社會本身就作為一個政治溝通、公共政策辯論的場域，它是一個政治的共同體，國家與整體社會公共事務，就在這場域內由人民的參與、溝通解決。因此，政治事務與政治決策的完成便在公民社會的領域中進行。這個新的公民社會觀即將現代社會導向一個「討論的社會」。而此見解正與貝克不謀而合。

貝克從「反身性現代化」觀點指出，當代政治上的資產階級在理念上應建立一個「由下往上的政治」（Subpolitik）的行動觀。它認為，面對晚期資本主義以經濟為支配社會的主要邏輯，當代公民應結合起來，透過社團組織的力量，建構一個討論的社會，

---

92 自然權利（Naturrecht）的演變，從最早洛克主張的「財產權」和「政治權」，發展為 Marschall 所強調的「社會權」。在當代則被進一步詮釋為「科技公民權」。

93 黑格爾將「公民社會」僅僅視為一個符合資產階級利益與滿足的場所，它無法提供正義及社會公平的功能。因此黑格爾批判它為「否定的倫理」（Negative Ethik）。馬克思便是接續此脈絡發展其政治經濟學批判。請參見周桂田 1994。

來對抗並消解其不正義和不正當性。在這個討論的社會中，生態道德、倫理及社會責任將不斷暴露在社會公眾面前，人們經由反省的、討論的溝通程序，一起對社會、經濟與科技的關係進行檢討，逐漸改變經濟／科技之行動邏輯，並逼迫工業本身或企業內部對社會責任正當性的思考。

進一步而言，要將社會理性的元素納入現代性危機的思考，就必須在總體戰略上建立社會理性的溝通機制。其意義有兩個，一是補充「科技公民權」的不足；二是解消「全能國家」、「技術官僚」與「經濟理性」的獨裁。「科技公民權」的觀點，並沒有全盤掌握社會溝通的機制，在理論上本來就有再陷入代議政治體系惡性循環的面向。因此，除了強調直接參與的原則之外，仍必須考慮到溝通的、商談的原則。在風險意義上，現代公民社會必然是一個「討論談判的系統」（Diskursives Verhandlungssystem），它是辯論的、對話的、溝通的與程序的，並且是一個競爭、規範的民主正當性模型。人們充分重視討論的理性與程序溝通的理性，並在這個機制下，透過反身性、學習性及參與性，去建構一個自我調整的社會。

七、結論

科學與知識為建構現代社會的核心，其作為現代性大廈的樑柱和基礎，早源自於啟蒙運動所揭櫫的人類理性主體行動精神；然而，其構建現代，也崩解現代，現代社會到處充滿危機和風險，

知識系統所配置的專家系統及科技系統，卻愈演愈烈的成了壟斷式的生命規訓和社會排除（social exclusion）策略。亦即，其試圖轉換為愚民的、無知的統治國度，此種充滿工具性意涵所建構出的現代性，從另一個角度來看則洋溢著風險。

本章從上述的脈絡，推論當代社會建構與發展的核心理念，即以科學與知識所堆疊出的「現代性」，事實上在其發展軌道上已處處碰觸危機，也就是其已無能力估量與解決此種發展邏輯下所產生的巨大風險，雖然其不斷發現與創造新的科學或知識條件，但同時也不斷將人類社會帶向高度不確定的未來[94]。

而問題的核心，則在於工具性的使用科學與知識的對立面，即無知、未知的膨脹所知。更深層的說，此種無知不但造就新的社會不平等，也摧毀了現代賴以支撐的價值和倫理體系，形成嚴重的社會斷裂[95]。因此，生存於現代社會知識、科技與專家系統中，面對其內在衍生的風險，我們理解到舊的知識理性及行動典範已無法提供其正當性解釋與實踐的基礎，亟需建構銜接科技

---

94 例如分子生物學（molecular biology）在當今基因工程的擴展下，將逐漸整併「舊」有的植物系、動物系、農化系、生物系等到「生命科學院系」，並打破原先生物學上界、門、綱、目、科、屬、種的分類範疇，亦即，地球上包括人類在內的生命單位與生命型態之解釋與觀念，將重新由分子生物學所建構，分子生物的觀點所重塑的生命單位或生命體，另一方面代表著人類可透過基因操控，將不斷逾越原有種屬分類的生命體型態，介入、改造或「創造」物種。這樣的發展可謂人類借由基因工程的突破，已到達原先「理解」、「學習」自然（生命）法則（nature law）的臨界點，人類變成可以運用和操縱基因、蛋白質化合物的過程，「創造」新的物種世界，或新的、操控下的、人造的、「瀆神的」自然法則。而既然自然的自然法則意義已喪失，則面臨如何建構新的社會法則與社會秩序，將成為目前人類相當大的困境。

95 試想基因科技中的複製人、複製器官、改造動植物，或網際網路工業的無知失業者。

與社會鴻溝的不同典範。初步來看，擴大風險溝通平台與建構科技與社會民主機制，將知識、專家及科技風險開放性的放置在批判和對話的平台上，一方面能透過共同決策來降低社會與政治成本，避免不必要的科技爭議與錯誤發展方向，予以知識與科技系統的正當性，另一方面擴大了個人進行對科技風險的社會學習能耐，發展社會批判判斷的空間與權力。

　　總體來說，舊的知識運用與生產模式框架在單一線性的知識理論中，長期以來，中心式的專家統治與單元共識在現代風險社會中已面臨高度的正當性危機；我們在這一章所討論的第二現代（風險社會）的知識理論，則主張非線性、非單元與非壟斷的認知與行動典範，重構現代社會知識、科技與專家系統的正當性。其內涵在於肯認科學不確定性與科技系統帶來的高度風險，要求放棄狹隘或單一理性的主張（如科學的客觀理性假設），根據不同學科理性的差異、或科技與社會系統理性的差異，進行開放性的對話溝通（Beck 1999: 124）。並且，值得延伸的是如何在學理上更進一步注意到在科技民主溝通的程序實踐上，避免忽略了現行社會風險結構脈絡下可能造成另一波形式的社會專家、中介行動者的壟斷。換句話說，我將在新的社會認識觀中，面臨由這些專家爭議戰火所延燒到的社會政治領域衝突，而重新思索在當下的現代社會中公眾風險恐慌背後的基本問題與民主程序思考。

第五章

從「全球化風險」到「全球在地化風險」

一、前言

全球化呼聲此起彼落，無論正反論辯如何界定（或否定）全球化，其已成為當代社會科學無法迴避的焦點，重要的是，它超越民族國家或傳統工業現代社會之疆界、問題範疇，已成為必須重新思考的課題。這一章企圖從風險社會理論的角度，思考全球化到底帶來哪些問題視域，構成哪些基本的風險？同時，全球化本身構成風險之內在動力邏輯為何？第二個重要進路是在這個基礎下，我將嘗試性的建構全球（普遍）與在地（特殊）相互交盪的風險發展過程，除了探討全球化風險之動態形構（dynamic crystallized），也將凸顯在地化風險的脈絡性辯證（contextual dialectical）意義與問題。

一開始我嘗試以風險社會理論為出發點，批判性的檢討與指出其可能衍生的全球化論題與不足之處，並試圖超越與創制更深入的「全球化風險」與「全球在地化風險」解釋意涵與架構。亦即，貝克所提出的世界風險社會觀點，對於日益複雜的全球化過程與風險性，並無清晰相應的理路思維，但卻相當值得延伸發展。我雖一開始藉助風險社會理論，但將進一步的建構闡析全球化風險的動態成因與運作邏輯，從原有理論格局與界限提出不同的批判認識觀。尤其，將扣緊討論相對於總體全球化之在地、多元、脈絡性的風險意涵。

也就是說，從方法論的角度，我將延伸討論全球在地化的風險所牽涉到當地社會特殊、多元之脈絡關係，指出其作為特殊

性而延展與全球普遍性交錯激盪的風險意涵。並且,在此將初步借用柯司特(Manuel Castells 1996)的「網絡節點」(network nodes)觀念,指出全球與在地風險之辯證乃同時發生於全球網絡節點之綿密運作與發展,藉以凸出與細緻化在地社會的「節點行動」(node action)將可能影響總體風險的變動[96]。網絡節點意謂著在全球各地遍布著各種不同形式的組織、單位、機構、媒體或個人,它們代表各式各樣的行動者(agent),網絡式的穿透並聯繫內國與國際間的活動,產生某種程度的影響,其特性在於雖不同節點在不同社會有程度不一的重要性(如政黨、媒體、社運團體、宗教組織),但任一節點(行動者)所爆發的事件,依據其發生事件衝擊的大小,可能會迅速透過地區或全球網絡擴散串連發展,由任一在地行動者而產生足以影響全世界的風險問題。

二、短論全球化

表面上,全球化所為人熟悉的表現於近年世界貿易組織為首的經濟全球化面向上,世界經濟發展成為主體,而由其所「衍生」

---

96 在此個人借用柯司特相當有洞見的「網絡節點」觀念,來呈現全球化與在地化風險基本上是相互發動、激盪、辯證影響的關係,無論從哪一節點(地區或國家)產生風險,將隨其影響的因素能耐(cause capacity)迅速的衝擊到全球各個在地社會,而進一步的發展為不同在地社會發展相互影響的辯證關係,例如九一一事件發生之際與後來,無限無量的衝擊到全世界不同在地社會的政治、經濟、社會、文化等問題,而形成更為巨大的全球化恐怖攻擊、文化對立、經濟遲滯、新政治冷戰等風險。

的諸種「問題」則只是次要的或邊際成本的角色，根據這個邏輯，全球化偏重於以經濟為導向的問題視野。事實上，全球化對現代社會發展的意涵與影響絕不只是在經濟面向，WTO 下雖可說是全球化中重要的推動角色，但它更精確的可說是全球化的結果。也就是說，WTO 所代表的經濟全球化，僅僅是全球化浪潮中和結構中的（行動）因素和結果之一，並且，它經常隱含著經濟霸權支配的自由化論述進行著，而此種主流論述則受到嚴重的挑戰（Hirst & Thompson 1998）。

如何界定全球化？全球化動態的涵蓋了政治、經濟、科技、勞動、文化工業、媒體、生態環境和社會認同等面向之發展，這些面向互為系統性的影響，進而形成全球性的現象。因此，我們就無法再以馬克思下層建築（科技、經濟）影響上層建築（政治、文化）之教條主義來理解，而毋寧從社會系統分化、生產和互動的角度來觀察它。也就是說，全球化的發生源於社會歷史政治、經濟、文化和科技的系統整合發展，因此，全球化不僅發生於現在，而早就濫觴於三、四百年前，當下所形成的全球化是指向一個動態、辯證的過程，由政治、經濟和跨國行動者所運作、發展、跨越民族國家主權與管制能力的行為，如跨國企業、國際組織、全球網絡化的非營利組織（NPO/ NGO）（如 Greenpeace）等（Albrow 1996: 165-8）。因此，全球化強調超越國家、跨全世界性的組織活動，它穿透、逾越了國家間的界限，並且形成動態的連線[97]。

三、建構「全球化風險」概念

當代全球化的發生，和所有歷史事件一般，是系統發展的偶然（contingency），根據羅伯特森（Roland Robertson 1998）的劃分，本世紀的全球化以人類登陸月球之科技發展為分水嶺、國際綠色和平組織的成立、蘇聯解體與東西冷戰對峙時代的結束、Rio 召開世界地球環境高峰會議、CNN 媒體國際化、伊拉克危機與全球關注、超國家的生產、勞動或資本形式、亞洲金融危機等等，皆凸顯全球問題的網絡化與連結化。

九○年代以來資訊科技與資訊化經濟的興起，逐步改造全球經濟、傳播網絡、勞動組織、溝通形式，並且衝擊到社會認同之內涵（Poster 1995, 1997; Jones 1996; Castells 1996; Rubin & Kaivo-oja 1999），同時，基因科技的重大突破，為人類社會帶來不可預測的生態、倫理、醫療或社會不平等的結果[98]。換句話說，這些超國家形式的政治、金融、經濟、科技、生態、勞動、生產、國際移民等問題，已逾越了舊有民族國家、國民經濟、國際分工架構的邊界和解決問題的能力，它們帶來全球變動的具體事實和危機，也發展為世界性的風險和挑戰。

---

97 當然，全球化是否涉及國家主權能力的削弱或強化，一直是學界辯論的重點，可參考 Gilpin 1987; Rosenau 1990; Zürn 1998; Held 1998; McCrew 1998。本文在此強調全球化作為社會行動策略之動態樣態，事實上是跨越並穿透原本國家行政、管制界限與能力。

98 隨著正崛起不久的資訊社會發展，短短不到二十年，人類文明以基因工程為基礎的生化社會已翩然來臨，其融合了資訊工程技術及社會網絡，形成對當代人類巨大衝擊的變遷，無論在醫學、醫藥、生態、物種、倫理、社會、性別，皆產生巨大風險，具體分析請見周桂田 2001。

面對這些問題，風險社會理論有其關照的基礎點，但仍須進一步的批判與超越，方能提出更清晰與深層的分析概念，因此，讓我們嘗試由貝克的基本觀點出發，並超越性的建構出思考全球化過程中所產生的風險現象與解釋意涵。風險社會基本上從對工業社會現代化之批判著眼，主張應揚棄線性的、簡單的「第一現代」（或「工業現代社會」），發展出具自我批判、解決難題的「第二現代」（或「反身性現代」），因為工業現代社會所造成之安全不確定性、生態災難已無法再用舊的社會觀點、制度與處理界域來解決。

同時，既有的風險現象在目前全球化的擴散下，已跨越國族、地理邊界和國家解決能力，侵入到世界各地，因此，全球各地政治、經濟、文化、生態及社會秩序因全球化事實而面臨更嚴峻的挑戰（Giddens 2001: 7）。這些在理論基礎上後來衍生為貝克所指出的「世界風險社會」（world risk society）（Beck 1999: 19）觀點。亦即，根據這個涵蓋全球風險問題的觀點，全球化時代宣告人類各項現代事務及組織形式，進入高度不確定性（high uncertainty）、計算性失靈（uncalculated）、難以控制性（uncontrolled）的風險樣態中，並從單一民族國家的範疇、工業的現代，不可逆轉的發展為全球的風險現代，而形成政治、經濟、科技、環境、文化（認同與倫理）等之世界風險社會。

風險社會理論所關照的全球化問題，是站在第二現代的典範批判第一現代以民族國家範疇及疆域基礎之工具性、線性發展；第二現代本身是出自於當第一現代產生災難、溢出問題的自我對

峙、修正的思維。事實上,在風險社會理論的建構中,我們並沒有很清楚或系統性的看到「風險」與「全球化」、「第二現代」與「全球化」問題關聯的闡釋,或許有人認為貝克(1999)在討論(批判)全球主義或世界風險社會時已指出方向,但個人認為相當不足,因其未系統性完整、直接的分析相關理論因素。因此,本文的工作就在於企圖先藉助貝克既有的討論,再進一步深化、擴張全球化(與)風險社會之論述,嘗試建構一較完整的全球化風險概念體系,並檢討風險社會(第二現代)理論的效力。

首先讓我們先從現象來看。

全球化不但是文明發展的趨勢也是挑戰,全球化所構成的分化整合複雜性內涵,由於愈來愈脫離人類解決事務之舊有範疇和制度,也由於其牽涉的變數和不確定性愈來愈高,所涉及的價值爭議愈來愈大,並且必須面臨判斷和決定(解決)要求的時限愈來愈短(甚至要求即刻解決)。因此,其承擔的風險和挑戰也愈來愈嚴峻,因為,人們已失去舊有的控制、計算、操作模式的保障。以資訊科技與基因科技為例,其一方面在全球具有高度安全或道德爭議性,在實踐上充滿價值上的矛盾或兩難,並且決策時間現實上相當緊迫(或已然發生),而其所具有的風險與不確定性後果,難以用舊有的社會、政治、經濟模型來測量和彌補;另一方面,它們也表現著風險全球化效應,直接的、赤裸裸的橫撲世界各地,包括全球各地社群認同危機、文化殖民、網路性別歧視、勞動形態改變與失業、全球暖化、生物安全、全球物種危機、新貧窮、跨國移民歧視、新(知識)經濟階級、新(資訊、基因)

科技階級、弱勢族群的生存或意義危機等。

換句話說，當代全球化所涉及的具體危機、組織、價值或抽象形式的變動，是立即而明顯的發生於當今（工業、資訊、生化）社會中人們自行製造、自行承受過程中，亦即，其對各領域所帶來高度的衝擊、挑戰，甚至是不確定的（災難）後果，往往不易掌握。為了確立與掌握這些發生過程所產生的現象與結構，我認為無法再拘束於既有（世界）風險社會的一些解釋框架，而應另外就當代全球化發生過程之驅動主軸、邏輯與風險現象，進行更系統性的思考，尤其是我將集中在知識與科學發展上的當代問題，提出我所建構的「全球化風險」（globalizational risk）概念[99]。

四、全球化風險之動態邏輯

全球化風險之動態邏輯為何？指涉的對象為何？並且，其理論論述分析的特殊性為何？一般而言，關涉到全球化分析之理論分別從經濟、政治、文化及社會現代化的角度切入，如馬克思批判自十五世紀開始之現代資本主義、華勒斯坦（Immanuel Wallerstein）分類自十六世紀起殖民主義意義下資本主義世界體系、羅哲瑙（James Rossenau）、大前研一（Kenich Ohmae）及賀德（David Held）辯論全球多中心政治與民族國家權力消長的複雜性、羅伯特森與阿帕度瑞（Arjun Appadurai）從文化關係脈絡討論全球與地方之辯證性與相對自主性，而紀登斯則循社會學

理論傳統，闡述自十八世紀以來現代化過程發展的危機。這些理論帶來了相當多元並具歷史縱深的觀點，事實上在某程度上已提出了當今全球化現象的動態發展邏輯（Beck 1997: 6, 1999）。

問題是，從風險社會理論的角度，到底什麼是全球化與風險問題的系統性關聯並不清楚；在理論的視野與水平上，我們又應根據當代社會的變動，提出何種分析範疇與整合補充，發展其闡釋的獨特性？

首先是，當代西方工業社會演化源起於重商主義與殖民主義的思維，強調民族國家的主權能力和統治範圍，亞當·史密斯（Adam Smith 1979）的《國富論》基本上闡述了強權民族國家的發展理論。因此，工業社會一方面尋求民族國家內社會經濟與制度的進步，另一方面發展對外勢力的擴張和侵略，以確保國家的優勢與強大。此種「方法論上的民族主義」（methodologischer Nationalismus）所建構出之工業現代化的過程和結果，被貝克（1986）批判為當代風險社會的根源。尤其，其所產生大規模的生態災難和社會不平等的風險威脅，已遠遠逾越了工業現代所內含的民族國家發展及疆域邊界邏輯，反過頭來侵蝕與挑戰工業社會之（民族）國家體制的基礎與統治管理能力。換言之，工業現

---

99 「全球化風險」這概念並不等同於全球化危機，筆者基本上仍然同意要從風險社會理論觀點進行更現狀的、更實質的概念發展，因此首先排除其他各種經濟、金融或制度危機理論，因為脈絡相對不同，而筆者也無能力處理這麼大的架構。而「全球化風險」概念又不同於紀登斯之「風險全球化」概念，後者立意在於風險透過全球化擴散出去，而造成全球風險不可控制的樣態（Giddens 1990），相對的，筆者一向主張，風險的產生乃鑲嵌於全球化過程之競爭或科學與知識擴張的結果，因此，全球化發展本身就會生成風險，並且演變為各式各樣的風險內涵，在一次次的全球化運動中不斷辯證發展，而威脅人類。

代發展迄今的全球化過程，不僅只產生以民族國家為範疇的風險社會，更崩解的造成了世界風險社會，在全球化的過程中形成挑戰[100]。

從全球視域出發，理念型上，世界風險社會觀點嚴厲的批判當代全球化過程發展出之高度不安全性與生態災難不可預測的後果，現實上為依循工業現代理念所建構而成：即根據工業革命為基礎，至今所發展為充斥危險與風險之工業社會的全球性擴張。而作為工業現代的延伸，此種全球化主張經常盲目的陷入單線演化的觀點，宣揚經濟帝國主義式之世界市場意識形態及新自由主義的想像，強調將全球各地區及各種政治、社會、文化領域皆可納入市場管理的範疇，來極大化其所謂的（經濟）效益功能。貝克（1997b: 5, 1999）抨擊此種假想式的全球化為「全球主義」（Globalismus）論調，其基本上化約了市場自由主義的幻思，掩蓋了各項嚴重的世界危機，替資本投機者、跨國企業、跨國媒體塑造一個「美好的」、「無（關稅、文化）障礙」、「無（國家、社群）保護壁壘」的世界市場。

除了批判此種天真、經濟全球主義式的全球化論調，貝克（1997b: 7-8, 1999）進一步提出的「全球性」（Globalität）及「全球化」（Globalizierung）兩個理念型概念之分類，可暫且作為分類來思考全球化風險問題。

「全球性」概念在貝克的定義中指涉目前全球各種現象及具體危機，而這些具體現實的現象及危機卻逐步擴充並帶全世界走向複雜、衝突、價值相對、組織對立、社會認同解組、生態破

壞危機等巨大風險與高度不確定性，它包括了：（一）國際間商業活動在地理上的擴增及更綿密的互動，如全球金融市場之網絡化；（二）資訊及溝通科技的變革；（三）人權及民主原則之普遍化要求；（四）全球文化工業席捲各地；（五）後國際與多元中心之世界政治（除了各國政府之外，有更多跨國組織的力量興起，例如跨國企業、非政府組織、聯合國等）；（六）勞動價格愈來愈低廉而資本愈來愈短缺且昂貴（勞動利潤降低而資本利潤升高）；（七）全球貧窮問題；（八）全球環境破壞問題；（九）地方跨文化衝突問題等，這些實質的危機與發展遍布全球，並衝擊目前人類的生活、行動或溝通方式，雖然部分命題帶來正向的功能，但由於快速的變遷及新興的問題不斷逾越了舊有的政治、社會機制，造成人類新的生存威脅。

基本上，「全球性」表徵全球各種發展現象、活動、共通價值與風險威脅，而「全球化」概念，對貝克來說，為體現這些現象的動態、辯證之「過程」（process），亦即，全球化是全球事務網絡相互牽連、互為影響發生的發展現象，為跨國的、跨地域的社會連結發展，其所產生的效應來自各地域的政治、經濟、科技或文化因素，最後亦反饋式的影響並衝擊各個地區（這是否意謂全球化風險同時指涉全球在地化風險過程？）。進一步分析來

---

100 換個角度來說，上述之世界風險社會基本上質疑並揚棄了工業現代以亞當・史密斯所主張之「方法論上的民族主義」（methodologischer Nationalismus）（即指以民族國家界限內之思維，思考以單一國家利益之政治、經濟、社會、文化或生態等問題，並進行制度建構），而初步的展開了對全球化問題的討論（Beck 1997b: 9），並因此跳脫了工業現代之單一民族國家政治、經濟、文化、社會與生態理論視野及範疇，而進入了全球視域的批判。

看，全球化為體現上述（全球性）發展現象的動態（辯證）「過程」與發展「根源」，同時，其本身成了當代時空意義下的運動狀態主體，在發展過程中不斷反覆、辯證的建構全球化風險。更精確的說，全球化不僅是現代發展的結果，而本身是這些挑戰現象的承載者，而產生了對人類新興而深遠的衝擊。

上述所討論的這三個概念（全球主義、全球性、與全球化）在風險社會理論中基本上是順著其一貫的批判邏輯演繹而出，僅部分闡釋了其對全球化議題的關照，問題是，我們如何有系統的運用既有風險社會宏觀的批判認識論（如反身性邏輯、自我對峙的行動策略）與批判材料（如環境災難、跨國市場壟斷等全球性問題屬性），來進行對全球化風險的分析，更進而指出全球化風險的動態邏輯及主要關聯面向。

至此，我們有這樣初步的小結，風險社會理論所闡述的全球化觀點，大體上指出了一個審查的方向，我們應可以再進一步擴充，朝向全球化風險之概念建構。

這裡要回答本文主要設定的兩個問題，即從上述嚴格批判的風險社會理論出發，當如何思考（一）什麼是全球化風險的動態邏輯；（二）什麼是全球化風險的動態面向，同時，其獨特性為何。要回答這些問題，基本上要釐清一件事，並非簡單的擴充（世界）風險社會原先的動態邏輯和問題面向，即足以建構本文的命題；事實上，除了基本理路相同外，本文主張之全球化風險要面對的是更具新興、複雜交錯的全球問題關連，其問題的系統性和互為關連影響的程度，非原先理論所能涵蓋與解決，而必須再做

進一步理論建構。風險社會理論所精彩提出之動態邏輯（包含工業社會自我危及、自我災難化與自我對峙反思）及不同風險面向（包括環境災難與科學（技）壟斷與安全不確定性、社會安全與新貧窮、失業與資本主義），應在全球化問題思維上重新檢討與發展。

1. 全球化風險的動態邏輯

全球化風險的動態邏輯，在指涉上包含了（一）最初以民族工業國家單位為範疇的發展，並延伸此單一範疇發展所產生的全球性效應，亦即，產生風險問題的動線一方面由單一國家或地區，延展至全球各地；（二）另一方面擴散為全球不同地區多點、多線的運作，由不同在地社會（特殊性）的發展，形成互為動態影響。前者是指問題的產生、災難的範圍與解決的能力，溢出了單一民族國家之疆域、處理權限，發展為全球規模的普遍風險；後者是指當全球各地不同國家或地區，根據其不同在地政治衝突傳統、制度、科學（技）能力與社會監督批判能力，所蘊生的相同或不同風險，同時多點多線產生，並互為交盪影響，而累積為更具規模性的全球化風險。

因此，現實上，全球化風險的發展與上述這兩種發生模式息息相關，或是由單一國家或地區擴散為全球問題，或是在全球不同網絡節點上產生互為動態生成的擴散效果。亦即，全球化與在地化風險的發展是高度網絡式的相互激盪影響。

基本上，當我們思考全球化風險之動態邏輯，可能要回溯

到前述啟蒙運動至工業社會之開發主義、進步與控制等工具性思維，包括了知識、科學（技）、生態（人類社會平等發展、自然生態環境）等，皆在此種工具理性運作邏輯下為了追求人類的發展、消費慾望，產生了無法控制、彌補的災難後果（Giddens 2001）。

這樣長期的發展結果，在民族國家內造成了重大的威脅，單一國家與社會被迫（自我）對峙重大災難風險的挑戰，因而（根據反身性邏輯）不乏抗議性的社會、環境運動，並興起 NGO/GPO 團體批判、監督與反省。

然而此種驅使風險的動態邏輯所產生的災難結果或行動效應，從不曾只侷限在單一國家與地區。當全世界各國或地區，群起效仿此種競爭式開發／剝削發展模式，而擴張為全球社會達爾文主義，則全球化風險邏輯更顯窮形畢露，其動態的面向便是呈現在各國經濟競爭互斥、同時產生之問題多線交疊，甚至擴張深化的複雜發展過程中，其端視不同國家或地區之政治、社會或科技條件與運作結構，因而產生程度不一的風險，但這些風險確有可能相互影響或加值發展為更嚴重的後果。

有趣的是，此種工具理性擴張下所產生的全球化風險，卻逼迫了全球不同社會早些晚些或同步的產生新一波的新社會運動，並且發展為跨國的運動網絡與連線，共同針對某議題進行全球性的反制，例如自 1980 年來全球各國、區域的反核組織的串連活動，或 1990 年代新興起的反基因改造食品運動，這樣的現象可以說是符應全球風險社會中另一個動態的反身性邏輯，亦即，跨

國 NGO/ GPO 團體動態的結盟、發動全球性的抗議活動等。

　　從工具理性所發展的行動邏輯上來說，現代社會的發展之基礎，似乎在於當人類在運用複雜知識／科學（技）時，同時能建構制度並隨時反省修正（reflexive institution），以維持社會的永續生存（Giddens 1990）；但問題可能更嚴重些，現代人類運用知識／科學（技）所帶來對社會安全與自然生態的衝擊與高度的威脅，不但擴及全球性，並在全球化發展競爭思維中更形惡化，其風險的規模遠超乎工業革命時期之變革。工業革命雖然引發了全球主要地區前所未見的控制革命發展，但其所帶來的風險與不確定性與今日相較，似乎是有限的。在今天科學（技）與生產知識遍布全球，卻隨著世界政經霸權擴張、社會監督／反省能力之有限性，而同時發展程度不一的風險，多元而交疊的反覆將風險擴散到全球，無論是社會或生態的威脅，其本身變成一波波世界各地動態的、累積的、反覆循環的全球化發展過程，而進步與開發主義意識形態的引擎正是推動這些全球化風險的主要驅動能力。

　　例如生產全球二氧化碳四分之一的美國拒簽京都議定書；越南在生產過程中低度管制化學藥劑；中國上海依循美國消費主義模式大量擴建都市交通生活網；台灣對高度有害廢棄物的低度管制與政治萎縮等，這些全球開發主義追求成長極限的例子，除了造成全球生態負擔，更使得各國貧富差距愈拉愈大，衍生了更大的社會安全困境，包括就業、社會平等、社會認同、能源、食物或水的分配危機。

工具理性一旦發展為全球各社會行動的邏輯，反映在不同社會系統間的是，經濟次系統理性與科技次系統理性將獨大化，各社會無論是政治機制與制度的設計，將排除社會理性中多元的文化次系統、倫理次系統、族群次系統等理性的考慮，因此，科技或運用複雜知識的政治決策，將傾向不平衡的發展，並漸而擴散為全球的風險問題 [101]。

2. 全球化風險的動態性面向

　　全球化風險的動態性面向因此緊扣在上述之多線、複數、動態邏輯之驅動力上，並經由不同在地的網絡節點迅速串連性的動態銜接，而呈現相當多元與複雜的發展，不但從地區擴散到全世界各地，也從全球反饋到個別地區。

　　而這些動態、辯證風險的核心驅動關鍵，又如上節歷史結構性的分析，在於當代之知識與科學（技）之工具性運用——在人類無限制成長、激烈競爭過程中，社會帶領自己走向不明的、充滿高度不穩定性的狀態。值得注意的是，資本的擴張與壟斷並不是全球化風險的驅動關鍵之一，而是當這個遍存於每個發展時期的老問題，即當資本壟斷的巨手伸向知識／科學（技）的競爭場域，將更凸顯知識／科學（技）在全球各地產生優勢與落差等巨大風險。

　　工業革命初期，知識與科學的突破和應用（例如蒸汽機、電燈或電報），雖然造成社會、經濟或生產組織的大變革，並形塑機器生產動力下之異化勞動關係、凸顯了資本與勞動的緊張關

風險社會典範轉移

166

係，但知識與科學在這個歷史階段的生產角色上，較多仍侷限在生產元素中之技術部門意義，雖然其已帶動了如貝尼格（James R. Beniger 1986 [1998]）所強調的資訊控制與處理之變革發端，但其仍處於萌芽和成長的發展，實際上仍未變為成熟的社會引擎。換句話說，依照貝尼格的分析來看，這些生產知識與科學周邊的社會條件反而是相當成熟的，如商業、金融、保險、運輸和公共事業等物質系統，皆是蓬勃待發的社會條件，它們作為社會大轉型下，驅動知識與科學發展（如蒸汽動力）的社會鑲嵌脈絡（Polanyi 1957 [1999]），等待新的知識系統與科技系統的革新，隨而引發巨大變革[102]。因此，工業革命的驅動引擎關鍵，並不在技術決定論眼中的科技（蒸汽機）革命影響一切變革，其主要的主體必須回到上述社會鑲嵌的具體脈絡。我所要表達的意思是，知識與科學的發展和突破在這時期雖然重要，但其應視為人類生產歷史的階段結果，而非最開始決定的成因（雖然其在歷史辯證中又成為相當重要的成因），亦即，知識與科學的突破在工業革命階段變成某種促因，但其歷史的角色在此仍在某個程度上被限制在技術部門，還待繼續成熟的發展，而與今日我們所看

---

101 這些全球化風險是複雜的、多線的、動態的運動著，似乎形成不可逆抗的潮流；對照的說，能足以產生扭轉或轉變之風險反身性（邏輯）行動，包括全球各地 NGO/ GPO 團體的串連力道，仍在發展中。

102 在貝尼格的論證中，於蒸汽機革命之前的 1830 年代，商業資本主義已逐漸成熟，其在全世界範圍內確立了物質能量流通的主要基礎結構，包括港口設施、船隻等物質結構，和資訊收集、處理與交換的網絡等非物質結構，這些貝尼格分析中的第三部門（運輸業和公共事業）的成熟相當有助於確立工業革命必要的先決條件，不僅推進了物質（能量）經由系統而得到流通和處理，也增強了分配的基礎結構之複雜性和專門化，惟其關鍵因素，即速度，在蒸汽動力發明前仍無改變。請參見 Beniger, 1986 (1998): 201-255。

待大不相同。總的來說，相對於技術部門的變革與資訊控制革命的發端，土地、勞動、資本與商品才是工業社會時期真正重要的主角，尤其資本與勞動形塑了史上精彩的生產關係，締造資產階級與勞動階級之社會不平等性，生產力的來源在於剝削自然資源與勞動商品，擴大商品消費的同時，結合壓榨勞動剩餘而擴大資本，成就一個隨時引爆風險之現代資本主義社會。

知識與科學在這時期的突破與應用雖非推動社會變革主要成熟的引擎，但其仍促成了原先社會發展結構骨牌效應式的大變革，其關鍵在於蒸汽動力的發明帶來處理物質系統速度（speed）的改變，進而造成處理其他非物質系統的變革，包括貿易、金融、保險、法律、制度等改變[103]，1830 年代當無煙煤作為新的能源出現──蒸汽動力正式取代水利動力，其先運用於第三部門（汽船、鐵路），然後運用到第二部門（工廠生產），極大地加速了整個處理系統，以致在 1840 至 1880 年間，形成了這些運輸、商業、管理、勞動與社會組織的大變革。換句話說，知識／科學（技）這組科技革命於工業革命所帶來之社會變革關係，在這裡清清楚楚的表現為速度的發展，影響到更複雜社會不同系統的大轉型。我們可以想像，知識／科學（技）當時的發展，乃鑲嵌於其既有發展的社會脈絡中，並且有其運作過程的複雜面向（如發明蒸汽機、電燈、鐵路運輸等涉及的資本投資競爭與社會期待），然而，這組關係相對於今日似乎較為單純。我在此想要再強調一次，即工業革命初期所展現的工業資本主義下，知識／科學（技）仍然僅屬於生產元素技術部門的角色，在社會關係下，它仍未超

越資本與勞動所形塑之緊張社會關係，而這部分已在當代晚期資本主義中形成倒轉的結果。

在當代，知識／科學（技）的進展與突破，躍升為人類社會生產元素的關鍵，生產力的來源不再僅僅是剝削自然資源和勞動，而是加入知識與科學（技）的運用，作為企業創新和規劃技術變遷的來源，在 1960 年代末，資訊科學的應用與相關知識的發展，已為後工業社會的來臨奠下了基礎，貝爾（Daniel Bell 1973 [1995]）所分析此種新的社會類型呈現了結構性的轉變，即資訊科技發展在各部門逐漸滲透、並形成了資訊化的基礎結構（infrastructure）、美國製造業部門產值遞減而服務業產值遞增，同時，知識與科學逐漸在工業生產的角色上日益加重，這兩者的應用（包括資訊和知識）成為了後工業社會的主要結構特徵，因此，後工業社會生產上的討論重點不在於之前工業社會的勞動價值理論，而在於知識價值理論，亦即，技術和科學（已經）成為一個首要的生產力[104]。

換句話說，知識和科學的應用更加複雜化了既有的生產關係，亦即，生產元素從資本、勞動、土地、資源、市場的序列，

---

[103] 在貝尼格眼中為五大部門的大變革，第一部門為農業、漁業、伐木業、礦業等物質材料部門，第二部門為處理產品的製造業，第三部門為前述的運輸業和公共事業，第四部門為商業處理系統，而第五部門為政治、法律、制度與教育等，參照 Beniger 1986 [1998]: 217。

[104] 貝爾指出了理論性知識的重要性，他所需宣揚的後工業社會轉型中，理論性知識的具體化（應用化）和物質科學皆成為技術創新的基礎，其具體化就是使得新知識技術進一步受到重視和研發，並實質的成為經濟或工程上的應用工具。請參見 Daniel Bell 1973 [1995]: 11-19。

轉為資本、知識／科學（技）、市場、勞動、資源、土地的序列，
知識／科學（技）取代了勞動的重要社會位置，同時，1990 年
代之後，在全球化經濟意義下之科技與資本主義競爭，創造了新
的市場網絡與資源網絡，並拋開了土地的地理侷限性[105]。進一
步的分析，知識／科學（技）的歷史社會角色，已非工業革命初
期的次要位置，其隨著晚期資本主義的社會脈絡發展，全然的滲
透、深入人類生產的各個元素，並從生產元素的演變，如同工業
革命般的，延伸到社會各部門與系統（包括組織、教育、制度、
經濟、文化、社會等系統）的大變革。不同的是，這次知識／科
學（技）的影響與衝擊除了成為造就生產元素的重要關鍵，更成
為全球化社會、經濟變遷成熟的推動引擎之一，其與全球資本互
為結盟，支配全球未來社會的發展。換句話說，其一方面變成了
全球資本主義社會發展的生產主角（如資訊主義、生物科技工
業），另一方面，其與資本緊密嵌合而激烈化全球競爭與發展差
距，即透過資本密集鼓勵之創新研發，可能形成產業的地區或全
球壟斷，這在生物科技醫療與製藥、光電、航太與資訊產業等顯
而易見。

　　知識／科學（技）如何成熟的成為全球、經濟變遷的推動引
擎，我們暫且可以以柯司特所論證的全球資訊化經濟來思考，不
僅是資訊／數位科技介入社會經濟生產與系統發展的改變，許多
生產技術與經濟組織（包括傳統與新型生產單位和機構、運輸流
通系統），甚至社會制度、國家官僚實體、醫療系統、教育機構
與系統、傳播溝通系統，皆面臨了以資訊化為基礎的革新，而這

些乃以資訊科技為基礎的技術範型所發展的資訊化狀態，確實的將資訊與知識的處理融入了所有物質生產與配送的過程，因此，所有社會、經濟、生產、組織、市場與管理，甚至各種制度實體的社會轉型意義，首要來自於資訊科技的革命性發展（Castells 1996 [1998]: 212）。

同時，在資訊化經濟中 [106]，資訊科技革命產生兩股推動經濟生產與社會系統的引擎，除了資訊化（informational）過程外，另一個驚人的效果為全球化。資訊化指單位或行動者（agents）之生產力與競爭力得以有效生產、處理，及應用以知識為基礎（knowledge-based）的資訊（Castells 1996 [1998]: 70），來進行生產或溝通互動；全球化則指在生產、消費、流通與組成元素（包括資本、勞動、原料、管理、資訊、科技與市場）以全球為範圍而組織起來，其效果為不論型式上是以直接的方式，或透過經濟

---

105 在商品生產型態上，知識與科學不但是銳利的生產工具，大大提高生產和競爭，同時變成炙熱的摩登商品。這個發展具有兩個意義，一是它們自身不再侷限扮演生產元素中技術的角色，而是取代土地與勞動的有限性，成為具有無限潛力的生產工具，作為新的競爭利基，普遍化於全球；二是它們自身變成商品來源，不僅在程度上取代勞動、製造性商品類型，也因此改變了勞動的內涵、組織與網絡性格，同時更成為市場上具有獲利性與延展性的商品對象。

106 資訊化經濟最典型的是以資訊／知識為基礎的發展，可以兩種類型來舉例說明：一是網路經濟類型，包括網路上的資訊商品販售（如電子雞、天幣、網路遊戲軟體）與通路平台化，以輔助傳統商品銷售通路。第二類資訊經濟包括了資訊處理設備與處理資訊過程中帶來的附加價值，前者為資訊處理機、電腦等設施，後者則涵蓋了處理資訊在各種組織、機構、管理、通路與市場的資訊化過程，其需要處理資訊所需的各項軟硬體，包括工程軟體、組織或機構管理軟體、簡報系統軟體等。顯見資訊化過程創造出前所未有的市場價值與商品生產型態，提高行動者的有效生產、處理及應用以知識為基礎的資訊。這些過程事實上造成全球網絡性的變革。例如做為全世界第三大港口的台灣高雄港，面對全世界港口倉儲與運輸的資訊化，必然需強化其港口內部組織與管理、外部訊息交換與商品資訊處理的資訊化、效率化能力，以確保其全球競爭的網絡節點能量。

作用者間連結的網絡，來達成此種全球性質的網絡流通。而這些，皆以資訊科技革命所提供的物質作為社會基礎，由知識—資訊基礎涵蓋全球性的網絡，以及由資訊溝通科技革命的連結，產生了這一新的獨特經濟系統。而這一新而獨特的經濟系統，柯司特甚至認為，乃將原先的工業經濟納入其中，工業經濟必須發展為資訊化和全球化，否則將面臨崩解的命運[107]。

亦即，由上述借用柯司特的論證，我們看到相對於工業革命時知識／科學（技）運用（蒸汽動力發展）所帶來全社會與經濟生產「速度」的變動，資訊科技與資訊化經濟所帶來的影響面向就不僅僅是經濟生產與社會系統速度性的變革，其發展凸顯了三個具體方向：（一）全球化層次發展：其超越國家地理界限藩籬，發展成為具全球規模性質之生產、消費市場、資本、經濟競爭與科技競爭等重要工具，因此，知識／科學（技）在當代變為全球（化）層次的發展意涵；（二）速度變革：全球經濟生產與社會系統產生網絡式的「速度」運作變革（四倍數時代）；（三）內涵變革：全球經濟生產與社會系統發展內涵的變革，部分或全然的改變了生產、商品、消費、組織、管理、通路等經濟生產消費系統，也部分改變了社會系統（如前述國家、教育、醫療、傳播溝通系統）的發展。

如果我們要雞蛋裡挑骨頭的話，可以說柯司特的判斷只對了一半，可能是偏限於他寫作期間的視野，現實上資訊科技革命僅是當代人類運用知識／科學（技）的一例，以知識／科學（技）為推動經濟、社會系統為基礎引擎的除了資訊科技與資訊化的全

球效應外，還包括了無數的面向，例如傳統組織或科技的革新、新興生物科技或基因工程的突破、光電領域與航太領域、奈米科技帶來微小世界的誕生。而這些領域無論是傳統科技或新興高科技的發展，皆非單獨自行演繹而出，相反的，它們之間透過知識／資訊／科學性的連結關係相當密切，例如人體基因工程基因密碼的排序與計算，需結合高度的資訊工程學，而形成新興的基因資訊學發展；奈米科技也能和基因資訊結合，在未來微小化的醫療過程中，進入生物體內進行基因與資訊重構治療；光電和航太領域所需要的也可能不僅僅是資訊工程面向的開發，其和奈米或基因工程的發展可能息息相關；最後，傳統組織或科技所進行的創新與變革，更需以知識／資訊或科學為基礎加以發展，也可能隨時與上述任一科技進行結合。

我所要說明的是，雖然資訊科技革命目前帶來全球經濟、社會系統的資訊化，生產與社會溝通系統速度的不斷極致化，並形成全球網絡化的生產與消費，以及造成組織、管理、通路、市場的變革；但其他以知識／科學（技）為基礎的經濟或社會系統面向，皆可能帶來相類似的衝擊。柯司特雖然成功的論證了資訊科技之技術範型全面的滲透到所有社會部門的轉型，更帶來全球化資訊化經濟之快速流動，但從社會發展階段而言，這似乎是我們眼中全球愈來愈重視高科技研發、投資之資本主義（global high-

---

107 事實上，柯司特論證資訊科技革命的發展，不僅僅發展出人類歷史上獨特的經濟系統，而又呈現出全球社會系統變革的端倪，即未來全球將逐步發展為資訊化的社會、經濟系統。請參見 Castells 1996 [1998]: 98。

tech capitalism）走向的第一步，若再回到貝爾的說法，廣義的新社會轉型著重知識理論與知識技術的應用發展，雖然狹義上我們看到電腦通訊網路所發展的資訊經濟已逐漸成為後工業社會的一個現象（Bell 1995: 14），也就是說，我們應將洞悉未來社會的發展全然放置在不同知識／科學（技）的發展與影響，而非僅僅只侷限在資訊科技技術範型的社會變遷。

亦即，從當代的眼光來看，新興的知識／科學（技）之應用從不歇止，資訊科技與全球資訊化經濟既跨出了重要的一步，但值得我們再思索的是，資訊化經濟之後呢？事實上，柯司特論證上所指出資訊科技網絡所奠基與發展的四個全球經濟競爭形式與結果，我認為對其他正發展的高科技工業而言，也同時適用，其並非資訊化經濟的獨特性質，包括了（一）技術能力，科學／技術／產業／社會體系的總體能力；（二）進入大型、整合、富裕市場的途徑；（三）產地生產成本與市場價格的差額掌握；（四）國家與超國家機構之成長策略與操控能力（Castells 1998: 110-112）。這些皆需高額的資本與技術能力、科技發展策略與全球市場競爭能力來配合。而自 1990 年後至最近的發展，我們同樣看到相類似的現象，（一）知識／科學（技）的應用比重與發展速度，在世界各國愈來愈重要；同時，（二）全球資本的集結與合併的大型新興科技企業趨於激烈；（三）新興知識／科學（技）研發應用的競爭，與巨大資本的關係愈來愈密切[108]；（四）新興知識／科學（技）對經濟、生產、材料、生態、醫療、社會、倫理或族群的衝擊愈來愈廣、愈來愈深[109]；並且，（五）其發

展與衝擊的速度，形成全球網絡性的意義，相當的快速。因此，
這些現象雖是近十年的演變，但非前述資訊化經濟解釋所能完全
涵蓋。換句話說，需要評述與確立的，為知識／科學（技）在
當代成為推動經濟、社會、文化、倫理或生態變革的重大引擎，
接續延綿的對全球產生鉅變的效應。

這些引發全球連鎖性的鉅變，在當代相當深化的全球資本
主義現實上，必然重新牽涉知識／科學（技）與國家（state）、
經濟生產、資本累積或壟斷[110]、社會整合（包括階級、性別、
族群、倫理）、環境生態與文化的複雜變動，其事實上帶來了前
所未有的衝擊不確定性，變動的規模、速度和複雜性更遠遠的超
過工業革命時期所能掌握或預見的發展。如上述，工業革命（以
蒸汽動力為主）啟動了原本已具成熟的不同社會部門的再分化與
複雜化，然而，這種鑲嵌在社會歷史條件下的技術革命，雖引發
了社會重大的變革、速度化與複雜分化，而其擴散與變革的效
應和範圍，基本上明顯而立即的發展出一定社會結構性的問題，

---

108 可參閱馬維揚 1998；徐作聖 1999。

109 參閱 Oliver（2000）或周桂田（2001）在這方面相關的討論。

110 例如柯司特所論證，在資訊化經濟年代，公司是由獲利力（profitablility）而非生
產力所推動，獲利力與競爭力是科學技術革新與生產力成長背後的決定因素，因
為唯有需求擴張才能降低增加生產力後之風險，因此，開拓與尋求（全球）新的
市場是重要的議題，為開拓新市場，資本需要高度移動能力，在全世界進行流
通與投資，公司因而需提升通訊與資訊處理能力以維持其市場競爭力（Castells
1998: 89）。同時，國家的角色也逐漸變遷，各國特定政治利益影響本國或國境
內公司經濟競爭力的表現，國家積極採取介入管制或解除管制，以維持「國家競
爭力」，柯司特的說法是，資訊化經濟，包括資訊科技、組織變遷與生產力間的
聯繫有很大部分是透過全球競爭來完成，因此，其發展為「高度政治化經濟」，
因為資訊化使得成熟工業潛藏生產力得以發揮到極致，國家若不介入，國家工業
經濟將會瓦解，無法保持其競爭力優勢。參照 Castells 1998: 98。

如勞動與資本的衝突、階級結構的確立、社會安全體制的興起，並且其問題屬性雖可能擴及全球（馬克思之全世界無產階級團結起來！），但現實發展態勢仍侷限在民族國家之地域與統治範圍內。相對的，我們所分析當代的發展，資本、知識、科學（技）與國家之結合體所造成全球網絡化擴散、擴散速度的極致化、衝突領域和深度超越地域與國家，而傳統行動者（不同領域之自然、社會與人文科學專家）的職權能力在此部分或完全失效，並且，其在一波波變動中不斷盤旋擴大和纏繞發展，產生的問題與對未來的視域充滿高度的不確定性，僅能做短期有限的風險評估或預防，而對整體與中長期問題的風險視域並無法完全歸納或預見，甚至企圖如過去般加以控制。

換句話說，「控制革命」（Beniger）思維所面臨可能失效的新危機[111]，蘊生了「保留權利予開放的未來」（the right to an open future）[112] 思潮之興起，亦即，由於人類社會巨大的變動，無論是在科技安全、醫療、生態、生殖或動植物改造、優生與強化，由於涉及整體全球社會高度的衝擊與不確定的結果，這一代人們應以保留謹慎的態度來面對這些發展，並保留決定的權利予以下一個或數個世代，而不干涉或造成不可收拾的後果[113]。

因此，我們如何看待與思考由高科技與資本主義纏繞發展的全球化風險對在地社會的挑戰？尤其，作為一個在地社會研究者，如何反身性的思考全球化過程所帶來對在地社會之風險威脅？事實上，這個提問涵蓋了兩組亟需釐清的問題，即是在方法論上，討論（一）思考不同在地社會特殊的關係脈絡，如何辯證、

發展全球性的風險為在地化過程的風險，是否更多元或深化風險問題；（二）不同社會在地化風險如何反饋影響、辯證全球性風險，而演繹出不斷變動的全球化風險？

　　全球化風險事實上建立在新的生態、社會及經濟不正義之批判上，尤其此種掠奪、威脅人類生存處境的新興危機，隨著全球化效應遍布全世界各地，問題解決超出了舊有的地域及安全範圍，形成了當代社會莫大的挑戰。但由於全球社會因政治、社會之制度及文化機制各異，面臨與解決風險能力及進度有所差別，更因此容易蘊生更大的不正義，反饋的影響到全球風險內涵的辯證或造成更大的全球危機。

　　就方法論上思考全球化風險之在地與全球變異性而言，風險社會理論基本上仍站在西方現代化的位置而企圖加以修正，因此，第二現代的理論思維乃建構在對第一現代的揚棄而企圖加以重構現代的內涵，然而，此種批判性的建構雖直接掌握了現代社會發展的核心盲點，卻仍未徹底的認知到非西方社會不同文

---

111 舉個例子，當基因工程與資訊系統或奈米科技結合時，其中早預存相當多的假設與複雜系統的設置（hypothesis setting），如經過相當多的基因排序假設與實驗的觀察結論、資訊統計學的計算和化約解釋、奈米微小化數學計算的假設與觀察結論，但如果上述的應用結合在操控領域上或醫療實用上出了問題，從操控學（cybernetic）的角度而言，系統的龐大複雜性和偶然性並無法立刻、或甚至無法找出問題所在。而這就形成了新的控制革命危機或控制失效。

112 這部分的討論請參見 Buchanan/Brock/Daniels/Wikler, 2000, *From Chance to Choice – genetics and justice*, p. 170.

113 以這個角度來看爭議性的複製人問題，則可以推論為：當複製技術未完全成熟，同時社會未能充分討論與接受，不應貿然進行複製人實驗，否則違反保留權利予下一世代的原則；而當複製技術成熟，首先要面對的是是否會造成社會、倫理、族群重大變革的問題，應交予下一世代來進行討論與負責。

化思維的存在影響，乃其長期受到殖民支配所衍生的變異後果。亦即，若我們要企圖確立「全球在地化風險」（glocalizational risk）批判的要旨，不在於導出一個唯西方社會式的第二現代模型，而在於認知多元在地風險的視野，警覺式的發展出解釋、批判與解決的「全球—在地」風險社會觀點。

因此，相對於對第一（工業）現代的批判而言，我們不應仍毫無反省的接受第二現代理念，而應更精確的思考到相對於（西方式）第一現代風險之危機，乃是「全球—在地」（西方與非西方）的多元現代與多元風險。亦即，若要真正檢證第二現代理論的話，應是建構於全球多元、特殊的風險批判意義上。因此，風險社會理論的發展，應該涵蓋全球在地化的視野：不同在地社會生產不同的現代內涵與風險，並反身的反饋、影響全球的風險結果[114]。

五、切入全球在地化

全球化既然是指涉全球性行動之動態連線，我們不禁要繼續追問，依此邏輯，全球化行動絕不再僅僅是普遍化、依單一類型發展（西方現代化）的命題，它牽涉到的是多采多姿、異質多元之世界各地社會內涵。早在社會學理論中，社會的普遍化與特殊化、同質化與多樣化的辯論就不曾停歇，即使到了現代化理論或後現代理論間的論戰，異質、多樣、分化的社會（特殊化）過程，皆被揭示為和普遍化形成辯證與弔詭的關係[115]。

　　羅伯特森（1998: 196）的「全球在地化」（Glocalization）[116] 的概念，雖鎖定在全球文化與在地社會文化的分析，卻能提供我們思考的空間，在方法論上綜合事實上之「全球」與「在地」的關係命題，掌握現代社會在時間（time）與空間（space）面向上的歷史連貫性與多元性，尤其在全球普遍同質的發展趨勢中（如經濟、科技、生態趨勢），認知到不同地區之社會文化與制度經驗或脈絡所蘊生、創制出的獨特性。

　　要理解這段過程，我們首先得回到文明的發展歷史。從反省全球文明演化的角度，特爾夢（Goran Therborn）批判性的指出歐洲並非全球現代化過程中的唯一代表，相應的，在全世界另外有三個地區相對的發展出其獨立的現代化過程，分別為美洲（新

---

114 德國法學家考夫曼（Arthur Kaufmann 2000）在其大著《法律哲學》（*Rechts-philosophie*）第二十章，以當代新興科技問題所造成的弔詭與不確定性，探討了法哲學中基礎的寬容原則，並結合了風險社會觀點進行法學與倫理學的思辯，相當精彩。我國數位法律學者也合力譯出，值得欽佩，但在概念上的中譯思考上值得討論。第二十章大標題為：Das Prinzip Toleranz – Rechtsphilosophie in der pluralistischen Risikogesellschaft，中譯為：寬容原則──多元風險社會的法律哲學，對照考夫曼在此章文內所使用的「風險社會」概念，可以確定的是作者仍精確的將多元、異質之社會內涵運用於此觀點中，而非另立一「多元風險社會」（die pluralistische Risikogesellschaft）術語，因此，本地讀者應加以留意。國內部分法律學者誤將之理解並闡述為「多元風險社會」概念，應屬不正確。可以推斷的是在大標題或文中部分地方加上「多元」一語，乃屬於形容詞上的強調用語。而按概念創制的邏輯，風險社會觀點本身就含有參與、異質、衝突的內涵，對在地社會而言，風險社會所產生的各種問題，乃鑲嵌於本土社會的脈絡之中，相對於全球有特殊、多元的意涵。

115 從早先派深思論述現代化即普遍化，到 Van den Daele 主張現代化之普遍與特殊、同質與分化弔詭，以及後現代理論者（如李歐塔）對普遍性的攻訐而強調多元、特殊性，皆彰顯此議題。

116 羅伯特森從字源的追溯上，源出日語的 dochakuka（土著化）代表的是以全球的視野看待地方的事務問題，表現為地區自我獨特的生活特色，也因此被理解為「全球地方化」（globale Lokalisierung）。

世界，現代化的擴張造成了原先住民大量減少的結果）、東亞（其視現代性代表〔西方列強〕為外部威脅，因此需要加緊迎頭趕上與學習，這裡我們可以日本明治維新、中國之中學為體、西學為用所關涉的「追趕西方」的現代化辯論為例）、大非洲（現代性為持續的透過殖民與帝國主義輸入的結果）。這個批判史觀使得我們對全球與在地發展的先前殖民結構或帝國主義結構性影響，有清楚的釐清與認識。羅伯特森更以此強調這些地區的時間、空間性所產生的政治、社會經驗分別具有其獨特性，因此，他認為，如要宣稱一個「普遍的現代性」（allgemeine Modernität）似乎牽強，而不如將現代性理解為地理上不同文明交互滲透影響的結果 [117]。

　　而這個方法論上的突破，也相當程度的走出社會學西方理性化分析的傳統，即將現代化視為是全球同質制度化、社會化的關係，或認為全球化是現代化的結果（Giddens 2001）。

　　這個切入點，再度挑起普遍主義與特殊主義的論戰，如果我們輕鬆的以中國的古話來比喻，全球化是「經」，全球在地化是「緯」，前者是橫向的動態連線，而後者是扣緊在地特色之動態縱深，二者相生而存，但也相剋對立而激發出新的發展。但這並非毫無警覺的去描述或輕易的接受全球在地化的命題，雖然它似乎提出了某種平衡地理或發展時間的分析契機。酒井直樹批判性的檢視西方中心式普遍主義的自我假想，提醒我們應重視世界（不同）歷史發展上之「地緣性」、「時間性」或「相對性」關係，按此，特別從東方的觀點，世界歷史非單一、線性的演化過

程，而是相對、多元的發展內涵，因此，他繼續戳破西方自我設想之普遍性與世界統一性意識形態，直指西方作為特殊性的相對歷史位置，基本上是某個時空意義的對照參數，和非西方國家同時存在：

> 西方本身就是一個特殊性，但是它卻作為一個普遍的參照係數，按照此參照係數，所有他體（other）能夠識別出自己是個特殊性。在這一點上，西方以為自己是無所不在的。（酒井直樹 1998: 211）

理解西方社會哲學的人都清楚，西方世界是將自十八世紀以來的啟蒙運動視為是現代性的濫觴，以自然科學（牛頓力學）機械觀為基模所建構出社會藍圖，不斷強調人類社會之「進步」或「發展」，乃在於實現並確立所謂人類之理性主體。因之，自然科學、科技、工業與社會科學皆在此框架中發展，而形成迄今問題重重的「工業現代」（Industrielle Moderne）：生態危機、環境惡化、社會失序。當初啟蒙運動和西方現代化掛勾，指的是歐洲化的普遍化過程，最極端的特別是黑格爾將東方視為是不理性的文明，而西方（歐洲）文明理性化的發展極致乃是以日耳曼文明為表現（Hegel 1984）；有趣的是，當尼采站在西方的位置宣稱「上帝已死」，事實上已揭開了歐洲世界企圖以狹隘的人類（工

---

117 Robertson 1998: 195-6.

具）理性作為統治世界之普遍化、同質化失敗之幕。並且，當今假想的普遍（理性）化標準與重心已從歐洲移到美國，在某個程度上，現代化意謂著美國化、世俗化、工具化。

事實上，世界不同地區的社會經驗與文化所具有的「不可共量性」（incommensurability）關係，是無法由任一「普遍性」取代[118]。西方現代化理論肯定的繼承了歐洲傳統的歷史觀，認定世界的演化是由啟蒙運動的「現代基模」（modern schema）所構成，而將其特殊性的歷史霸權關係，擴張為全球統一的標準，陷入了一元歷史的盲目性：

> 一方面現代化理論家肯定繼承了一種歐洲遺產，即與演變時間相吻合的歷史時間觀念。這種歷史時間觀念是與特殊性到普遍性、從抽象的普遍性到具體的普遍性的過度（不論這種過度是漸進還是速進），最終與增強合理化的過程相合，即與理性自我實現這一過程相吻合。（酒井直樹 1998: 213）
> 因為西方的中心被假定為最具有普遍性的社會形態，所以從合理化的歷史時間來看，它應該比具有更少的普遍性和具有更多的特殊性的社會要更為先進；由於普遍性被等同於改造社會制度並使之合理化的能力，西方必然是最先進的特殊性。……當一個社會被認為是比其他社會更先進的時候，這一普遍主義就能夠有效地並且非常有利地使得這個社會對其他社會的支配權成為合情合理的。但是，如果這個社會經濟和政治優越性在合理化的過程中在別人看來並不那

麼確切，那它很快就會失去其效力和說服力。（酒井直樹
1998: 214-5）

如同酒井直樹所洞悉的，一元歷史的社會理論觀，也必然
產生某種相對的依賴性。抽象的說，它必須通過對非西方世界的
設想，來對照反映其自身的優越性，或防範式的恐懼其超越自身
（如西方歷史中對「黃禍」的恐懼）。因此，它設想非西方世界
為落後的、非現代的，而其傳統與社會價值乃不可取的；在現實
上它必須擴張它的勢力，以保障自身的優越性，透過其先進特殊
性之社會、經濟機制，某個程度來掌控非西方社會的發展，並設
法取代其傳統價值或社會觀，因此，殖民或強行打開市場以攜入
西方式的價值為實際的策略。

> 歐洲的侵略，在東方導致了資本主義的出現。毫無疑問在
> 東方建立資本主義被看成是歐洲的生存／擴張（survival/
> expansion）的結果，而且被理解為世界歷史進步和理性勝利
> 的證明。當然，正是在抵抗的過程中它被結合進西方霸權，
> 而作為一個契機，它促進完成了以歐洲為中心的一元世界。
> 在這種圖示中，東方扮演了一種自我意識的角色。在西方不

---

118 世界各地社會及文化經驗的發展，基本上依循其傳統而不斷進行再生產，因此，各個社會的標準及定義皆不同，雖然它們可能使用相同的辭彙或引進相近的制度，但在理念上及操作上可能均不同，而產生不同的社會發展樣態，因此，無法僅以某些社會發展模式來普遍解釋全球。在此引用孔恩之「不可共量性」觀點來分析社會發展的典範，具有變異及不同文化經驗意涵，基本上無法進行模仿式的演化發展。請參見 Kuhn 1994: 83。

斷辯證式地重新肯定和重新中心化的過程中，東方作為失敗的自我意識，而西方則作為一種自信的自我意識而存在；東方也是西方在構成有識主體（knowing subject）過程中所需要的對象。（酒井直樹 1998: 231）

當非西方的人們未認識到這一點，將西方暫時的先進特殊性也內化或正當化為世界普遍性、線性理性化的標準，則可能失去對自己（在地）社會文化意義的精準座標。換句話說，一旦人們論述現代化命題，就往往停留在一元現代化歷史觀、以西方社會為「現代」座標的框架，雖能批判西方帝國的霸權支配，但仍可能陷入了西方導向的解決問題策略或價值。人們要警覺的是「現代的東方經歷了入侵和戰敗，受到了剝削，然後它才誕生」（酒井直樹）。

現代化社會理論往往預設了社會發展理所當然的模式（如派深思之 AGIL 模式），以西方國家為基準的宣稱先進工業國家，而相對的將其他具有特殊性的社會視為低度發展國家、發展中國家（如所謂的亞洲四小龍），每個社會將循序漸進的演化為西方完美的社會模型。事實上，歷史的具體經驗呈現的是，當非西方國家再怎麼追趕，無論是制度、科技或工業、經濟，往往在模仿中消解其傳統價值的重要性，而無法彰顯其作為世界一部分的特殊性意義，因為，它也自我設想為西方相對的「落後國」，尤其是以西方資本主義為模型的社會解釋。

因此，當現代化社會理論經由當今經濟自由主義的擴張解

釋，現代化等於全球化，現代化意謂資本主義的全球勝利「經由歷史的證明終結了（不現代的）共產主義」（福山 1993 [1992]），現代化被化約為市場自由主義意義下的經濟全球化，所有全球社會則日趨同質化，因為這「正是人類社會未來的演化邏輯」。換句話說，在這種論述之下，全球化則成為世界歷史一元、單線發展的表徵，「無人可以阻擋」。

我們可以說，羅伯特森之全球在地化分析命題警覺到了此種同質性、普遍性論述的謬誤，並進一步提出了全球同質與異質文化的交互辯證、多元影響性，其值得我們從非西方的位置（不可共量性）加以討論。如果我們理解全球化社會理論的假想，並初步的同意羅伯特森全球在地化之批判分析，可以進一步發問的是：誰的全球化？誰的全球在地化？是否仍以西方社會模型解釋、想像、核心化的全球（在地）化思考？而此種認識帝國主義支配的問題，可以令我們更清楚的釐清我們發言位置所具有的社會（特殊性）意義，亦即，當（西方）學者（西方學者目前佔相對優勢）自我反省批判式的提出全球在地化分析命題，在方法論上似乎公允，然而在社會解釋內涵上卻仍以西方社會內部（階段特殊性）問題為主，某個程度又隱含了西方社會先進特殊性作為全世界社會之普遍性設準，未能解決我們的問題。

換言之，當站在非西方位置之社會學者提出誰的全球在地化發問時，就可能試圖重新的以非西方社會的本土特殊性為解釋座標，融合與批判一方面是全球（資本主義）動態連線、辯證的真實面，並比較科技工業較發達國家或其他國家的社會模型及問題

（亦作為另一個特殊性）。以此，全球（在地）化若具有普遍共通性的社會內涵，則是從世界不同地區的社會樣態所交互貫穿、影響的結果，普遍性正是特殊性動態的共通形式，而反過來影響特殊性的辯證發展[119]。

　　非西方中心主義學者唯有提出關涉在地社會的學術興趣，重新建構以在地社會為核心的世界觀，方足以提供解釋世界多樣特殊性的歷史內涵。假設這個想法成立的話，以不同社會位置為核心者所提出的全球在地化分析，不但真正豐富全球社會歷史的多元形態，也可在交互參照與文化融合中，逐漸遠離西方價值核心的全球化支配想像，而真正認識到個別社會多樣性意義，蘊生全球與在地之普遍和特殊互為激盪之社會內涵。

六、思考全球在地化風險

　　在經過前面全球化風險之面向的討論後，我們終將需要同時在方法論上的層次，檢討全球化風險的發生過程所蘊含的在地化發展，並且形成網絡節點式之互為辯證、影響、生成的意義，我們在概念上稱為「全球在地化風險」。當然，我們需就前述高科技工業與全球資本結合纏繞之發展結構，重新的審視其對（與）在地社會的發展關連，這就包含了幾組值得討論的基本命題：（一）風險形成特性及不同風險形成特性中所具有的全球與在地關係；（二）在地社會的政治、社會特殊的關係脈絡；（三）如何看待這種全球化與在地化過程中互為辯證、網絡節點式的發展

與影響,尤其,在地社會網絡節點的行動問題是否將造成更為深化、多元的與棘手的全球風險[120]。

1. 風險形成特性

「全球在地化風險」指涉除了全球化所造成普遍性的風險之外,不同在地社會特殊的關係脈絡,將蘊生該社會特有的風險樣態,透過在地網絡節點的行動在某個程度上反饋到全球層次的風險。問題是,為何在地的社會關係脈絡將影響、甚至變異全球普遍化的風險內涵?

這個問題牽涉到風險形成的特性,及因之所發展出的在地(特殊)與全球(普遍)風險交盪的內涵。風險一方面可說是實在論(realism)的客觀存在問題,另一方面又屬於開放發展的社會建構論(social constructivism)過程,在兩者的拉扯辯證中,它形成於依實在知識所認知之開放的社會脈絡中(Beck 1999: 147)[121],並同時將牽涉到不同社會制度與行動、政治衝突文化、社會價值、公民社會傳統等「在地實踐經驗」(Wynne 1996: 62)面向的發展。

因此,當社會在定義(建構)風險時,相當著重於理解風險

---

119 貝克(1997: 141)在這個命題上提出「脈絡式的普遍主義」亦相近本文的推論,唯本文指出要注重發問者的位置、解釋者的社會模型與歷史演化觀,尤其分析文脈的特殊興趣將發展出不同於「主流」西方學術社群的成果。

120 如三大全球化風險(生態、新社會不平等、市場壟斷)。

121 在這個實在論與社會建構論的拉扯過程中,「風險是人為的混合(man-made hybrids),其包括並結合了政治、倫理、演繹、大眾媒體、科技、文化定義及人們的感知」(Beck 1999: 146),因此,總體而言,風險依賴社會上人們的文化感知和定義來建構它。

的在地「知識」（risk knowledge）（Beck 1999: 144），而由此
對風險認知、討論的傳統（特別要面對新事務、新科技的風險）
則鑲嵌於這個社會批判、溝通及政治論述的網絡或傳統。它可能
是隱藏風險溝通、批判對話的政治傳統，也可能是公開辯論、感
知與政治衝突的風險社會傳統，而這兩者皆透過不同網絡節點
（包括政黨、媒體、社運團體、文史工作室等）的行動或不行動，
影響在地社會的風險對策與管理，而可能進一步的發展為反饋全
球化普遍性的風險問題。

2. 在地社會的政治、社會特殊的關係脈絡

補充的說，每個社會及其制度背後有其獨特的形態與運作的
邏輯，而其乃深植於該社會某種文化及歷史傳統或事件，形塑出
當地的文化、政治衝突模式及公共領域批判的習慣。因此，普遍
性的風險進入某在地社會的過程，就必須面對通過該社會特殊政
治、制度、文化、衝突關係的洗禮，而發展為從在地社會脈絡出
發詮釋、建構的風險。

這些地方的關係脈絡，決定了人們對風險掌握的知識（溝
通）空間，在某個程度上影響了社會對風險問題的透明化、制度
化及符合民主程序的走向，因而影響了解決風險的時程和進度
（「風險時差」〔time gap〕）。這裡當然存在著此種理論預設，
即當一個社會更公開、透明面對風險難題，則透過制度性的機
制，將降低風險的門檻，因為在公共的論述過程，無論透過媒體、
不同領域專家、門外漢的日常訊息傳遞，社會皆可藉此進行學習

和溝通，而逐漸掌握風險知識的輪廓，進而發展民主參與的風險溝通能力。反之，當一個社會的風險批判、溝通未能公開化、制度化，而由社會中某些部門（如經濟部門）宰制風險的論述，則風險將「隱匿」的成為人們恐懼的「怪物」（monster），在社會流傳與擴散（Douglas & Wildavsky 1982）[122]。

基本上，任何在地社會對風險衝擊的規模和再生產，除了端視其風險知識的溝通空間，更應反過來探討決定、定義風險和風險知識的社會關係脈絡。我在此所稱在地特殊的社會關係脈絡，為相對於其他社會所發展出該地社會運作上延續的結構、內涵或傳統所建構出的社會事實，其基本涵蓋了制度、國家、經濟系統、科技系統、政治文化、公民社會傳統與媒體等（網絡節點之行動）面向，並且關鍵在於端視這些系統互動中所發展的關係結構[123]。

尤其，在全球重視高科技之資本主義趨勢下，不同先進工業國家雖然長期上皆具有較成熟的制度與公民社會傳統，但在經濟系統的驅動下，逐漸呈現鬆動的政治批判與制衡能力，或者，在國家科技發展策略下，國家所主導的科技工業與全球化經濟競爭

---

122 參照貝克所摹擬的風險社會「法則」（"law" of risk society），應更為明白：「當一個社會愈少公開承認風險，將因之產生更多的風險」，見 Beck 1999: 144。

123 而無論是先進工業國或後進發展國，其所產生不同之在地特定的社會關係與自主性支配著一定的社會運作邏輯與風險的建構發展，因此，在此社會關係中誰支配風險論述、誰操控風險責任的歸屬與政治、誰從中牟取利益、誰製造風險、誰是潛在的受害者、媒體認知操縱之政經關係、誰生產風險知識和製造無知等，都是非常重要觀察的過程。在一個技術官僚集權式的國家，通常崇尚經濟發展的競爭利基想像，而刻意忽略或製造風險的「無知」（unawareness），延宕解決風險問題的契機，形成某種程度的惡性循環，因而演變為一定時炸彈，隨時引爆更大的風險。

佈局，往往強勢的瓦解了其在地社會的其他次系統理性，而形成新的社會、政治關係。

在同樣的歷史條件下，許多後進國或發展中國家所形塑的（在地）社會關係脈絡則顯然較為複雜。

首先，這些社會工業化的歷程經常壓縮於短短數十年，而高科技工業發展的時間更為短促，因此，在科技移植的結構下，對高科技發展的反省及社會批判、溝通能力，由於公民社會傳統仍處於萌芽期[124]，顯得相對的無力。

其次，這些國家內政治、經濟、文化與（高）科技的發展，長期就受到霸權國家的影響或支配，而呈現不斷追趕、後進學習的關係，然而這樣的過程卻呈顯爭議性的發展，包括政治權利、經濟權利、社會權利與文化權利結構的不平衡發展，並且其社會關係與發展脈絡在全球高科技經濟競爭的推波助瀾下，更容易導向政治經濟系統獨大，而社會與文化系統之批判理性的弱化。

也就是說，在地社會所可能蘊生自主、批判之公民社會，在此雙重結構下，即（一）後進發展國的被支配位置、（二）全球重視高科技之資本主義的競爭，仍未產生足夠的能耐（capacity）、知識與策略來加以對抗。亦即，相對於先進工業國家，後進國或發展中國家之社會關係脈絡所發展出的社會自主性相當特殊，換個說法是，其社會自主性能力相當薄弱，甚至在不同風險動態發展過程中，被掩蓋於某些支配關係中。

以台灣在地社會為例，自八〇年代以來的環境政策即屈服於經濟發展的意識形態（曾華璧 2001；林崇熙 1989），而地方

民眾環境抗爭並未形成跨區域、全國性的批判社會傳統（蕭新煌1994），而這樣所形塑而成的公民環境權感受卻是隱性的、長期忍耐而後爆發區域抗爭的（李丁讚、林文源 2000）。此種屈服於經濟邏輯、有限及隱匿風險的社會傳統，更顯現在對高科技風險無力批判、反省與溝通的在地社會問題中，一方面是缺乏政治壓力導致放任鬆弛的風險管理（周桂田 2000），另一方面是公民社會與公眾對高科技風險複雜性的無知，而無法發動監督與批判的能耐、知識與策略，致使風險不斷被隱藏而形成更大的危機（周桂田 2002）。而此種在地社會缺乏對風險的批判能力與傳統，也導致在地環境制度建構的困境與兩難（黃錦堂 1994）。

3. 全球化與在地化過程中互為辯證

從全球的眼光來看，每個社會特定的生產與運作邏輯，包括上述所提出的政治、社會衝突文化與溝通體系所發展出的風險認知皆有一定程度的變異性，而當其變異性相當明顯或過於巨大時，將影響到全球普遍性的風險，後者因為在某程度上依恃各個在地社會的實踐。換言之，在此所強調的全球化風險，除了風險的效力普遍公認（如科學家）及於全球的第一個層次之外，也涵蓋了（普遍性）風險在各地區的實踐形態將反饋全球，而產生另一波的全球化效應。如從生態風險的角度，某些貧窮國家因制度不健全等因素，延誤了重大的生態災難，並釀成更嚴重情形而擴

---

124 關於台灣公民社會弱化結構性格，請參見顧忠華 1998。

散到更廣的世界各區域（Beck 1996a: 133）。

事實上，以上的闡述並不意謂著全球在地化風險的變異只存在於後進的國家，或指涉後進國家一定具有較「落後」的政治社會制度，因為風險在地化指涉任何國家，任何地區因該社會自我特殊的關係脈絡，將衍生不同或程度不一的（在地）風險，而影響或衝擊全球普遍性的風險。

例如，就先進國家崇尚開發主義而言，在全球暖化的議題上，美國柯林頓政府或小布希政府，皆因涉及該社會經濟生產之全球利益，而延遲或拒絕簽署並履行「二氧化碳公約」[125]；在基因科技風險上，以美國、加拿大為首的國家，至今仍拒絕簽署2001年甫通過之「生物安全議定書」，任生物污染風險持續存在。

全球在地化風險的命題對後進國家而言，是特別的複雜。確實大部分的後進國家在制度上不健全，導致風險的擴大甚至波及全球，但這樣的現象並非偶然，而是其長期處於後殖民社會的歷史結構因素，無論是政治、經濟、科技、媒體與意識形態，皆受到西方社會持續性的影響或支配。此種歷史結構位置使得後進的社會發展出弔詭的現象，一方面她不斷的（被納入）以西方工業社會的模型為學習、追趕「現代」的對象，然而本身卻缺乏這些制度、科學（技）或思想長期的社會演化批判基礎及哲學，而無法長期建構具系統監督批判的公民力量。

另一方面，後進社會本身特殊的政治、社會、文化關係及傳統脈絡，又不斷「拼湊」式的「融合」（或「摻雜」學習）工業

現代化的發展，而生產出其社會特殊的「現代」樣貌。即其社會相當模糊的、自我模仿的發展擬似於現代資本主義市場與消費社會（semi capitalism market and consumer society），卻乏於警覺其社會自主或傳統文化漸漸消融於全球優勢文化、帝國主義文化的滲透。因此無論是大部分傾向模仿「西方社會」的知識階層或一般民眾，在公民社會系統的建構上無能力產生強而有力的批判傳統，而視許多帝國支配意涵的文化或商品之流通為理所當然，在制度上乏於設防帝國文化支配。例如歐盟各國決議影視商品的傳播，必須達到播放其在地文化影視商品 40% 的比例，以保護其文化工業與文化價值延續性，而台灣對近日宣布外國影視商品的進口無設限比例。

　　因此，全球在地化風險命題就分析後進社會之地方與全球的關係，顯得相當的棘手，因為其現代的經驗（自主性）較為特殊，如某些領域較為進步（甚至超越工業國家，如拒煙法案）或落後，某些僅具有形式制度而缺乏實踐精神或實質內涵，而其社會自主性相對地少了生成現代科技、經濟、工業社會的歷程，產生了擠壓、快速摹仿西方社會的變異結果。也就是說，後進社會所凸顯之全球在地化風險將更形複雜和重要，因為全球多數人口生存在非工業先進國家，而主流的西方社會及制度論述卻仍長期享有其解釋全球的霸權地位，其結果是，相反的掩蓋了（其他）多元地區風險發展事實及問題。

---

125 蕭羨一，〈京都議定書達成最後協議〉，《中國時報》，2001.11.11。

全球在地化風險既然打破了先進（工業）／後進（發展）社會的邊界，意謂著任何地區的社會、政治關係脈絡主宰著該社會的風險發展與利益邏輯，進而產生在地特定的風險內涵，並辯證性的影響全球各地區。在這種辯證關係中，全球是地區的綜合體，先進社會之風險形態僅是一種特殊性，相對於後進社會的風險特殊性，前者並不優於後者；相反的，先進工業國可能因其利益邏輯而相對在某些問題上自我蒙蔽，從其產生更大的全球風險影響。

七、結論

本文主要探討兩個面向的問題，一為何謂全球化風險，其從風險社會理論之角度如何來分析全球化對人類社會所造成的衝擊與挑戰；二為如何將全球化風險之問題意識配置在具有多元、特殊意義之在地社會脈絡，並思考其所形構各種不同風險社會，將產生出何種與西方社會發展模型不同之社會實踐內涵，進而在肯定全球化過程中，將發展出何種變異、多樣、特殊的現代性。亦即，全球化動態過程中之政治、經濟、科技、文化、環境的演變，將不斷扣緊於在地社會關係脈絡，而發展出多元的風險社會，我們可稱之全球在地化風險社會。

任何在地社會目前所承載、生產、面臨的全球化發展，似乎毫不避免的被納入全球動態的網絡中，問題是，現實上世界政經霸權結構所主宰的全球發展，雖然深具強勢文明歷史意義，卻

無法取代或主導任一在地社會的演進。由文中討論發現,全球化
網絡是由各在地結點動態牽制,因此,其打破了富國/窮國的藩
籬,在動態的牽制、互動中,各方勢力齊出,而經常演變為多重
陣營的角力,時而回到全球南北陣營的議題對立,時而由出現第
三世界結合歐洲聯盟企圖牽制某工業強國,或全球 NPO/ NGO
組織不分國界的串連以對抗全球化,而全球風險則深植其中,端
視各網絡勢力的角力結果。

　　最值得思考的,當然是在地社會脈絡所建構的風險問題,將
如何回饋並再生產全球化風險。事實上,全球化議題已割裂了傳
統的歷史聯盟,如歐美聯盟、工業強國聯盟、第三世界聯盟,不
同社會根據其意識形態、經濟或政治利益,對全球議題做出不同
的判準,最明顯的當然是經濟和環境議題的對峙,因此,可以推
定的是全球化帶來的是重新的競爭、合作關係,而對全球秩序重
新洗牌,也重構了全球風險的內涵。

　　對非西方社會而言,這可能是一個歷史契機,在全球新的
網絡聯盟中發展出多元的利益關係,而暫時脫離被殖民的歷史位
置。然而,當全球生產分工的結構仍由工業—科技霸權者及其社
會意識形態(市場經濟)所主導,部分非西方社會雖可從中獲取
競爭利基,而提升其全球發展地位,但仍然是在有限的資源中發
展。換個角度說,資本主義作為全球化風險的新霸主,將持續深
化對非西方社會的宰制,也可能部分瓦解工業強國的社會基礎與
聯盟關係,但在全世界趨於強者更強、弱者更弱的法則中,目前
掌握相對多資源的工業強國,仍然將是帝國主義的最佳主角。

非西方社會的風險將相對的增大，一方面在資本、技術與權力不平等結構下，被迫快速的迎接全球化的衝擊，另一方面社會本身傳統意義不斷流失、經濟結構迅速的轉型，而社會和環境安全思維與制度建構卻往往應付不及急速的變遷挑戰，因而造成更大的經濟、社會、生態、人文的風險。重點在於，這些地區佔有全球多數的人口和地理疆域，其問題的延宕和風險的引爆，將遠遠超過目前工業國家主流社會科學的視野，而進入更不可預測、高度複雜的多重危機中。

第六章

全球化下風險社會
之政治實踐

一、前言

　　當代市民社會的本質有莫大的改變，基本上必須架構在全球化風險社會的形式下重新思考，因此，我們將從全球化風險社會的角度，來瞭解討論當代市民社會的政治實踐問題。風險社會——作為當代市民社會的現實面，挑戰既有工業社會的認知、發展基礎與典範，並企圖從此種舊社會現代化過程中所衍生的災難風險、自危及性（self-danger）建構社會自我翻轉、變遷的動能。當代工業社會除了帶來了人類發展的進步便利性，卻也同時產生了對人類健康、生態、環境、倫理、社會、性別、弱勢族群等生存威脅的風險，亦即，其所產生「自作自受的不安全性」（self-made uncertainty）風險，令今日市民社會中存在巨大的生活、政治疑慮；然而，這樣自作自受的生存威脅，在現實上也逐漸逼迫市民社會的公民（社會或個人）進行自我改造、修正。在政治學的意義上，反身性行動（Beck 1994 1996a）[126] 為當代市民社會政治實踐的出發點，其涵蓋個人、社會與國家三者之政治內涵。

　　在這一章，我將從這個角度闡析現今風險社會時代（Risiko-epoche）政治實踐的意義，首先討論風險社會政治實踐的理論意涵；其次，回歸並借用社會學傳統下「結構」與「行動」架構，特別是引用紀登斯（1979）「結構化歷程」觀點，分析風險結構與風險（政治）行動互為辯證、影響的發展，而形成「風險結構化歷程」的實踐建構（周桂田 1998b）。在這個前提下，我們必

須探討當代風險結構的主要面向，之後方才討論反身性行動如何透過其「行動」意涵，尤其指涉到個人、社會與國家三個層面在風險社會下政治角色、地位及政治運動的變更，來進行其存在於、捲入於、實踐於與撼動風險結構的另一波文明化（civilization）歷程，而風險文明化（Beck 1993a）則正是從「第一現代」（工業現代）推移到「第二現代」（反身性現代）的發展樣態。

二、風險社會之政治實踐

　　風險社會的政治秩序觀基本上脫離了傳統的、工業社會的政治秩序範疇及社會連帶關係。傳統政治秩序之理念型態大抵不脫離社會契約論的內涵，從盧梭的總意志（general will）到霍布斯的利維坦（Levithan），皆強調個人意志自律，並將管理統治眾人的權力讓渡給國家；而洛克的契約說更強調財產權與政治秩序公平正義的重要關係。此種強調人類理性（rationality）、進步（progress）及政治代議（political representative）之啟蒙運動社、政治秩序觀，在工業─技術（革命）的文明化中卻一再的被狹隘化約，以致在近代現代化過程中呈現一味盲目追求進步發展，而罔視環境、生態、人文破壞的「工業國家」、專家代議權力高漲或壟斷之技術官僚「全能國家」、以及喪失民主

---

126 有關風險社會之現象學上人類生存的描述，如「自作自受的不安全性」意義，涉及了當代人類「永續」生存如何可能的思考，特別是其理論上顛覆現行工業社會秩序，企圖另外蘊生新的社會秩序，並且是以「風險社會秩序如何可能的命題」來進行發問。請參考周桂田 1998b。

參與精神的「資產階級」社會（Beck 1993; Latour 1995）。貝克指出，它們所形成的基本上是潛藏式的「資本主義進步信仰」（Kapitalistische Fortschrittsglauben），其政治精神或共識往往將科技進步等同於社會進步，而人文生態負面效果或災難則當為科技變遷必然的社會結果，此等政治精神不但鑲嵌在現代國家政治決策機制中，更成為社會發展的秩序常態[127]。

另一方面，隨著社會分工複雜的分化，涂爾幹有機連帶的觀點也可以被解說於此種侵略式的資本主義社會中，參與資本主義的勞動，變成現代人社會分工與社會整合的連帶要件。但事實上，資本主義的排他性也涵蓋勞動機制的分配，就業（包容）（inclusion）和失業（排除）（exclusion）卻變為現代人加入或整合入社會認同與連帶的重要基礎（Leisering 1997），換句話說，工業資本主義的政治秩序隱含有強大的排他性格，失業者、老人、弱勢者（女人或原住民）及外國人經常是政治秩序整合排除的對象，也是政治秩序的動亂之源。涂爾幹有機連帶的個人理性意志原則，在此被分解為包容／排除的命運，也呈現了當代工業社會秩序排他與侵略的不可反逆演化。

而當工業災難和高科技風險撼動平穩假象的工業資本主義社會秩序，原本工業國家、大有為政府、政治冷漠的資產階級社會及其社會連帶整合之包容／排除機制等秩序基礎，皆面臨崩潰。尤其災難和風險常逾越原先政治、經濟、社會或科技系統的邊界（Systemgrenz），風險的責任變得無限擴大，科技衍生的生態災難往往源自於政治決策，也與經濟系統介入脫離不了關

係，而最後承受的社會系統卻在未發揮民主參與監督權利，變成結構共犯的受害者。風險的責任歸屬一旦模糊化將無法在現行政治機制與秩序獲得回應，用貝克（1986）的話說，簡單的工業現代化（Einfache industrielle Modernisierung）之政治、社會機制並無法因應風險的衝擊，則將產生「政治內爆」（Politische Explosion）：一切政治皆須重整。換個角度來看，由於風險的範圍與責任歸屬過大，不但巨觀的資本主義、民主代議體制、環境制度、勞動體制，就連微觀的個人認同、生存抉擇或人際網絡，皆涉足風險而成為必須重新建立新秩序的對象。當代（現代性）所面臨的風險是無所不在的並侵入政治、社會、經濟、文化、環境、宗教、族群等領域，這些由原先「線性理性」（Lineare Rationalität）思維所發展出的工業現代化問題，本身卻無法由「工業現代」的機制來解決。更弔詭的是，工業現代社會中在理念上強加區分政治系統、經濟系統、科學系統、資產階級式的（市民）社會系統，或過分強調系統理性（Systemrationalität）的「自我再製」（Autopoesis）（Luhmann 1986）功能，卻往往無視或忽略現實上問題本身的關聯密度，並由於系統間的交疊區域（Zone）過大，使區分系統變得毫無意義[128]，以新興宗教為例，

---

127 延伸啟蒙運動以來的工業社會秩序不再是「如何可能」的問題，而是已經成為「宰制性的秩序」，對立於此，例外思考風險社會秩序如何可能也具有相當的挑戰性，魏林就批評貝克所謂的「反身性現代化」觀，仍含有以人類理性為中心的啟蒙運動陰影，請參考 Wehling 1992。

128 貝克對魯曼社會系統觀所形成的風險責任認定問題經常是持批判的態度，貝克認為系統之說將使得問題僅歸諸於系統的生產出了差錯，而個人則「自由自在」，毫無個人行動責任可言。可參考 Beck 1986, 1993。

其不單僅涉及宗教系統事務，而新興宗教經常是對政治、經濟變遷、環境、治安或兩岸軍事對峙等問題或風險而衍生出的社會行動；而對高科技風險的恐慌不僅涉及生態系統的自我再製，同時，其關聯到科學認知、文化心理、政治決策控制能力、控制信心、經濟介入操縱、失業恐慌、認同恐慌等，事實上是各系統相互滲透、侵入他者的再製（other-poesis），系統彷彿變為空殼子，無單一的內涵。因此，前述貝克之政治內爆的觀點，在本人上述的思考演繹下可以延伸為「系統內爆」（System Explosion），政治內爆的勁力衝潰工業現代的系統邊界及內涵，造致系統內部秩序動盪，系統也因內爆而一片血肉模糊，成為幽魂無所不在的系統。

以上述的角度將風險社會解讀為政治化的社會，則異常有趣。在這一點上，貝克繼受蓋倫（1996）之日常生活公共政治實踐（vita activa）的觀點，從災難風險的立場強調對現行政治的再政治化（Politik des Politischen），應揚棄工業主義的現代而進入到實踐無所不在的「政治現代」（Politische Moderne），這也是其 1993 年書之標題所主打的「政治的再發明」（Erfindung des Politischen）（Beck 1993a, 1993b）意義，一切政治在風險社會下皆需重新洗牌、再創造、再發明。而其中的行動者及行動方式則不假他人，從微細的、多元的日常生活領域到社會的、分歧的公眾事務，皆由風險承受者（其實已經是每個公民、團體、社會）「反身的」參與、決定、永續發展，一切皆是政治，政治變成個體或團體自我直接對峙、解決風險的過程，打破了傳統政治國

家、菁英、技術官僚統治與操弄的疆界，也越過了龐大官僚化制度的冷冰精神。風險社會蘊生的因此是「反身的政治」（Reflixive Politik）（Beck 1993c）之實踐過程。

三、全球化下風險社會之結構

如果我們歸納綜合風險社會幾個關鍵性的結構因素，大概可以以高科技社會與生態破壞、個人化（Individualisierung）及全球化危機等三個面向來彰顯問題的嚴重性。這三個風險結構並非各自獨立、偶連性（Kontingent）發生的，而是在工業資本主義與現代化的過程中，傾向進步開發主義、擴張主義、個體主義及市場自由主義等的發展結果。因此，結構的動能即源自於工業—科技—市場優先的思維，決定了風險的結構（風險來自於「決定」〔Entscheidung〕）（Beck 1986; Luhmann 1990），也為風險結構相互辯證、依存的屬性推向難以反逆的文明化路向，除非，政治內爆成功的鬆動其基本的發展思維主軸。

1. 高科技風險

高科技發展的本質原先就是使知識／社會的分化愈趨複雜性。知識的分工愈來愈細密，致使專業的藩籬之牆愈來愈高，更不利於知識間的整合；而科技帶動社會分化的領域與速度也日益龐雜迅速，往往無奈的打破人們（性別、族群）社會分工認知的基礎和行動的認同範疇。這些知識／社會分化、分工／

認同迷失的例子，用魯曼的話來說，就是衍生「風險意識」（Risikobewußtsein）的基礎（Luhmann 1995）。因為，當社會系統自我分化的複雜性，如脫韁野馬般的不斷發展，不但使得人們無法透視社會的整體，掌握社會秩序的意義，更往往超出人類的負荷，而形成社會演化的危機（Halfmann 1996；周桂田 1998a）。

更甚的是，當此種演化乃以工業－科技主義為優先（a priori），整個演化所遞生的風險結構便成了專家暴力統治意義下的複雜性危機。在專業複雜性與社會功能複雜分化背後，明顯的隱藏著「老大哥」統治的機制，從「知識就是權力」到「權力就是知識」（拉圖語）；老大哥夾著工業進步、經濟發展的威力睥睨於世，而將工業－科技進步強行等同於社會進步或純化為現代文明的開展，事實上是將社會推向演化死亡的路向。

同時，工業－科技主義支配主軸的高科技社會，也扭曲科技與社會的關係，科技成為工具理性思考下的產物，去中性化的科技與科學思維明顯的加深了與社會溝通的鴻溝。科學知識與科技應用成了「專家」的禁臠，專家成了「門外漢」（layman）的指導者、訓育者與規劃者，專業知識為唯一決定的標竿，而專家與門外漢的落差被視為無需民主的正當性過程。以當前炙手可熱的生物科技為例，當基因工程知識及其應用（如無性生殖、基因改造活生物體、基因改造動植物〔GMO〕）仍具高度風險爭議性，其卻往往在「進步」的假設及商業邏輯力下，毫無設防的推廣到社會應用領域；而專業的科學家面對社會批判質疑之聲，卻經常

以權威者姿態來訓育他人，儼然是生命權力（Biopower）的規劃主宰者（Foucault 1996）。

基因科技也和核能科技同時並列為高科技對生態造成破壞風險的例子，以前述基因改造微生物體或農作物為例，其在未通過數年嚴格的田間實驗及管制時，若任意釋放入自然界，所造成的生態災難是目前科學所無法估量和補救即可。換句話說，高科技風險已逾越了傳統科技的控制範疇，有其不可計算性、不可控制性和損害無法復原補償性的內涵（Beck 1986, 1993a）。特別是，以目前全球政經發展的趨勢，高科技所涉及的生態風險不再是侷限於地域的、主權國家內的，而是透過自由貿易、買賣、境外移轉、生態擴散（也諸如高科技工業廢料〔如汞污染、核廢料〕、臭氧層等），對生態的威脅也已成為全球化的風險（Giddens 1994）。

在上述全球生態風險結構的面向下，高科技知識與應用的本質就值得再檢討，尤其風險涉及決定，高科技的發展勢必衡估社會民主的面向，以民主決策為最後風險承受與轉轍的根據[129]。

2. 當代市民之風險個人化

風險結構的另一個面向為貝克所提出「個人化風險」，其一方面包括前述生態的風險直接威脅個人的生存，也就是當代人

---

129 尤其高科技風險影響的層面相當大，從民主建制的觀點來看，高科技政策決定應符合「科技公民權」理念，以透明機制來緩衝社會風險。請參考 Frankenfeld 1992。

類所面臨的社會不平等，不再僅是如馬克思所指出的財富分配邏輯上的不平等，而是在全球生態災難下的風險分配邏輯的不平等（Beck 1986），其涉及的不但是跨國的、亦是區域的不平等，例如富有國家將高污染、高危險性工業輸出到落後貧窮國家，致使其人民必須承受多重高度的災難風險。

另一方面，風險個人化涉及了社會認同及結構性失業。在知識與社會快速複雜分化所陡生的風險意識，特別是如社群主義者瓦齊爾（Michael Walzer）所提出的四個流動範疇下（即職業流動、教育流動、空間流動及離婚率提高），常造成社會行動者脫離原先的社群或連帶的團體，也弱化了其行動的自明性（Beck 1986），因此在失去傳統社群網絡與行動基礎的狀況下，個人的社會認同往往受到挑戰，以紀登斯的話來說，就是個人失去原先社會基礎的「信賴」（trust），而在「嵌入」社會的過程，尤其是嵌入高度複雜的高科技社會中產生了危機。

在現實上，夾全球化擴散之能的工業—科技資本主義所造致的全球結構性失業，正是風險個人化之新社會不平等的最佳寫照（Beck 1997）。傳統上，失去勞動位置就失去人在社會中獲得他人肯認的能力（Taylor 1993），而在目前的社會安全制度上，卻因為無法加入勞動市場而同時意謂著無法加入勞動保險，而等於被社會所排除（Exklusion）。結構性失業之風險常波及於個人的地方，是因為「奔向無工作之資本主義」（Kapitalismus ohne Arbeit）愈演愈烈，在德國有百分之十的人長期成為失業者，有百分之十五的人隨時皆可能成為下一個勞動失業者（Beck

1997），而這個趨勢也正發生於其他工業國家。

綜合來說，認同風險分別與生態風險個人化及失業風險個人化有關。對高科技的不信任與陌生恐慌，以及直接相關個人生存命運的失業，影響著人們行動和認同的熟悉性及基礎。

3. 全球化風險之動態結構

全球化風險是一個綜合命題，全球生態風險與全球性失業結構並非個別的單因，其和工業－科技資本主義之經濟全球化面向有密切的關聯。貝克將此定義為以新自由主義意識形態為基礎的「全球主義」（Globalismus），其在全球化的動態過程中，雖瓦解了主權國家的舊有權限和能力，但卻促成了在人類的文明史上之生態、勞動、社會安全與民主體制的重大危機（Beck 1996a, 1997）。生態問題不但分為窮國、富國，也在新自由資本貿易主義推波助瀾下從地域發展到全球，前述基因科技為一例。而在「世界性的風險社會」（World risk society）中，窮國所遭致的災難污染由於其制度及監督的不健全，往往要到問題相當嚴重並擴散出去才被發覺（Beck 1996a），這皆是拜資本主義之賜，因為當地政府乃一味追求單一方式的經濟成長模型。

資本外移、自由流通乃體現自由貿易主義的精髓，但隨著資本家外移投資、尋求勞動、土地、環境成本低度管制國家，對主權國家形成嚴重挑戰：一方面國家喪失企業對國內的回饋或稅收的支持，侵蝕著社會國安全制度的支柱，另一方面結構性失業又促使社會福利成本的提高，也威脅著社會整體的安全秩序，也就

造成了「資本主義、社會安全和民主聯盟的歷史性斷裂」（Beck 1997）。

在這樣的批判觀點下，以下我嘗試分析所提出的三個全球化風險動態面向。

在當代全球資本主義的現實操作上，資本的流動基本上集中於全世界三個主要地區，即北美、西歐與以日本為首的東亞等國家（Castells 1998: 113）。我們可以看到在這些地區無論是自由競爭所發展出的資本累積與流通、工業與商業佈局發展，或由國家所主導的發展策略，基本上相當重視知識／科學（技）的應用、創新與研發（記住前述柯司特主張獲利力與競爭力乃當前企業推動知識／科學〔技〕創新應用與擴張全球市場的現實），並企圖透過生產技術與科技層級的區隔，將其發展之優勢擴散於全球市場；雖然國家與自由企業在地理疆域的佈局策略不同，甚至相互矛盾[130]，但其發展的屬性通常鼓勵了大型的資本累積，鼓勵技術、市場的發展與擴張以提升競爭的優勢，而連帶的也造成企業為了維持其全球的競爭能力，或降低生產成本，或以生產點擴張其海外市場，在一定階段「出走」其資本或生產系統。

上述的背景無論是全球高科技資本主義或國家高科技資本主義的發展趨向，皆在一定程度上帶來了全球競爭市場支配、全球社會結構性失業與社會安全體制的問題，最後也是最棘手的是在資本與高科技結合下所形成的全球生態風險或災難（包括環境生態與人文生態上的侵入與工具化過程），亦即，這些面向的風險是隨著資本、科技、市場在全球各地盤繞的程度而動態性的糾

結（entangled）在一起，並相互關連，其呈現的雖可能是地區問題，但也可能迅速的擴及到全球。

　　讓我們從圖一的最後一項，全球市場霸權分配看起，精確的說，全球高科技資本主義所構成的全球化風險包括了：

　　一、原本因生產科技或技術的區隔導致的全球垂直分工效應，因知識／科學的研發應用競爭、海外生產點與市場拓增壓力，使得垂直分工的地區流動性（包括國內或國外）速度增加，企業者通常考慮生產成本或市場營運成本，而遷移其生產據點，造成全球結構性失業問題。一開始是由先進工業國內部，逐而拓展至發展中國家，生產點的進駐與遷移往往不是考慮當地社會的需求，大部分皆以市場與利潤為依據。這種投資資本的移動與控制，大都仍存在於前述三大區域，因而造成了「無工作之資本主義」現象（Beck 1997b）。

　　二、趨於激烈化的高科技資本主義，無論由企業或各國政府推動，主要目標為佔領全球市場優勢，但由於以知識／科學（技）為基礎的經濟生產與競爭的本質，在於最大資本的累積運用、最優先的技術突破（只有第一名而沒有第二名），以致唯一的在某個期限內寡佔全球市場（如威而剛），因此，容易形成跨國企業因資本與技術研發（在全球某些跨國企業每年投資在商品技術之創新研發應用上之資本，還勝於某些國家一年所計畫補助的研究

---

130 國家乃鼓勵國內外企業的資本與生產投資，以帶動國內經濟發展的永續性，因此，對企業與經濟資本的自由移動，通常會加以設限，然而，經濟資本自由移動的特性乃以利益為導向，管制的成效基本上相當有限，也因此，資本的全球移動，對各國政府產生了不小的政治與社會安全壓力。

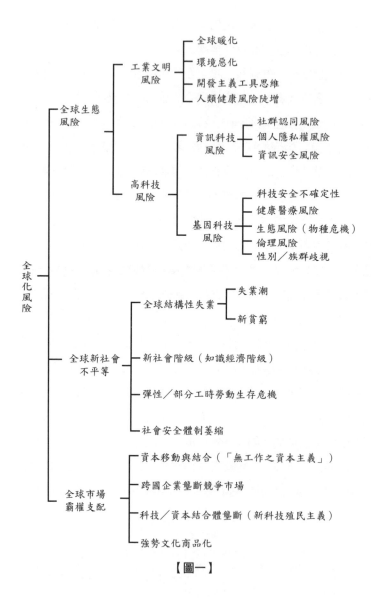

【圖一】

發展經費）、全球市場通路的相對優勢，而實質上壟斷全球某些商品市場。

三、這樣的發展一方面導出了新科技殖民主義的幽靈，再次的拉大全球原本不平等的區域或國家間的發展，使得已發展工業國與發展中工業國進入了高科技資本主義更加劇烈的落差和不平等，傳統上南北衝突的問題勢必更形嚴重。

四、另一方面可預見的是在各領域的商品，因優勢科技的落差，夾雜「先進」意識形態，而形成強勢性商品或文化的侵入，如資訊傳播技術的發展優勢對全球電影工業好萊塢化的推波助瀾。這些發展現象與因素推向結構性的全球化風險，一步一步的逼近了全球市場由主要科技國、跨國企業所支配。

全球高科技資本主義的侵入與發展，一方面拉大了國家與國家之間發展的差距，同時也在各國內部形成新的社會不平等風險。亦即，無論是已開發國家或發展中國家，由於新興的知識／科技／資本組合體的全球競爭、生產之流動屬性，造成無論是白領或勞動階級的結構性失業，而帶來各國目前嚴重的失業潮危機，甚至某些地區企業員工為求自保與互助，寧願降低每週工時與薪資，調整勞動力與企業勞動成本，以保障彼此的基本工作機會，而不會被排除於社會之外（例如德國的 Volkswagen 員工自 1990 年末，即自行契約縮短為每日半天工作時間，以因應失業潮的危機）；而無論是縮短部分工時或失業人口，皆引發了新一波的貧窮或相對貧窮的威脅。同時，全球性的失業潮或新貧窮也帶來了各國社會整合與安全上的問題（例如台灣學童因家長失

業無法付出營養午餐費用,甚至影響到教育的延續性 [131]),而愈來愈多的失業人口,使得社會秩序、治安更形複雜,國家亦因企業的外移而短收稅收,面臨更多失業給付的數額而顯得捉襟見肘。亦即,高科技資本主義所蘊含的工具化思維、動態的發展邏輯,侵入了全球性的、在地性的、個人性的社會不平等發展,造成個別個人的生存、整體國家、或甚至全球的社會安全體制威脅,而社會安全體制的存續與穩定正是當代資本主義與工業社會重要的基石或副產品,一旦無法正常運作,則將危及民主社會體制與社會認同(Beck 1997b)。另一個可能發展的,為高科技資本主義下所產生的階級新貴,所謂的知識經濟階級或科技新貴,添加了貧富差距、社會階級屬性不平等的基本問題。

構成圖一全球化風險最上方之全球生態風險,涵蓋了兩組討論,其一為工業文明風險,其二為高科技風險,二者在這邊必須以全球化發展的層次來理解。前者為對工業社會破壞自然生態之延續批判,但在這個地方則強調當代對知識/科學(技)的深化應用,更朝工具理性/開發主義的思維與實踐方向發展,透過利潤與競爭策略所達到擴張全球生產點與全球市場佈局等之高科技資本主義的推波助瀾,知識/科學(技)優勢支配的工業發展進一步的極化了具全球動態意義的環境、生態危機。亦即,其風險的擴散範圍已超越既有國土疆界、局部地域,發展出全球性質的問題,如全球暖化、全球氣候變遷異常、生物多樣性危機、全球水資源污染危機、全球疫病(人與動物)傳染危機(包括口蹄疫或狂牛症之全球擴散)等。這些問題並非一蹴可幾,但由舊工業

社會延續性的發展到今日高科技工業社會，一再的激化進而擴散其全球效應，因此，我們應可視之為新一波全球化過程所產生的工業文明風險。

　　另一面向所提出的高科技風險，主要在凸顯高科技與資本主義動態的纏繞結合，如何侵入了人類之社會與自然（生態）領域，這裡暫且以資訊科技和基因科技為例來作為檢討。資訊科技雖然帶來全球資訊化經濟、生產、組織、運輸與傳播溝通的進步，但在工具化思維下，有導致解構社會認同、侵入個人隱私與資訊安全等問題，而如後者一旦與全球商業競爭利潤導向結合，則後果難以估計，例如個人醫療資訊因商業競爭利益而不當的被侵入，甚至加以應用（如大藥廠對個別基因資訊的應用研發，以發展藥品市場或目前我國健保 IC 卡對隱私權的侵犯爭議[132]）。而基因科技所引發全球化的風險，則顯見在主要國家的高科技發展之競爭過程，除了國家與企業資本不斷大量的投入，全球市場的競爭機制也逼迫各國對此種仍處高度爭議（科技安全、生態安全、健康安全、倫理與社會爭議）之基因工程，包括基因改造動植物、基因醫療、基因製藥等，做出鬆綁管制的措施，以佔取全球生物科技經濟之競爭優勢。此種發展趨勢表面上雖然呈現人類對科技主義發展兩難的反省，但實際上卻在國際政治經濟競爭與喊價中（如牽涉基因改造活體越境安全的「生物安全議定書」，即在

131 「七億元優先補助營養午餐」，《聯合報》2002.9.7，第九版。
132 「健保局：IC 卡資料不可能外洩，立委質疑國人隱私可能遭大陸竊取」，《中華日報》2002.11.8，第五版。

國際的政治經濟角力上，仍須受 WTO 自由貿易相關規範的牽制），將全球帶向相當高度的發展風險，涵蓋了生態、健康、倫理、社會階層與族群等衝擊，而其之間的風險不但是全球性的，更在全球化過程中（經濟、運輸、市場交易等）相互的關連與影響。

上述三個全球化風險的發生，並非當代突發現象，其基本上與人類歷史上生產政治與生產技術的演變有關，而此種驅動人類文明演變的最大關鍵則來自於工業革命後的延續發展，至當代演繹成以知識／科學（技）為基礎的高科技—工業—資本主義的結合體，並且，這些風險不斷的依循此種發展、工具性的邏輯，動態的、反覆的、互相影響的被建構於全球各國、各地或各民族之中。重要的是，它們除了不停的呈現全球風險的再製，也在全球化發展的過程，和在地社會相互糾結、辯證地形成全球化與在地化的結果。簡單的說，全世界各地不斷複製、發展的工具理性思維，不斷的翻騰全球在地化更延伸、更棘手的風險問題。

4. 全球化風險類型

以下我將試圖發揮世界風險社會理論之意涵，區分幾個全球化風險類型加以討論，其中將定位在經濟、勞動、科技、生態、政治、文化等五項全球資源分配不均與發展所帶來對當代具挑戰性的問題。由於無法就特定在地社會的特殊性進行經驗性的關係與脈絡分析，在此僅集中從普遍的全球化風險類型加以探討，然而，正如第二節所提出批判性的方法，這些普遍的風險內涵，事

實上是發生於全球與在地、普遍與特殊交盪的關係中，這也是我們觀察全球化風險時必要的反省與理解。

・國家經濟到全球經濟風險

國家經濟（Volkswirtschaft）通常指經濟面向的生產、消費、勞動、流通的範圍集中於民族國家的疆界之內，自亞當・史密斯的「國富論」論述以來，經濟學為首的社會科學所觀察經濟秩序和社會秩序的變動，也是以上述民族國家內的範疇為基本單位。事實上，國家經濟的宣稱在現實上也不斷受到質疑，所謂純粹的國家經濟觀早就受到批評重商主義、帝國主義、跨國企業人士的攻擊，甚至在社會科學上，馬克思洞察資本主義、市場機制對世界市場的壟斷張力，招致全球勞動者集體被剝削的處境；華勒斯坦舉出世界體系理論下核心國家、半邊陲國家、邊陲國家之間的國際分工矛盾，皆隱約的透露全球經濟的生產邏輯逾越了民族國家的想像。

全球化經濟在當代之所以受到高度重視，是因為循著市場自由主義邏輯之資本主義的擴張和對社會的衝擊面遠遠超過過去，舉凡金融、電訊、資訊網絡、生產形式、消費形式、生態、社群和文化認同、社會安全體系所受到的變動和影響，複雜性與不確定性都相當高，皆非單一主義國家所能自行運作和解決的，也就是現實上運作之全球化市場經濟的衝擊面向逾越了民族國家的疆界，全世界各地區被捲入此種網絡的連結，而變成其中之一的節點[133]，然而，每個節點皆是相對的脆弱，因為在全球網絡中變

動的因素相當不可掌握，其產生的效應往往超過預期的控制想像（全球網絡脆弱性）。

以 1997 年末起產生之全球金融風暴為例，其因單一的偶然因素卻迅速演變為滾雪球效應[134]，擊破了全球相互綿密的金融資本市場網絡，而造成了數個國家重大的貨幣貶值及經濟危機。索羅斯（George Soros 199 ）在分析這一事件時，也直接對準了市場自由主義的謬誤：

> 全球資本主義體系所基於的信念就是放任金融市場，聽任其自生自滅，它自然就會趨於均衡狀態。金融市場被視為一個鐘擺（pendulum），可能因外力干預而失靈，這種外力稱為外來震波（exogenous shocks），但它們終於要回歸均衡狀態。這種信念是錯誤的。金融市場可以走到極端，假如一連串的大起大落超過了某一點，它們就永遠不會回到原來的位置。金融市場最近真的不像一個鐘擺，反而像拆房子的大吊錘，連二連三地擊破各經濟體。
> 現在有不少人奢談實行市場紀律，但假如實行市場紀律等於引進不穩定，社會能夠承受多少不穩定呢？（Soros XIV）
> 但這個（全球資本主義體系）有嚴重的缺陷。只要資本主義掛帥一天，對金錢的追求就凌駕其他社會考量，經濟和政治的安排就產生偏差。……我對全球資本主義體系的指控主要有兩大類，其中一個有關市場機制的缺陷，我這裡講的主要是關於全球金融市場的不穩定。另一個有關非市場部門的

　　缺陷，我的意思主要是國家層次和國際層次上政治的失敗。
（Soros 106）

　　當然，當各政治、社會體制皆（強迫）遵奉市場自由主義
管理的意識形態，更無法積極監督全球經濟市場之放任（不負責
任）、壟斷、掠奪資源的惡行，何況這些問題更超越了民族國家
經濟管制的範疇，反而足以主導並影響單一國家的經濟。此種市
場放任的意識形態並不單只造成全球金融運作的風險，也被設定
在目前急速發展的「全球經濟自由化」過程中。

　　全球市場經濟當下的表現正是世界貿易組織（WTO）的擴
張運作，在以美國為主導下之「國際新秩序」的資本主義 （市
場自由主義）全球化，儼然如新重商帝國主義的再現。1998 年
在西雅圖世界經濟論壇會議集合了全球一千大企業的老闆，這些
企業產值佔全球產值的五分之四，外加三十三國的領袖，其所企
圖建構的全球經濟－跨國企業和無障礙（關稅、文化）貿易機
制，保障的卻是全球不到百分之二十的富裕人口。甘乃迪（Paul
Kennedy 1999）在其〈全球化經濟未來的隱憂〉一文開宗明義即

---

133 柯司特在此指稱的「節點」，乃形容全球網絡中相互貫穿、動態的聯繫單位，在
　　金融網絡上，它們是全球股票市場、銀行，在政治上，是議會、行政單位、國際
　　組織、社運團體，在媒介上，是電視系統、攝影團隊、娛樂設備，它們構成全球
　　活動的網絡，而互相影響。請參見 Castells 1998: 470, 2000: 489。而本文強調依此
　　網絡互為聯絡的節點，全球化深化了網絡彼此的依賴性，但也因此無法掌握節點
　　內節點之間的複雜性，而衍生高度的發展風險。
134 1997 年倫敦外派新加坡之金融操作員的不當投機，原為一單純的金融事件，卻意
　　外造成該長達百年的母公司周轉不靈而倒閉，更引發了連鎖效應，衝擊原本脆弱
　　的全球金融結構，骨牌式的造成全球金融風暴。

指出，全球化經濟在世界人口版圖中呈現弱肉強食的不正義，並質疑其是否能吸收佔地球人口百分之六十開發中國家的求職者勞動問題，以及其隨之而來的全球生態環境承受成長的破壞壓力，而這事實上是人類未來的關鍵[135]。

同時，我們不斷看到全球各地企業透過合併、聯盟的方式，目標在於藉由鉅額的資本能力，結合原有各自佔有的市場，企圖由策略競爭成本的手段，進程目標為保障自己所屬的市場營運範圍，遠程則在於掌控全球的市場，甚至達到壟斷全球市場的能力。換句話說，跨國企業經由合併、策略聯盟的競爭愈趨激烈，其結果表面上是全球商品競價，實際上卻因競爭過程，企業不斷裁員犧牲勞動權，或藉由外移投資到廉價工資地區，取得成本競爭上的優勢。而這一連串的發展不但牽涉了社會失業率的升高，也形成剝削成本的跨國移動，導致了社會、環境問題更形嚴重。

・全球結構性失業風險

宣稱全球化之市場自由經濟實際上呈現高度弔詭的難題，即一方面，毫無管制的資本流動自由的在全世界市場流動或投機，另一方面，資本流動造成本國生產與勞動的危機，在地生產組織的結束意謂剝削勞動（成本）的移動（到更便宜的地區），以及群體性的失業，而此種現象每日正在全世界各地上演。面對全球資本流動與其所造成之結構性失業的問題，貝克（1996b）批判的指出，資本家刻意的利用資本流動和資本外移的手段，逃避母國勞動、環境成本及稅收的監督，將資本流向低管制、低勞動環

境成本的國家，造致了大量結構性的失業，並進一步破壞了各國社會安全體制的保障基礎。

換句話說，資本流通無祖國的發展，造成資本家何處有利益即外移產業於何處，完全無庸受到原有社會責任的限制，全球市場經濟因此導致「無工作的資本主義」（capitalism without work）時代的來臨（Beck 1997a: 105, 2000）。這個批判是相當嚴厲的，亦即，以 WTO 為藍圖的全球經濟規範，無疆界市場代表資本、勞動和商品的迅速、任意流通。資本流向低度管制國家進行生產，毫無設限的將商品輸向開放的各國市場，資本家卻不須負擔生產地的社會、環境成本，因而，自由貿易和流通轉個詞卻等同於各地勞動空洞化的危機，今日在甲國的剝削用盡、明日就遷往乙國繼續耗用各種社會、環境資源，陡升的失業人口和生態惡化意謂著全球化經濟的高度不正義[136]。我們可以從西雅圖反全球化運動以來，屢次大規模的示威中，解讀到人們這股不安的訊息和在地化反抗資本主義全球化霸權的精神。

這種全球化經濟現象，進一步說，將導致全球資本主義更

---

135 雖然如此，不乏有替全球化辯護之聲而形成的弔詭爭論，法蘭西斯・福山（Francis Fukuyama 2000）認為全球化是這些地區現代化的抬轎者，跨國公司對當地外資的投入和建廠，不僅創造就業機會，並威脅面對競爭的地方資本家，同時其勞動條件和環保條件皆優於當地國內企業的無效率和充滿親族主義的貪污腐化、政治掛鉤。福山所點出的全球化經濟優點事實上無法完全否認，就國際勞工和環保標準談判中拒絕採高標準規範者往往是第三世界窮國，這也是其所樂意佐證的；但面對此種全球化經濟的弔詭，我們不應忽略了前述強國支配、制定規範的霸權事實。

136 從社會福利的觀點，全球化市場經濟也相對的帶來大量的福利國危機，特別是其被認為所改變的生產形式所造成的福利缺口，亦即由福特主義發展為後福特主義的生產形式造成的結構性失業問題，迄今仍面臨難題。社會福利學者因此指稱全球市場的「社會鑲嵌性」仍未配置妥當，而支持全球資本主義體制的繼續運作。請參見林志鴻、呂建德 2000；李碧涵 2000。

可能的腐蝕其和平民主社會（勞動、民主〔人權〕、環境、社會國理念）所共同建造的歷史聯盟（1997a: 107, 1999: 84），試想，當資本從某地大量無限制的外移，從社會的層次來說，社會陷入結構性失業危機，公民在工作中所賴以寄託之現代勞動社會認同將無法兌現，眾多的失業者將形成對民主體制信任的危機與挑戰；從國家的層次來說，國家一方面喪失財政上的來源，另一方面面對節節升高的社會安全（失業）或日益惡化的（跨國性）環境污染，在財務上卻捉襟見肘，隨時因此有可能陷入統治正當性的危機，或透過政府高度舉債，形成對未來世代的不正義（unjust of future generation）。

在微觀層面上，其也形成個人高風險時代的來臨。原本在勞動、經濟、社會、環境與文化（認同）上的問題，也因全球化的發展，削弱了國家或社會中介緩衝的機制，直接由個人來承擔風險，亦即，經濟、社會與環境的不正義，隨著全球市場經濟的擴張，若未能設計出全世界共同規範的措施，將直接的衝擊個別公民的命運，弔詭的是這種個別的命運卻又是集體的、所有人一致的命運，因為每個人所要面對的難題和抉擇都是相近的[137]。以失業危機或生態危機為例，任何人皆必須準備承受這些風險的來臨，它對任何人都是「公平的」，無所遁逃的。

・科技發展與全球風險

全球網絡化的關鍵除了價值、制度和經濟的因素外，莫過於科技的進展，科技的發展和競爭形成全球網絡的互動狀態，使得

全球問題進入了新的階段。以最受到重視的通訊、傳播技術、生物科技及環境工程科技為例，分別衍生新的全球問題視野。

　　一般說來，科技的進展似乎為人類提供積極、正面的功能，在科技樂觀決定論者的眼光中，科技是驅動全球人類文明進步和解決問題的核心，科技萬能，科技乃人類主體理性克服一切自然客體的體現；但從批判的角度而言，科技進展不但未等同於人類文明的進步，反而隨工業社會工具理性的操弄，以狹隘的科學理性自居，忽略了其對環境和社會帶來新的衝擊，因此，科技的發展，尤其其影響層面足以擴及全世界，而帶來相當重大的風險。從風險社會理論的角度，科技卻變成「風險文明化」的主角（Beck 1986），因為科技雖帶來人類活動的便捷，但其所產生對全球生態的侵略性、社會的複雜性與不平等風險，皆難以控制駕馭而形成棘手的問題和危機。我們可以將之區分為下述幾個風險面向：科技工業霸權、科技傳播文化帝國、科技安全不確定性所衍生的社會、倫理、生態風險。

　　以通訊、傳播技術而言，其應用在人類經濟、社會活動上產生相當便捷的功能，金融與資本流通、華爾街股市和全球股市的共振現象、全球傳播網絡的建立（如 CNN、NBC）、網際網路的興起等皆是科技帶動人類活動全球網絡化的例子，但金融與資本快速流通之不可控制的變數和複雜度因此陡增，現在的事實是

---

137 關於「風險個人化」（risk individualization）理論的討論，可參考周桂田（1998）著重在工作社會認同與環境危機的分析。在本土實例上可參考《天下雜誌》1999年1月號專題：「個人高風險時代的來臨」，分析台灣勞動社會所將面臨因產業轉型之失業潮問題。

當某地的變動因素增加，迅速造成全球經濟、金融活動連帶受到影響，甚至可能產生無法預測的結果。

相對的，從文化帝國主義的角度批判，CNN 或 NBC 為代表的傳播帝國主義現象，充斥美英主流價值的主導和支配，侵蝕全球各地傳統文化和價值內涵，進而蘊生社會認同和青少年不當次文化的問題，此種內含式的風險絕非傳播、通訊技術所可釐清，但事實上全球化文化霸權的事實已成為風險文明時代的結構，任其批判無法撼動。

而在科技工業霸權風險的面向上，以新興的資訊工業為例，目前宣稱全球化表徵的網際網路，尤其在快速發展的知識經濟時代中，將對目前已呈現貧富不均的地球人口版圖形成更嚴重的成長落差，加大了科技─富有國家和落後─貧窮國家間的鴻溝。諷刺的是，目前全球所強調的「新經濟」概念，正是以知識、資訊技術為支配其他國家的主要工具。

同時，科技霸權支配不僅僅造成國際間的不平等，也形成了各國內部新的社會不平等。即當以資訊、科技、知識經濟為新的生產形式來臨之際，有相當比例的全球傳統工人將成為首當其衝的犧牲者，當資本家高唱新經濟、科技產業競爭，連帶透過日益風潮的合併／競爭策略，「誰」都可能變成被淘汰的弱勢者，因而，在社會內部形成新知識（經濟）階級、新科技（經濟）階級，進而發展出更大的社會落差與社會新貧窮問題，而這也是科技驅動全球化所產生之新社會不平等課題。

特別是科技發展本身安全上的不確定性，進一步引發了倫

理、社會、生態上的全球危機，更是當代人類面臨科技風險最大的難題，亦即，科技風險不再僅僅侷限於科技的問題範疇，其衍生了更大的、科技本身所無法解決、決定的問題內涵。以人工智慧（artificial intelligence）和基因科技為例，皆碰觸了社會倫理的難題和科技操縱人類的未來風險。此種涉及未來問題之科技若未正視與評估社會風險的解決途徑，將是相當盲目的。

・生態風險的全球化

科技之全球網絡化也形成另一種弔詭狀態，科技應用到全球各地，在唯工具理性式的工業經濟體制下，科技被視為發展的工具，然而，長期以來，卻累積性造成生態環境的威脅與破壞，舉例而言，一直到 1990 年代，最引人關注的全球暖化（溫室效應）和臭氧層破洞危機，皆是濫用科技而過度發展的惡果。有趣的是，這種生態風險的全球化現象又往往須借助於科技（如環境工程技術），致使人類文明形成重複循環的弔詭後果。

1992 年於里約地球高峰會議所發表的「永續發展」共同宣言，正是全球生態惡化的警鐘，同時，永續發展意義下生態風險全球化也涵蓋了兩組意義，即解決環境問題一方面必須經由國際間協調機制不斷的努力（官方，如京都二氧化碳公約），因為全球生態風險已逾越了任何單一國家的疆界和能力，但事實上卻貫穿式的侵蝕每一國家、地區人民的健康與生存基礎；另一方面，全世界層出不窮的環境災害卻愈來愈需要仰賴屬於非營利部門／非政府組織（NPO/ NGO）的生態、環境、消費者運動團體共

同的把關和監督，尤其是面對世界性風險的議題，藉由全球串連的趨勢，企圖打擊共通的敵人，而這種運動結盟的方式也顯現對抗在地化風險的行動精神。

同時，生態風險全球化隨著科技的進展也日益棘手，人類面對的是規模更大、影響更廣泛、問題愈形複雜的全球生態、生存處境的威脅，尤其是繼核能爭議與全球的核武威脅之後，最大的科技風險莫過於基因科技所產生的震懾效應。

基因科技所產生的風險效應不但是跨國界的，同時是跨文明的[138]，跨越各個在地社會的倫理、生態與社會秩序安排，一方面它涉及改造人類主體本身，影響人類行動的社會階層（級）、性別、族群與意義或信仰之依據，另一方面它衝擊了全球物種的生存安全，透過基因改造的程序，全球的生態鍊（包括人類）將造成徹底的改變。然而，基因科技風險的力道，不只是這些預估得到的高度不確定性恐慌，更嚴重的是，一旦其涉入了商業邏輯或全球複雜的民族軍事對峙競賽，則問題恐怕非一時所能善了的[139]。

尤其是研發基因科技的跨國公司，大量的挹注資本於基因醫藥、食品或衛生的研究，當然盡可能的企圖透過全球市場經濟，來壟斷式的掌控全球市場，以求投資報酬率的提高（Gilbert 1992; Dutton 1988）；更令人憂心的是，基因科技若非理性的被運用為全球生物武器之軍事對峙工具或威嚇手段，其散布與影響效果將非傳統生物武器所能比擬，而一旦進入這個階段，則人類面對的物種絕滅風險威脅，已無法估量。事實上，這種之前看似

危言聳聽之言，在九一一紐約世貿大樓被炸後，美國與回教激進組織之軍事對峙事實，充分的展現了全球人類的危機，一旦後者善用此號稱「窮人的核子彈」之生物武器，擴散與爆發的後遺症將是一場文明的浩劫[140]。

　　可喜的是，基因科技所帶來全球生態、安全的高度不確定性，在各國環境運動部門的結盟、抗辯行動的努力下，終於引起世人的高度重視，2000 年 1 月於蒙特婁召開的「生物安全議定書」大會中，以美國為首的基因作物生產大國即被迫讓步，同意基因改造的動物、植物、微生物及其相關製品的進出口，擬具相關的規範[141]。而「生物安全議定書」也是全球第一部採取風險預防性原則（precautionary principle）的國際公約，足見全球化生態風險的議題已進入制度化努力。可惜的是，反基因科技之全球在地化運動在台灣並未興起，值得我們進一步的反省。

---

138 法蘭西斯・福山則樂觀的宣稱「生物科技會提供我們工具，使我們可以完成過去的社會工程師所無法完成的工作。屆時，我們一定會終結人類歷史，因為我們所稱的人類將不復存在，那時，一個後人類的新歷史將會展開。」《中國時報》1999.7.7。事實上，福山仍然誇張式的畫一個美式（科技）文明的大餅，認為人類將成功的藉由科技統治世界，包括人類自身的殖民。

139 事實上，對以基因科技為基礎的全球生物武器擴散風險，許多自認為「為人類造福祉」的科學家往往嗤之以鼻，認為過度誇大，但自美國歷經九一一恐怖攻擊以來，連串的炭疽熱（anthrax）事件，無論在軍事防衛上、公共衛生安全上、社會心理層面上，都說明了人們無法控制的後果。特別是，當生物武器使用者在炭疽病細菌上進行加入抗生素基因改造，其後果更無法設想。可參見台大獸醫系教授賴秀穗，《中國時報》2001.10.16。

140 有關時勢的討論，亦可參照台灣省家畜衛生試驗所所長劉培柏所發表的〈生化戰──毀滅性的恐怖攻擊〉一文，《中國時報》2001.9.27。

141 事實上，直至目前，美國政府並未簽署該項公約，對該國與全球相對應的進出口國則因此未有履行的效力，實際上仍處於無法約束管制的結果。

・文化全球化風險

　　若以舊有的生產、消費及社會模式而言，一般宣稱為普遍化、標準化、同質性或類似性的社會行動範疇似乎佔宰制的論述位置（Rubin & Kaivo-oja 1999: 349-51），尤其又隱含有帝國主義支配味道的政治意識形態，經常夾雜在「現代」的文化論述之中，以東歐共產國家解體後，西方市場經濟宣稱之歷史終結的勝利，可以看出端倪。

　　但新的生產、消費、社會模式發展了不同的趨勢，同時，全球的「文化經驗」所鑲嵌於在地的社會關係脈絡和意義，基本上也逐漸戳破統一、普遍式的社會行動解釋。這兩個面向的挑戰，解構了舊有社會秩序內涵，並在重構（整合）的個人和社會關係上產生了新的風險，前者代表全球化文化經驗上各地所「共同」的發展趨勢及風險；後者則涉及在全球新的、共同的生產、消費基礎上，在地社會之多元與分殊性所產生的特殊機制（制度、權力關係或意識形態），可能衍生更變異性的風險。

　　無論是後福特主義或資訊經濟生產體系的發展，皆造成了全球經濟、生產、消費與社會網絡的變遷，其凸顯了個別化、特殊化、分散化與多樣化的社會發展模式，逐漸遠離了過去標準化、普通化與同質化的型態，而在文化面向上，其更帶動了個人網絡、自我（認同）為主的個人化（individualization）社會的來臨（Beck 1986）。個人化的行動模式不僅反映在生產勞動面向上，也同時呈現在以個人為主的消費、生活網絡等地方（如瓦齊爾指標的現代個人的四大流動，包括職業流動、空間流動、婚姻流動

及教育流動等），皆是工業社會的產物，而帶來整合的危機；如柯司特（1998）分析資訊與通訊科技進一步帶動全球化經濟與網絡社會的崛起，最重要的就是引發了一個以「自我」（self）為主之新型態生產、消費、認同時代的變遷；而其危機在於「網絡不僅僅意謂全球社會、地理上之經濟（生產）空間的連結更加綿密，更代表著個別（個人或族群）被「納入」或「排除」於新社會的網絡中。

　　由工業社會邁向資訊社會的演進，彈性化、分殊化、個別化的發展雖帶來個體精神的彰顯，但此種社會的鉅變也對個人產生了巨大的風險。總體的說，個人正面臨舊有秩序解組、其社會行動所依恃的社群與認知基礎不斷變動，以及個人在新的社會整合中受到挑戰（Beck & Sopp 1997）。舉例而言，在現代勞動社會中，個體必須面對因職業、教育、空間或婚姻流動所造成的個人化效果，就是個體喪失傳統社群支柱，必須另起爐灶來建立自我的網絡；然而，這裡牽涉到兩個問題，其一是個人必須確保其在勞動網絡中的位置，否則一旦失去個人認同倚賴的勞動位置，則將暫時或長久的被排除於勞動社會網絡中，形成生存或認同上的危機，而此種趨勢特別是在資訊經濟以來的生產關係特別明顯，為數甚多的人在一波波「知識經濟」的發展起伏中被排除於社會網絡中。這些被社會網絡排除的弱勢者，包括部分的白領階級、中年失業者、性別、原住民甚至外來移民，一方面被視為社會的犧牲者，另一方面又被認同為社會不安定的來源，因此，具有歧視性的「敵對圖像」（Feindbild）就在現代社會中產生，而此種

資本主義社會所形構的文化樣態，就發展為「包容」對立於「排除」、「朋友」對立於「敵人」的關係，在全球各地發酵（Beck 1995）[142]。

第二個問題是，資訊網絡社會後的自我認同關係衝擊更大，除了上述的排除者，一般人所面臨的是個人網絡的種種難題。你必須去找出或建立個人的交往網絡，而其可能仍是流動相對於傳統較快的互動網絡，無法長久做為社會行動安定的基礎；同時，為避免被社會主流網絡排除，個人無論在生活表現或消費上，將儘可能的模仿或接近其所屬主要網絡的行為模式，表面上呈現著個體特殊性和多樣性之自由精神，卻潛在著新一波標準化、水平化的社會控制（Beck 1986；周桂田 1998）。以全球消費模式而言，分眾的消費流行、分眾的媒體流行，骨子裡是追趕、模仿的標準化行徑，而這裡又似乎有著全球資本主義的影子存在。

上述的討論，基本上是從生產關係的變動消解了普遍化或標準化之舊有社會行動模式觀點，因而也暗示性的檢討了舊式帝國主義的支配意識形態，即以西方「先進」國家之社會發展模式為優先性之想像已成為過去（Tomlinson 1994: 331），隨著此種帝國殖民歷史結構的演進，在全球化經濟、環境、文化（媒體）的發展中，新的殖民者已不再是以國家或某些社會為單位，因為它們（以及其社會中的人民）也都是受到波及的承載者；新的殖民者，即全球資本主義，在全球化的滲透過程中，弱化了民族國家的認同、動搖了社會安全界限與族群圖像、鼓吹了自我為主的網絡社會，形成更為彈性化、特殊化與多樣化的社會行動模式，但

同時製造了更多「強勢」對立於「弱勢」的敵對圖像，並且，在消費上相當極端的發展為「唯商品化」的文化工業形態。

此種文化商品全球化現象及其產生的風險問題，普及於全世界各地，包括西方與非西方社會。而其文化經驗值因在地文化而變異，例如美國在地的速食主流文化或台灣在地麥當勞式的 Hello Kitty 文化，二者皆包含著個人享有消費的行動邏輯，代表個人佔有／不佔有、個體消費／排除於消費社會等對立的意義。

當然，我們不能抽象的同意全球資本主義為新興的帝國主義批判對象，具體的經驗分析應掌握長期以來的世界殖民結構及分工體系，在這一波全球化變動中所產生的支配性變化，尤其工業先進社會所坐擁的科技和經濟優勢，往往必須是首先要注意的目標，然而，無論是先進或後進、發展中國家，皆同時承受全球資本主義市場經濟的折磨，而產生不同的在地風險型態。

從全球在地化的角度強調，去標準化、去普遍化的社會發展趨勢，明白的揭露世界由霸權國所支配統治的謊言，全球在地的文化經驗原本就具有歧異和多樣性，在這個層次上，任何社會無法單獨宣稱其擁有普遍性特質而凌駕他人。然而，更糟糕的是，新興的全球市場經濟所帶動的個人化風險，在不同的在地社會發酵，而導致嚴重程度不一的變異。對不同西方工業國而言，全球

---

142 貝克援用了德國前總理施密特（Karl Schmidt）之「非敵即友」理論，指出由軍事與工業複合而成的現代社會，一方面將其他民族國家視為潛在敵人，另一方面將無法納入工業社會勞動的社會弱勢或邊緣族群，視為破壞社會秩序的敵人，影響社會計畫的發展。在全球結構性失業問題上，更引發了新一波社會排擠的不平等問題。

化經濟只是進一步加深了消費主義，並擴增了社會安全體系的漏洞，這些國家雖隨其問題輕重而風險程度不一，基本上仍然可依其既有的生產、技術體系進行垂直分工的調整，而與其他社會進行區隔；畢竟，經濟全球化要求解除管制的核心思維乃源生於西方社會的市場模式，並與工業社會的生產發展相互呼應。而相對的，對於許多非西方國家或後進社會而言，資本、商品、勞動在其境內境外任意的流動，其造成的問題複雜程度往往數倍於西方工業國。

對於許多經受帝國殖民之苦的國家，無論在政治、經濟科技或文化上仍受西方國家深度的影響，而面對全球政經網絡更加的綿密化、文化發展為商品化，科技又成了下一波主宰世界霸權的競爭化，都是高度的挑戰。在文化的意義上則是直接產生不同變異的風險，其可以歸納為下述幾個面向討論：

其一，全球新的帝國殖民已從傳統範疇的國家，逐漸轉向以資本為主的商品化與市場化，前者假全球文化交融之名，在商品化的消費過程逐步侵蝕在地社會的文化精神認知和傳統意識，「流行」（fashion）變成「最佳」的社會生活認同，相對的，在地的歷史和社會傳統所賦予的意義解釋，在現代生活中愈來愈稀薄。以麥當勞文化、品牌服飾、從哈美轉向哈韓或哈日的現象可以窺探得到。

其二，在這些社會中，現代工業社會所造成的個人化現象和其在地傳統社群文化產生了更複雜的叢結。對某些以傳統家庭、社群為重要支柱的社會，個人化的趨勢雖不完全衝垮傳統的支柱

精神，家庭仍可以提供個人部分認同的網絡功能，但也產生出程度不一的風險。就社會認同而言，社會愈趨向市場經濟之商品化，個人生活風格和計畫的凸顯，愈來愈和家庭價值產生矛盾，例如追求個人式消費與享受的生活習性（habitus），一般而言將削弱傳統家庭傳承的價值，而變成遺忘家庭歷史、儀式或意義的一代[143]。換句話說，社會整合因此產生斷裂的危機。

其三，另一方面，失業的個人化風險在這些社會雖然部分由家庭支柱或非正式經濟部門吸收，但在現實的市場經濟社會中，卻喪失了勞動（失業）階級凝聚社會認同與批判力量，對抗不合理的勞動機會剝奪，尤其在勞動體制不完備的社會，這樣的結果卻導致國家不用給付太多的社會安全成本，或任資方予取予求。

其四，在全球高科技工業的競爭下，許多後進國家也加速引進或發展技術，規劃式的企圖將該國轉化為高科技社會。然而，一味單面向的強調經濟理性的發展，對於高科技工業所引發的環境與生態風險，代表國家的技術官僚不是罔顧就是視而不見，更重要的是該社會無能蘊生批判科技風險的論述，以致令人民又處於新一波科技殖民的風險。其核心的原因，可能在於後進社會長期以來並未具備有先進科技國的社會基礎，即科技的生成及發展決策，是根據該社會的利益論述、專業競爭、科學安全自律（通

---

143 例如愈年輕的世代，愈來愈無法熟悉和承攬傳統禮拜的儀式和意義內涵，也漸漸遺忘了前世代所經歷的歷史事件和意義，這雖直至目前未有相關經驗研究，但從對台灣一般大學生的教學經驗中，經常發現相當嚴重的世代歷史落差，如目前大學生普遍對八〇年代台灣社會激烈的政治、社會歷史事件之認知相當貧乏，此種「去歷史化」的世代，將難以生產出豐厚的社會思考與關懷。

常是由科學團體內部形成）以及公民社會團體的溝通批判或對立競爭論述的過程。換句話說，這些機制左右著科技的政治決策，成為科技社會的重要基礎。對於急速追趕高科技發展的後進國，缺乏上述的基礎則僅企圖工業性的複製科技工業，雖然仍能依循該社會組織邏輯發展一定的規模，但顯然體質相對不健全[144]。

值得深思的是，此類型的科技文化風險相當程度的鑲嵌在該社會的制度和權力關係，亦即，從歷史結構面貌，後進社會通常仍處於威權科技政治體制，此種從殖民關係移植過來的政治權力關係，社會經常仍受到科技菁英高度的支配，因此，尚無法在短期內建立民主模型式的公民社會，或公民社會（團體）體質薄弱，無法和國家或科技利益組織對抗。換一個角度想，在此威權管制文化之下，科學或科技被視為獨裁式的專業領域，很難企求科學內部的安全自律。

更長遠的風險是，此種受支配型的科技社會，相當不利於創新文化或思維的產生，導致在全球化（競爭）過程中可能居於劣勢。創新思維依恃於該社會專業團體、利益組織及公民團體之間的競爭，尤其容許民主程序式的批判、溝通，而形成社會整體科技認知的提升[145]。亦即，唯有社會對科技風險及利益的認識水平到達一定程度，方足以激發出更具主導性的創新思維，清楚的洞悉科技對掌握社會的利益所在，並掌握與權衡風險。

綜合而言，科技殖民一旦成了另一帝國主義事實，則全球化文化風險益形複雜。

‧全球化之政治風險

隨著東歐共產集團崩解，西方資本主義宣揚者樂觀的宣告市場自由經濟理念獲得了最後的勝利，全球化同時開展，歷史並將終結於此種意識形態爭鬥最後的結果。換句話說，鑲嵌於市場經濟的民主與自由理念，似乎將毫無抵禦的隨全球化過程發散到各地。事實上，這樣的論調，在一連串全球各地的政治或軍事衝突現象中，僅展現了西方霸權主義的餘孽，毫未洞悉在全球普遍的現實多元性中，涵蓋著應予肯認與尊重的特殊性價值。

針對西方霸權暫時的勝利，或說經濟全球化的擴散，貝克（1995: 165-71）諷刺式的指稱西方國家或政治變為「失去敵人的民主」（Feindlose Demokratie）狀態，即以西方政治作為全球的首腦，失去了長期以來對抗意識形態的敵人——共產主義。事實上，這種夾雜政經霸權、長期以來以各種形式殖民全球的西方國家，其民主政治內涵在現實上乃高度依恃資本主義，或結合資本主義與軍事強權來支配所謂的現代世界。因此，以征服者心態之西方強權國家所統治全球的現象，乃僅具「軍事的半個現代」之意義，而如今，共產集團垮了，軍事的半個現代也應不復存在了，僅有的是，國際社會仍處於支配與被支配的不平等關係。

亦即，在全球化後，雖然舊有的全球政治抗衡形勢垮了，但既存國際的不平等關係仍在，並將依科技、工業資本主義的機制

---

144 相關經驗觀察可參見周桂田（2000）所強調之〈遲滯型高科技風險社會〉一文。
145 有關創新、制度、社會網絡之關係分析，可參見王振寰 1999。在此將創新和社會民主、風險批判做推論上的並列，主要是從公共機制的角度進行思考，可參見李建興（2001）評述台灣世界競爭力中公共政策與機制不足的問題。

再度深化全球的政治支配關係，新的全球政治隨全球化後燃起新的風險。

事實上，依照帝國支配關係，即使共產主義國家的瓦解，以西方為主的強權國家仍不斷的會透過其資本、經濟的力量，甚至結合高科技的優勢能力，企圖繼續維持其所「定義」的全球秩序，因此，其必然在市場經濟全球化的過程尋求新的「敵對圖像」，以推開阻礙在路上的石頭。

而新的敵對圖像涉及的對象相當複雜，包括反全球化者、市場經濟秩序下的弱勢犧牲者、相對的貧窮落後國家，以及不同文明價值的民族國家。亦即，全球新的政治支配關係與風險，明顯的呈現普遍主義的宣稱者抑制相對於其（包含制度、意識形態）的「他者」，而有著不平等的關係。換句話說，全球資本主義式的市場與民主結合體，滲透到全世界各個地區與領域，其所衍生的政治支配涉及到個人、族群與國家等不同層次，而文明之間的衝突僅是較顯眼的一例。

杭亭頓（Samuel P. Huntington 2000）在其《文明的衝突》一書中，否定了世界歷史將演進為一個單一的全球化系統，並指出不同的文化集團將繼續共存，彼此競爭，而造成新的全球衝突導火線。這種洞察事實上戳破了長期以來西方國家挾其優勢，對其他地區政治價值、國家制度的干涉與指揮的正當性。然而，此種國族層次的對立衝突顯而易見，充分展現了不同文明對「先進」、「特殊」的資本主義民主體制殖民的對抗[146]。

困難的是，在全球政治運作現實上，市場經濟民主與外交的

支配性與複雜性難於一時解套，許多問題經常犧牲於全球政治與市場霸權風險中。其可以以下面幾個面向討論：以生態領域為例，全球環境惡化與生態風險在國際政治運作中難以取得平衡，許多國家以自身經濟利益，拒絕履行全球保護公約；在社會安全面向上，資本主義國家所遂行的自由市場經濟，在全球化擴張中拉大貧富差距，並弱化勞動者的生存與認同安全；在國際關係上，科技強國擴大其全球網絡勢力，除了在經濟上取得支配性的地位，導致不同國家競爭落差擴大，也在對等和平基礎上，依恃強權武力能力，規制出某種符合不同霸權國家利益的區域秩序（如科索沃〔Kosovo〕戰爭即由美、德、法、英、俄等不同軍事霸權國家依其利益進行干涉）。

換句話說，現實上的世界主義政治（Cosmopolitan politics）仍受到強烈的批判，因為它不斷的塑造新的社會、族群、國際間的敵對圖像，而未具有能負擔起解決全球問題的正當性角色。

針對目前許多世界性的經濟、環境及社會問題，政治、社會學者們紛紛呼籲應建構新的「全球倫理」，以多元、特殊和包含尊重的價值態度來形成全球政治的內涵，並進而取代舊有世界權力政治（其有多元屬性的全球政黨來自各個在地社會，它顛覆了傳統國際權力政治上的軍事人道主義與干預內政之疑，為全球共

---

146 九一一恐怖攻擊事件可以凸顯不同文明對現代的詮釋與發展衝突，一方面是不同文明所發展出多元現代的激烈碰撞，顯現了國際強權（西方文明）的霸權問題，另一方面也激盪出非西方社會傳統與文化的困境。換句話說，全球未來的風險，將不因單一或固定因素而爆發，任一地區因任一問題結構性的延宕或不正義的宰制，將引爆毫無預警的事件，尤其在全球化更加深化之後，影響全世界將更為劇烈。

有的食物、能源、科技、生態及氣候等風險尋求出路），並且，發展「全球責任」（Beck 2000）共同理念的國際機制，以解決各種世界性的災難或不平等風險。

四、當代市民社會（風險社會）之政治實踐

在全球化面向下之高科技風險與生態危機、結構性失業、社會安全制度危機及社會認同等風險個人化問題，譜成的風險結構內涵，遠遠的逾越工業社會政治系統所能承受的範圍。一方面工業社會政治系統是經濟系統的代理人，遵奉經濟成長優先的信條，更篤信科技萬能的神話；另一方面開發主義的貫徹卻是以主權國家大有為政府（Vorsorgestaat）為實踐主體。而這些單線發展逐步引發的政治內爆，不但因各種劇烈生態風險與災難崩潰了工業現代化的價值，也侵蝕了自由主義民主體制中國家、社會和個人的連帶關係。

從全球化的角度，主權國家的能力是被削弱了（Albrow 1996），但事實上在世界風險社會中，主權國家不只是能力被削弱的問題，而更重要的是國家的性質被迫（反身的）改變；國家不再是霍布斯式巨靈的角色，而是在風險社會中被迫和社會及個人的關係重組；相對的，社會、個人則被迫（反身的）承擔、參與、決定政治，以通過風險時代來臨之考驗。進一步說，這是政治哲學的革命，也意謂著風險社會必須展開和工業社會時代迥然不同的政治契約說，社會契約中部分社會或個人的權力勢必要拿

回來。

面對國家、社會和個人政治關係的重構，涉及的必然是權力和行動的問題，特別在德國批判理論的傳統下，溝通與社會建構是一體的兩面，將風險視為開放性的溝通建構過程或溝通的政治過程，則相當重要（顧忠華 1998）。溝通論述另一方面是權力和行動的展現，誰能參與論述，論述的範圍、位置（立場）皆代表溝通權力的內涵（Foucault 1996），因此，風險社會下國家、社會、個人皆面臨權力和行動取向的溝通建構問題（Hajer 1995）。

1. 風險管理政府

國家（State），在風險社會時代並擴及全球化過程之危機中，已經無法再扮演全能（Vorsorge; providient）的角色（Beck 1994）。全能國家的萎縮反映在（全球）重大環境災難、科技高度風險威脅、結構性失業及鬆解中的社會安全制度危機等風險結構中，代表主權國家實質內涵的技術官僚、專家政治宣告失能（impotent），其傳統政治或專業上對社會或災變的預測、控制、復原能力及手段已回天乏術。這也代表中央集權式的國家面臨瓦解，國家在面對那些高度爭議的社會風險或發展，很少能再一意孤行，因為隨著風險界限模糊與風險責任無限大的高度危機，它之所有政治責任為不可承受之重，不僅要面對社會內的挑戰，也必須衡估國際間的壓力。

因此，國家最佳的策略為扮演風險管理者的角色，亦即，在

反身性政治意義中國家無能概括承受所有全球化的風險責任，因而分散風險責任，將風險的決定取諸於社會；而主權／獨裁式的技術官僚統治不但造成政府決策機制處理風險的恣意危險，也違反民主原則。

　　風險管理是指國家採取開放性的溝通態度，降低政府機器的權力位置為經營管理、協調者角色，重視社會不同利益、團體的聲音。尤其當代社會職能分工相當細密，國家除重大政治原則與方向外，應充分尊重社會內多元的、不同立場團體的意見，特別是政策決定應建立長期溝通協調的機制，化解爭議獲取最大的共議（Konsens）。而風險責任的分散化，也建築在國家尊重公民社會論述的權力和行動基礎上。以高科技風險為例，國家應擺脫恣意的成長政策與集權領導方式，透過協調的機制將風險問題開放給社會領域並形成公共論壇，由公民社會中的團體代表共同參與與決定政策（Beck 1993a）。一方面使人們在公共領域的討論過程中，更清楚的掌握問題的風險本質，另一方面善用公民社會資源，將決策的基礎擴散到社會共識的過程，以社會理性能接受風險的程度為政策依據，降低風險（複雜性）對社會的衝擊。

　　尤其，在全球化風險的時代，任何問題動輒牽涉國際間的關係，重視風險管理的政府不但能考慮到國際組織間的協調機制，更能善用公民社會所連繫全球的 NPO/ NGO 網絡力量，使得決策機制納入更廣的民主基礎。並且，其更能釐清當時各國政府就該爭議風險的接受程度，以比較政策的態度來訂定風險決策，同時，亦可藉此民主基礎抗壓大國對主權國家政府的無理要求。

　　而對經濟全球化造成的結構性失業危機，國家則應更重視公民社會（如工會、福利團體）的意見，以社會的民主基礎來協調、解決資本外移的問題，以降低社會安全的風險。

2. 次政治（Subpolitik）

　　風險社會中政治內爆除了造成國家喪失其統合的能力，另外就是個人被迫覺醒（reflexiv）進行自力救濟，由個人行動團結形成公民社會力量，對抗全球化風險結構：生態、失業、社群認同危機。政治內爆炸碎了全能政府的藩籬，暴露了個體在世存有（Dasein）之「本體上的不安全感」（Giddens 1990），愈來愈多人（主婦、消費者、生態運動者、工人、學生等）加入政治進行自我權利、命運的保衛。貝克描述此種直接面對危機起而行動的反身性政治，為揚棄傳統制度僵化、權力操弄政治的好時機，為政治進行再創造、再發行的理想過程，而此他稱為「次政治」（Beck 1993）。次政治為直接政治（Direkte Politik）——由下往上（Von Unten nach oben）的政治實踐，工業國家時代家長式的政府經營在一波波全球災難風險中宣告失能，而個人意識覺醒，面對風險後之自我行動、自我組織（Selbstorganisation）的政治過程則成為現行政治的主軸。自我政治（Selbstpolitik）所意涵的是人們進行自身對風險問題的認識、參與和決策，並團結為公民社會團體（Beck 1997）。因此，次政治不僅僅在指涉工業社會中的傳統公民運動團體，而更包括了直接承受風險命運的「個人」（Individuen），由更廣泛、更直接、更多樣化的個

人行動，或全球串連行動——全球次政治（Globale Subpolitik）（Beck 1996a）來撼動風險結構，並促成其轉型。

　　事實上，次政治的理念推演著當代公民社會力量與基礎的擴張，個人已不滿傳統資產階級市民社會（Bürgerliche Gesellschaft）的形態，社會不只是消費、生產的領域，相對的，社會乃是政府之外最重要的公共、政治領域（Forst 1994）。而此充滿政治性格的公民社會，在風險的年代最具意義的是和個人行動銜接起來，以個人的參與、溝通來實踐哈伯瑪斯式論述的公民社會（Habermas 1994）。

　　也就是說，風險是開放溝通建構的結果，個人經由學習論述權力的實踐，在社會內凝聚共同的論述經驗和內涵，形成開放的、修正的、實踐倫理式的「風險理性」（Risikorationalität）。而此種批判式的、溝通（理性）倫理式的風險理性，正是揚棄工業時代線性目的理性的最佳政治，由個人實踐到社會實踐。並藉由論述權力和行動的建構來構成次政治的內涵。

　　風險文明化事實上呈現著國家、社會和個人政治解組與再造的過程，而其中的現實是個人在歷史上雖不是第一次成為風險的承受者，但在當代全球生態、失業、認同等危機下卻第一次成為風險個人化之直接承受和行動者。因此，次政治意謂著以個人的政治實踐來轉轍風險結構化的可能。

第七章

新興風險治理典範

一、前言

二十世紀末全球社會快速發展造成巨大的變遷與轉型，知識與資訊生產範型的革命在九〇年代末透過資訊化經濟帶動了全球化的發展，而人員、物品、傳播、資訊在這個架構下繁複的交換與傳散，並快速的流通到世界各地。然而，除了工業文明進入到新的演化階段，全球化同時帶來幾個面向的挑戰，一方面隨著新興科技的突破，帶來了全球性的衝擊與發展，例如基因、奈米、光電科技帶來對醫療、健康、物種、生態的直接變革衝擊；另一方面，環境污染、傳染疫病或食物，無論是傳統或透過現代科技所構成的，如全球暖化、禽流感、SARS（Severe Acute Respiratory Syndrome）或狂牛症、環境荷爾蒙（POPs）、基因改造食品風險，透過全球化的流通運動，也迅速的擴散、波及到世界各地。而這兩個類型事件所構成的威脅與風險，不僅僅只產生在科學爭議的面向上，並且同樣共時性的引發權利、倫理、社會（階級、性別、種族、弱勢）的爭議。亦即，這些事件所引發的爭議或威脅，本身具有高度的跨越疆界、跨領域的風險性質（跨界風險），同時在繁複的交換、流通中，透過全球網絡節點的相互回應與反饋，構成全球化風險運動（周桂田 2003）[147]。

這些新興且透過全球化綿密互動、發展所造成的科技、環境、食物、疫病風險之治理，已成為世界各國重要的課題與挑戰。我們看到這些跨界的全球化風險，基本上分別屬於傳統型態或透過現代科技所造成的問題，但其成因又有著相互交叉的屬性。以

各個風險事件來看，跨國環境污染、全球暖化、環境荷爾蒙、禽
流感、SARS 等雖然屬於傳統型態的工業污染或疫病傳染，但與
現代科技又有著不可分的密切關係，例如跨國環境污染、全球暖
化或環境荷爾蒙，表面上是工業污染所造成的，但實質上與現代
科技（工業）的調控大有相關；禽流感、SARS 直接是傳統疫病
傳染的擴散風險，但當人類為了防止禽流感或 SARS 而發展或注
射相關的疫苗、國家實施科技監控措施，也都和現代科技環環相
扣[148]。另一方面，基因、奈米或資訊科技則直接侵入傳統的生
活領域，並構成全球性的問題，例如奈米產品、基因改造產品或
有機體，透過各國綿密的交換流通，對人體健康產生不可知的風
險，尤其對其生態或物種的侵害也屬於全球化傳散風險的範疇；
基因醫療（包括基因治療、篩檢與檢測）將直接衝擊傳統健康領
域，而基因或醫療資料的電子化，將資料外洩的風險暴露在全球
化的快速流通網絡之下。

　　而這些與現代科技環環相扣的各種全球化跨界風險，另一個
重要的挑戰是對於既存倫理與社會之價值與利益的衝擊，人們被

---

147 事實上，各國工業激烈的競爭與污染的擴散、或新舊類型的疫病傳染擴散，在全
　　球快速的交換、流通與傳散上，導致風險類型與內涵不只停留在該地社會，並也
　　透過全球化運動，構成全球化運動下的風險。貝克（1999）所強調的「世界風險
　　社會」（world risk society）或紀登斯（2002）「風險全球化」（globalization of
　　risk）效應雖然掌握了這些問題的描述性特徵，但如果我們進一步的分析，顯然
　　這些問題本身就在全球化的激烈競爭架構下形成，或透過全球翻覆的網絡節點迅
　　速的交換流通過程中，隨時動態的形成全球風險。這部分詳細的討論，請參見
　　周桂田 2003。

148 當 SARS 爆發之時，也有人檢討當時美國炭疽熱事件為生物細菌武器研發的外洩
　　可能性，然而，一旦此種現代生物科技武器外洩或失控所造成全球快速散播，其
　　後果將不堪想像。

逼去反省與面對這些科技所造成之不可預測、不可知的未來變革後果，尤其其所造成的不確定性。因此，這些由現代科技所共生演化的全球化風險之治理需要社會本身在面對轉型與變革的價值基礎，也就是說，面對這些充滿高度不確定性的跨界風險，由於其經常具有判斷上的兩難，在決策與治理上如果沒有社會充分的反省、溝通與發展共識，將失去其正當性。

同時，在現代科技中所直接或間接造成的這些全球化跨界風險，其中一部分最重要的是各國在激烈科研競爭下所產生出的問題。尤其，從以資訊化經濟開展而來的全球競爭，在二十世紀末進一步的延伸到基因、奈米與光電科技，而且在競爭的範疇下最重要的即是透過創新與研發利用的轉化，而構成「創造性破壞」的經濟競爭優勢。然而，如前所述，此創造性破壞過程牽涉的不只是經濟的領域，並且共時性的產生對於倫理、價值與社會的衝擊。因此，可以說，現代科技發展最初階段之創新、研發應用，將直接影響其對未來社會的變革內涵，值得我們在此討論其與風險治理的關係。

二、科技創新與風險治理

透過知識與資訊的利用、創新研發為 1970 年「後工業社會」的重要表徵，尤其以溝通科技基礎建設所帶動的資訊經濟發展，形成愈來愈綿密的競爭、互動、流通的全球網絡運動（Castells 1996）。而在這個脈絡下，科學與技術作為創新研發重要的關

鍵樞紐，就面臨了更加緊密的全球化競爭（Stein 2002; Gibbons 1994）。因此，自 1990 年代起，世界各國政府莫不戮力規劃與發展作為國家競爭與利益象徵的科技政策，以期待在全球的科學與技術之研發競爭中取得對世界經濟的競爭優勢，甚至是領先式的科技主導地位。而新興工業國家也不落於人後，企圖以後進、學習的姿態找出有利於其國家利基的科技工業政策，來「追趕」（catch-up）全球科技工業的發展（ibid.）。

然而，全球激烈的科技競爭及工業政策面臨了風險與信任的挑戰。不但創新、研發與新興科技帶來法制性、制度性的變革，同時也帶來對社會及倫理價值上的衝擊與轉變，而產生科技與社會之間的共生演化嚴重的落差（Nowotny 2001）[149]。因此，鑑於科學技術發展源自社會之基礎支持、創造、投入、轉化與信任，近年來各國政府莫不投入相關努力，以檢討該國科技與社會之價

---

[149] 例如基因革命所涉及的科學風險遠比工業時代來得高，舉凡基因組定序、基因剪接、細胞融合、複製技術、基因改造有機體釋放到自然界等，無論在研究與應用上皆面臨了科學高度「複雜性」（complexity）與「不確定性」（uncertainty）的問題；而在社會風險上所影響的層次更遠遠的超過工業時代，直接的衝擊到全球、在地（國家、族群、性別）與個人的生存與生活領域。也因此，在基因文明化的最初階段，我們可以看到基因科學革命所牽涉風險的高度不確定性爭議（所有有關科學安全、人類健康安全、商業、道德、宗教與生態永續等爭議），反映了基因革命不能再視為是科學內部的發展問題，而應將其拉到整體系統的發展層次，討論科學與社會的關係。也就是說，基因革命到底在何種社會系統機制下造福人類？抑或宰制人類？讓我們簡單的來看（基因）科學與社會間所涉及之不確定性與複雜性問題。在科學的不確定性上，由人類基因組圖譜研究所延伸出的基因治療與篩檢（胚胎治療、篩檢及體細胞治療、篩檢）、體細胞複製、生物製藥等，仍屬在研究階段，並且部分的人體或動物試驗有極高的技術爭議（以剛宣布人類基因組之定序工作就有採用「誰」的基因爭議為例），因此，目前人類基因組圖譜的破解僅是基因革命的一小步驟，有極大的領域需要科學界的努力。但特別在此最初階段，科學（界）卻已面臨系統挑戰所產生的高度不確定性難題，尤其是經濟利益的介入與操控基因科學的發展。

值衝突，並發展風險治理制度之建構，而能迎合區域與國際的競爭發展。而隨著各種批判聲浪的興起，包括從 1970 年代開始的「小即是美」（small is beautiful）（Schumacher 1989）到 1990 年之後的永續發展呼聲，愈來愈多人期待新的發展典範的轉換，特別關注期許國家能夠從不斷強調科研競爭、創新、唯經濟成長主導的「科技統治政權」（technological regime）轉化為永續生存、發展的政權（Smith 2003）。事實上，雖然「國家競爭力」、「國家創新優勢」等此種相當注重經濟與科研競爭的口號喧囂雲端，表面上帶來國家在新自由主義下的新角色，即以國家為創新優勢發展經濟體的科技決策模式，但是在全球愈來愈多的新社會不平等、生態災難與倫理不確定性風險威脅下，正受到相當嚴厲的挑戰。也就是說，一方面國家的治理角色面臨調整，無法再以傳統上技術官僚專家政治科技與經濟績效為滿足（Gottweis 1998），而必須轉換或增強科技風險治理的能耐；另一方面，由於面臨跨界、全球化的生態、健康、社會與倫理風險威脅，此種專業權威、中心式的決策模式產生了嚴重的治理的困境，因為其無法再以單一的、科學主導式的治理來因應，而在決策與治理內涵上需涵蓋多元專業的、社會審議的實質程序與溝通，方足以具有正當性基礎。由於面臨公眾對相關決策品質信任的危機，又同時面臨複雜、跨界風險問題治理的挑戰，傳統技術官僚專家政治（technocracy）受到了兩個層次上的質疑，一方面在國家層級上，技術官僚專家政治被批判缺乏民主決策之正當性（Irwin 1995; Fischer 1990; Jasanoff 1990），另一方面在全球的層級上，同時

又被檢視是否具有全球風險治理之能耐。

在這個脈絡下，世界各國在科技政策中所強調的創新研發也面臨了瓶頸，傳統技術官僚規劃主導的科技研發與創新，往往強調線性式的經濟工業成長關係，而此創新系統模式往往強調市場與效率取向，尤其是全球的競爭優勢。然而，這種單面向的、線性的發展，在面對敏感性高科技的風險問題挑戰下，受到了相當強烈的質疑，連帶的國家科技政策的正當性也被重新檢討。在這個發展趨勢下，全球逐步產生風險治理的呼聲，並以歐盟為變革的龍頭。自「第六期科研架構」（The Sixth Framework Programme）開始，歐盟科技創新系統被要求走向更多的民主治理程序，以「公眾涉入與參與」（public involvement and participation）來審查國家科技政策中的創新所帶來的風險問題（Gonçalves 2005），而目前，新展開的第七期科研架構中，這部分所牽涉的科學與社會間的民主程序也延續性的受到重視。亦即，在全球科技競爭中為各國所重視的創新與研發政策，無法再以便宜行事、利益與效率取向的發展邏輯來推動，而無視於科技所帶來的生態、健康、社會與倫理上重大的風險衝擊。換個角度而言，在推動這些科技（尤其是敏感性與爭議性新興科技）的同時，其不再是工業社會下線性式演化的副產品（Beck 1986），風險相對的是與這些科技的發展「共生演化」（co-evolution），伴隨著這些新興科技而衍生不同面向、不同程度的社會、倫理及科學等不確定性問題（Gibbons 1994）。

尤其，在當代社會中，知識所涵蓋的創新與研發之生產愈來

愈不是一個獨立的行為，或單純的社會分工現象，其所涉及的是愈來愈繁複的、領域重疊的、問題交叉的各種挑戰，包括我們前述的健康、生態、倫理、社會之網絡化、全球化風險挑戰。事實上，在以知識與資訊為基礎的全球經濟進展中，尤其在1990年代末，生產模式已經從單純的、單一學科的、同質性的、以大學或科研單位為中心式的體制，變革為複雜應用的、跨學科的、異質性的、多元中心及網絡式的發展（Gibbons 1994）。亦即，從生產體制所帶動的知識、專業多元網絡發展，影響的不僅僅是相當活絡、異質及具有高度創造力的現代經濟社會，同時在生活面向上也帶來混雜的、多元的、寬廣空間的行動機會與價值選擇。而這個發展不僅僅是根據線性經濟理性思維所產生的現代社會樣態（Max Weber），而更進一步的，在結構的層次上，產生了全球性的、多元性的風險社會；在個人的層次上，產生了自我選擇、自我承擔、自我面對的風險個人化問題（Beck 1986）。特別是，此種生產模式本質上將問題的範疇從經濟的領域同時性的延伸到健康、生態、倫理、社會的複雜風險，而產生的跨領域的、跨專業的，並且是全球化的風險威脅與挑戰。而這些無論是從傳統型的或現代新科技直接或間接所產生的問題，在這種新型態的生產模式演化下，終究必須回歸國家的治理。雖然，「全球化治理」（global governance）之聲響徹雲霄，但畢竟仍然必須回歸到國家間或跨國間的合作，才能尋求面對這些快速的、網絡式的、複雜性的全球化風險挑戰之解決策略。

也就是說，面對這些繁複的生產體制與風險現象，在治理

上首先要能具有提出管理這些社會擴散式的知識生產（managing socially distributed knowledge）（Nowotny, Scott & Gibbons 2001）的能耐[150]，因此，不僅僅是政府，同時社會也必須共同承擔此種快速性的發展挑戰，因為在這些問題上面政府的治理能耐與正當性，需要社會共同的監督與支持，特別是涉及多元的倫理或社會價值、社會公平性的選擇。可以說，在全球化的競爭與知識生產問題的多元複雜發展下，需要新的風險治理典範來因應，然而，傳統政府治理的有限性，以及其過去在決策過程中缺乏社會參與及監督的連結，而傾向單一權威式的、中心式的決策思維模式，往往無法跟上上述提出的複雜的、網絡迅速擴散的、價值高度衝突的全球化風險。因此，下面我們將回歸到對政府治理決策的檢討，並且提出新興的風險治理典範之發展。

三、當代社會風險治理與管制結構

1. 技術官僚之科技決策與專家政治

1970 年代以來，由於科學事務的複雜性遞增以及社會管制快速擴張，美國政府設立許多新的行政官署（agencies），這個

---

150 舉例而言，在過去國家只需針對特定大學或科研單位進行管制，則可以收其成效；而在當代，全球商業化競爭下，不同跨國公司或小型實驗室發展出多中心的、複雜專業、應用科學整合的研發產品，使得國家面臨了繁複科研與生產體制之變革挑戰，因此，國家管制的機構、組織、策略與能耐需要不斷的更新學習與調整。同時，由於這些新興的科研產品或風險事件，涉及多樣性的風險衝擊，因此，在專業爭議上，管制科學（regulatory science）面臨了組織與專業間衝突的調和（Jasanoff 1990）；在社會、倫理風險上，管制科學則必須發展決策的民主程序，以增加社會對政策的接受度與信任基礎。

發展延續自 1930 年代「新政」（New Deal）時期大量專業、技術人員進入政府體制，逐漸造成知識菁英統治的情形。也就是，在當代面對愈來愈繁複的事務，作為管制者的技術官僚透過專業治理而掌控國家機器，已經成為現代社會的重要特徵之一（Bell 2001）[151]。尤其，針對各種日益增加之工業污染、醫療或科技爭議，在風險行政及決策上，技術官僚必須在保護社會大眾健康、環境風險的考量和經濟與社會成本間作衡量，而這本身相當具挑戰性，因為這些價值與利益相互衝突，並同時涉及不同的「利害關係人」，其具備高度複雜與多元的敏感問題。因此，技術官僚要如何進行決策、如何衡量，並未完全有精確的標準可遵循，而決策需要受到包括公眾在內之多元利益之檢驗與監督。在這個脈絡下，為避免公眾的挑戰並增加決策基礎的正當性，政府部門採用科學諮詢委員會的模式，透過科學專家的專業評估與諮詢，來發展以科學為審慎判斷基礎的標準（Jasanoff 1990）[152]，並且透過科學知識的「中立性」想像，來排除各種政治、社會多元複雜利益與價值的挑戰，而能宣稱政策決策具有高度的科學性與客觀性。這樣的發展成為了當代政府部門面對複雜科技與風險事務重要的管制模式與文化，並透過制度性的設置（如各部門專家諮詢委員會）來保障此決策程序。

然而，由於科學事務經常面臨解釋上的不確定性，再加上規範與價值上的衝突，科學專業所能提供的往往是有限的證據範圍，而科學理性也因為解釋不確定而無法再清晰宣稱其客觀依據。但相對的，在一定的決策壓力與時效之下，行政技術官僚通

常為了取得各勢力的妥協或折衝，經常作出結合科學與政治的決策（Jasanoff 1990）。一方面能繼續辯稱決策基礎乃基於科學理性而具有絕對的效力，另一方面能迎合特定的政策或政治目的（Rutgers & Mentzel 1999; Hoppe 1999）。事實上，這樣的決策思維與邏輯面臨了「科學性」的檢驗，首先，在科學評估的層次上，由於科學事務在評估的過程中往往涉及不同的價值或評估假設，因此，所謂依據嚴格科學標準或準則評估出之參數或證據，是根據一套假設範圍或一定的價值取捨而形成，因此，以所謂嚴格科學理性為名所宣稱的專家知識之客觀性，往往是在一定的價值框架中所發展出來（Wynne 1980; Beck 1986; Yearly 1996; Schwarz & Thompson 1990），不論此框架是鑲嵌在主流的科學典範上或社會價值上。前者在科學發展過程中，是可以被否證（falsify）（Karl Popper）或典範革命（Thomas Kuhn），而後者是隨不同政治、社會價值、變遷而改變。其次，在決策的層次上，由於科學專業或評估為一定價值框架選取的過程，同時技術官僚往往也綜合各種利益與價值進行判斷（風險管理者最愛提倡的模式），因此，科技或風險決策事實上已經染上這兩個雙重價值層次的影響，在認識論上已無法全然宣稱其科學的、或決策的客觀效力。因此，政策的決策一旦稍有偏失，隨時面臨正當性的挑戰。

---

151 新政大量擴張知識技術官僚進入政府部門，也啟動了學科訓練背景、專業理性的思維作為公共治理的重要發展，這部分可參閱貝爾在《後工業社會來臨》一書中對於資訊與知識技術的討論，尤其透過統計分析，我們可以看到在 1944 年政府科層部門大量的擴張，成為美國公共行政史上重要的發端點。

152 Jasanoff（1990）指出專家或科學諮詢委員會變成當代政府治理上重要的「第五部門」（The fifth branch），作為政府面對複雜科技、風險事務重要的決策諮詢機制。

雖然，在日益複雜的風險管制與事務上，運用專家知識來提供政策決策基礎已經成為現代社會的特色（Conrad 1980），然而，在科技決策過程所進行的風險評估中，經常發現為了迎合政策上的目的，專家知識往往在有限的框架上被操弄（O'Brien 2000）。其原因在於，一方面雖然風險評估宣稱結合專業與專家知識，但由於其僅處理在科學專業上能夠評估的項目與內容，因而排除了不確定或不熟悉的模糊地帶，另一方面風險評估又經常以政策目的為導向，其往往明顯影響後來評估的結果或內容。因此，這種操弄風險評估專業或評估結果（參數）引發相當的批評。這其中除了科學事實與價值相互影響的過程在決策中被掩蓋之外（本文所主張的第一層次），也包括了技術官僚依據政策目的或特定利益、價值所操弄，或選擇性的利用科學專家知識來達成其決策目的（本文所主張的第二層次）。因此，鑑於風險的不確定性評估高度的涉入了不同層次的價值取捨，依據貝克所主張的風險定義問題（definition problem）之爭奪，科學風險評估的框架與內容也需要重新定義與設計，而這部分則成為目前技術官僚與公眾爭奪的領域[153]。

　　事實上，除了有限科學理性之專家知識應用在風險評估與科技決策上被檢討之外，制度上技術官僚所賴以為重之科學諮詢委員會也成為科技民主挑戰的對象。科學或專家諮詢委員會一向以專業、科學導向為主，而在科技或風險決策上被設定為政策判斷的重要參考基礎，因此，當面對愈來愈繁複的健康、醫療、生態或公共衛生等風險事務，各種諮詢或審查委員會則需要大量的納

入專業人員，但仍然以科學專業為主。但此種專業諮詢或審查機制由於經常嚴重地缺乏透明性與參與性，引發了專家政治壟斷的問題，不但被批評為「隱性層級」（hidden hierarchies）的統治（Irwin 1995; Fischer 1990; Jasanoff 1990）[154]，更被嚴重批判為現代的法西斯專業統治（Fischer 1989）。也由於在各種具爭議性的風險事件決策過程當中，許多風險政策經驗表現失當，而造成公眾對政府治理能力信任的滑落（Löfstedt 2002）。因此，朝向強化民主與參與的風險治理典範，已經逐漸成為重要的檢討方向[155]。

科學諮詢制度也成為新興工業國家決策的參考模式，同樣的，技術官僚為了因應繁複的科技與環境事務，大量的引進科學專家進入體制協助提供專業與決策判斷。然而，由於這些國家特殊的政治、歷史或文化背景，使得以專家知識為條件的科學諮詢制度產生之威權的性質更甚於西方工業國家。因此，我們要問的是，正發生在西方社會之風險治理典範遞移的現象，如何產生在具有威權決策模式、高度菁英統治及強烈經濟發展驅力的新興工業化社會中。

---

153 這部分的討論也可參見 Hoppe（1999）相關的見解。

154 傳統科學技術官僚的決策典範切割事實與價值的做法，已經沒有辦法處理愈來愈多科學不確定性的風險衝擊。特別是，許多科學事務的發展與評估，往往繫於社會價值與脈絡的條件與因素，而產生循環式的影響。

155 近年來，世界各國技術官僚在相關科技政策與風險政策上已經嚐到公眾不信任的苦果，因此增加決策過程的透明性、建構公眾參與決策模式、區分科學風險評估與風險管理已成為重要的趨勢（Marchi & Ravetz 1999; Löfstedt 2002）。尤其針對全球新興科技的快速發展所帶來各種逾越疆界、領域之風險衝擊或災難威脅。

2. 鐵的牢籠：狹隘實證主義之風險決策

　　同時，1970 年代各國環境惡化導致生態運動的興起，生態環境運動論述成為當時社會主流的論述（master discourse）（Eder 1995）而受到各界重視。然而，愈來愈多的科技、健康、生態、食物、疫病風險透過全球化流動直接威脅人類的生命健康，在這個脈絡下，自 1990 年代末，風險爭議及相應的風險論述典範成為另一波社會運動的焦點，並逐步發展為新興的主流論述（Chou 1999）。重要的是，這一波主流的風險論述事實上是鑲嵌於在地社會之管制制度、風險文化與政治結構，所產生對全球化風險的治理與對抗。因此，一方面端視國際上相關治理制度與模式的發展，另一方面則依恃於國家的作為、公民社會的監督與批判能耐，透過這多重的途徑來進行對不同跨界風險的治理。

　　傳統上，世界各國過去多以科學技術官僚來主導風險決策，然而，面對問題日益複雜的科技、生態、食品、疫病所造成跨界的、全球快速流動的生態、健康風險，或同時面臨決策困境、但又急迫的社會與倫理判斷兩難，原先的決策機制與價值產生了正當性的問題。最直接的是，技術官僚往往由於單一的學科訓練背景，在進行對科技、健康、生態、食品與疫病傳染的風險評估與管理上，習於強調以實證的科學證據為決策之唯一與重要的參考依據。因此，在以科學取向的風險決策觀念下，則認為科技的評估基本上應依據「科學事實」來進行客觀的、中立的判斷，而摒除其他「非科學」的因素。在這個價值下，風險決策則宣稱判斷

的效力建立在科學理性的基礎之上,不容挑戰,並宣稱排除社會價值或政治干預(Wynne 1980; Rutgers & Mentzel 1999)。然而,此種科學宣稱不但被視為是專業壟斷神話(Lyotard 1984),同時以科學之名掩蓋決策上的政治介入,也經常被批評與挑戰。事實上,由於經歷了許多風險事件決策失當的衝擊,例如英國政府對狂牛症風險的處置、義大利 Seveso 事件等,這一套以實證主義為基礎的科學風險評估觀點,雖然長期以來成為世界各國技術官僚專家政治科技決策的主流典範,但其正當性受到相當強烈的挑戰(Ravetz 1999)。

可以說,傳統技術官僚處理各種生態或工業污染事件大部分習於以實證的、科學理性的方式來評估與進行。然而,面對各種風險不確定性的災難威脅所涉及高度的政治、社會爭議及判斷價值上的複雜程度,風險決策事實上無法僅依據單一的、科學的數據來進行,並且,往往科學評估上也因為上述的價值爭議與複雜性,而在評估的模糊地帶必須採取某一立場。就後者而言,在這種脈絡下,「科學政治化」(politicization of science)的情況無法避免(Hoppe 1999),亦即,單就科學風險評估部分,就實質上會面臨因評估地帶的模糊或不確定性,而需要選擇性的採取某一價值立場而進行判斷。更何況,在總體的風險決策上面對的不僅僅是科學評估結果或數據。換句話說,科技風險決策面對的是多元、複雜的政治社會價值衝突、選擇之正當性挑戰。

事實上,一方面除了技術官僚傳統上習於以實證風險評估來處理各種跨界風險問題,而面臨效力的挑戰,另一方面,此種治

理模式及決策產生的品質與有限性的正當性，使得公眾對政府的信任江河日下，特別是這些攸關人民健康的風險事件，及涉及知情同意及價值爭議的問題。在這個脈絡下，風險治理典範面臨轉弦易轍的挑戰。針對當代風險與科學管制，貝克在狹隘實證科學理性的觀點下，訂定各種（毒物）科學管制標準有事實上的恣意性，亦即，對相關不確定的威脅設定一定程度「可接受的」風險值，而認定公眾每日承受「一些些」毒物為可容忍範圍，但卻無法解釋日益複雜的各種健康（致癌）問題（Beck 1986, 1993）。針對此，貝克強調「反身性科學」（reflexive science）及「反身性政治」（reflexive politics）（ibid.）兩個實踐策略，前者主張應脫離狹隘實證科學理性，發展批判性的、多元性的與社會性的風險決策，而科學評估則不再侷限於單一的科學判準或有限的解釋；而這個部分則反映在反身性政治上，後者強調公眾應積極投入科技決策，發展多元的、納入社會價值的決策程序，透過公眾參與來進行學習與決定風險爭議問題[156]。

四、風險治理典範之轉型

1. 歐盟之新興典範倡議

鑑於無論是全球的科技與食品風險，或競爭性科研、創新所帶的倫理與社會風險議題，支持里斯本（Lisbon）策略性目標——於西元 2010 年使歐盟變成世界上最具競爭力之互助知識經濟體的前提下，歐盟展開一系列的治理策略，針對這些問題進

行制度性、價值性與社會性的建構討論。歐盟執委會於 2000 年
開始著手研究改進有關風險治理的措施，並設立治理研究室，
提出「歐盟治理白皮書」（European Governance: A White Paper
2001）[157]，以確保管制與決策的品質並獲取公眾的信心。在歐盟
第六期科研架構的整體規劃與實踐中，治理白皮書探討未來有關
歐洲發展的相關議題，尤其針對科學與社會的對應關係提出一系
列的思考，一方面強化了女性在科學研究中的參與角色[158]，另
一方面則處理在科技風險社會下，如何積極的發展公民精神，強
化社會參與科學決策之治理與發展[159]。在這個脈絡下，在 2002
年訂定的「科學與社會行動綱領」（Science and Society Action
Plan）（EUROPA, 2002）中，歐盟進一步提出了發展科學與社
會新的合作關係（towards a new partnership），尤其，歐洲研究
委員會更設定了三個發展的重點：（一）提倡歐洲的科學教育與
文化；（二）更親民的科學政策；（三）發展具有責任性的科學
為決策的核心。在第一個範疇下，針對大眾對於科學的認知問題
進行科學資訊宣傳、歐洲科學週、與公民對話論壇等活動或制度

---

156 這裡的論點進一步延伸至風險評估，將與本書下一章討論的後常態科學相關。後
常態科學主要強調科技風險不確定性的風險決策需要脫離傳統實證主義範疇，擴
大納入多元、多層次的專業、社會及倫理價值來審查，方能強化決策的責任性，
並因此在參與過程中增加公眾承載與決定科技對未來社會的衝擊與發展方向。詳
細請參閱第八章對風險評估與風險溝通的分析。

157 Brussels, 2001.7.25, COM (2001) 428 final. 25.07.2001.http://europa.eu.int/comm/
governance/govenance_eu/white_paper_en.htm，最後訪查日期為 2005 年 1 月 11 日。

158 EUROPA: "Women and science" http://ec.europa.eu/research/science-society/page_
en.cfm?id=3197

159 "Science, society and the citizen in Europe" (Commission of the European
Communities, 2000) ; Science and Society Action Plan (EUROPA, 2002).

性平台[160]。在更親民的科學政策範疇中，強化相關公民團體對於科學政策決策的參與，包括利害關係人、公民團體、與科學社群對於創新研發科技或科技風險的參與討論。同時，並發展制度性的網絡與平台來監督與創制科學中的性別平等問題，以鼓勵並保障女性科學家[161]。而第三，在發展責任性的科學之決策上，特別針對新興科學與科技所構成的倫理與風險，強調相關資訊更易取得、歐洲公眾與世界其他地區（包含國際倫理準則）之倫理對話，特別是建構風險治理機制來維持與創造科學與社會相互信任的關係[162]。

可以說，歐盟風險治理的作法體認到前述後常態科學所指出的，傳統技術官僚權威式的、中心式的科技決策已無法體察與因應風險衝擊後之社會快速變動與困境，而實證性的科學風險評估模式更加無法面對開放性的、不確定性的各種生態、健康、社會與倫理風險衝擊。因此相對的，發展去中心化的、更透明化的、多元領域的、多元層次的與開放性的風險評估與科技決策程序變得相當重要（Gerold & Liberatore 2001; Renn and Graham 2005）。在制度面上，2002 年的「科學與社會行動綱領」中，歐盟重新訂定風險治理運作的範疇，以作為決策的基本規制，在進行對敏感、爭議性科技管制時，風險治理在執行上應包括風險認定（risk identification）、風險評估（risk assessment）、風險衡量（risk evaluation）、風險管理（risk management）及風險溝通（risk communication）。其中針對風險事件涉及科學不確定性的領域，區分了風險評估與風險管理的策略，一方面發展獨立、

透明的風險評估以作為認定風險的科學基礎；另一方面就風險事件在科學不確定性時，開始重視風險溝通與公眾參與作為風險管理的指導方針。

同樣的，在科技與食品風險治理方面，由於歷經自 1990 年代以來在歐盟境內所產生的狂牛症風險、基因改造食品風險、化學聚氯乙烯風險、相關醫藥產品風險及相關的就業政策問題，引發了社會高度的爭議與經濟發展的不確定性，使得歐盟及各國政府必須重視日益下滑的治理正當性。因此，歐盟執委會下之科學與社會處在 2001 年公布了「對專業的民主化與建立科學的審查參考系統」報告（Report of the working group "democratising expertise and establishing scientific reference systems"）（Gerold & Liberatore 2001），檢討了過去傳統風險管理與風險評估的問題。針對新的風險治理典範的要求，歐盟進一步提出了四個民主程序作為科技決策重要參考的原則，包括：（一）責任性（accountability），指政府與科學家在進行科學決策時應注重到社會責任；（二）管道性（accessibility），指在進行科學決策時應注意到利害關係人參與路徑的開放性與控制；（三）透明

---

160 這其中包括了與媒體溝通、發展歐洲科學週與科學商店（Scientific Shop）之教育與宣傳、設立與公民對話的機制等二十一個行動方向。

161 這包括了自二十二到二十八的行動計畫。

162 在這個目標下，歐盟進一步發展 TRUSTNET 的方案，其標的為分析危險活動之影響性、效度、科學與規範之合法性，以及發展更有連貫性、範圍更廣泛的、更公正的風險評估及管理方法。經由對有關環境、能源與工業之敏感性議題廣泛的研習，TRUSTNET 提供了科技風險之社會管理觀點，透過此一非正式網絡提升歐洲的政策訂定者、學界專家及利益相關者之對話與互動。這部分包括了二十九到三十八的行動計畫。

性（transparency），指在進行科學決策時應注重決策過程的透明性以及資訊公開，確保利害關係人知的權利；（四）參與性（participation），指科技決策應擴大公眾或社會團體參與，以增加風險治理的正當性（ibid.; Chou 2005a）。其主要的兩大目標在於：（一）如何發展及使用專業以改善政策決策品質；（二）確保公眾的信任（ibid.: 1）。也就是說，針對各種爭議性的科學不確定性與風險，應當強化專業知識之民主治理（democratic governance）關係，來挽回歐盟公民對政府治理日益下滑的信心與信任。

因此，將專業知識民主化（democratising expertise）成為這一波新興風險治理重要的批判與檢討對象（劉華美、周桂田 2006）。其指出，科技決策過程中專業知識的壟斷與權威化經常造成風險決策的困境，一方面缺乏多元、透明的決策程序，一方面往往嚴重忽略、掌握與理解社會風險感知與價值，而造成社會高度的不信任。在這個脈絡下，擴大科學審查社群（extended peer communities）成了民主化專業知識重要的實踐原則 [163]。

擴大並多元化科學審查社群的作法，事實上採取了第八章將要討論之後常態科學觀點，即對於科技風險不確定性的問題肯認多元的科學專業、不同的社會價值取捨與公眾風險感知之多樣性，而在風險決策上發展「包容」多元性、多層次性、多樣性之治理典範。根據這個原則，風險評估應以多樣性的專業內涵（diversity of expertise）、透過跨學科不同領域的專業來進行審慎的調查。同時，在這個基礎下才能夠發展多元性的評估並提

供不同觀點的解釋，在眾多的知識監督下或提出相異的立場與見解，而能夠達到「及早預警」（early warning）的效果。因此，在這個專業民主化、多樣化、審查社群擴大化的脈絡下，歐盟治理白皮書（European Commission 2001）指出，參與風險評估的對象包括學術界、風險承擔者、公民社會等（ibid.: ii），其中最為突破的是其主張評估與審查所根據的不只是科學的觀點，也同時應當包括政策、社會、經濟、性別、環境、法律、文化等面向的觀點（ibid.: 22）。配合此新穎的風險評估視野，白皮書中具體指出在科學審查專業社群的擴大面向上，專家部分應包括官方的專家、工業界的專家、持批判與不同見解的專家（against-expert）等不同立場者；並且，在專業領域部分，評估應包括多元的專業領域，並進行多層次的參與（ibid.; Gerold & Liberatore 2001）[164]。

在這個具有創造性的風險評估制度架構下，可以分幾個層次來分析。首先，打破傳統上壟斷式的、單一學科式的風險評估，而進行跨學科的、跨領域的科學風險評估。這個步驟事實上能夠消除傳統科學風險評估的黑箱作業、或為迎合政策目的的詬病。其次，在專業民主化的原則下，審查委員機制必須容納多元立場的專家，特別是持批判與不同見解的專家與代表社會運動團體立

---

[163] 歐盟執委會下之科學與社會處在2001年公布了「對專業的民主化與建立科學的審查參考系統」報告。ICRG（2005）也持相同見解。

[164] 本報告屬於「科學與社會處科學與治理研究室」所提出的「擴大與豐富歐洲事務的公眾辯論之治理白皮書工作領域之一」（White Paper on Governance Work area 1: Broadening and enriching the public debate on European matters）（European Commission, 2001）。

場的專家；在這個多元、開放的審查監督網絡下，能夠提出不同的聲音與反省。第三，風險評估不僅僅是限制在科學的觀點，也包括政治、社會或倫理上的評估，代表一旦這些領域正式進入風險評估的範疇中，其將產生對「風險認定」（identification of risk）的不同解釋，甚至牽動風險評估的方法、準則或內涵。例如，一般在進行毒物暴露評估或工作過勞評估時，通常是以男性為計算基準，而嚴重地忽略女性必須額外承擔家戶或其他相關工作所得的暴露量；也就是說，一旦加入了性別議題，將牽動科學風險評估的方法或準則。事實上，這個部分的發展還有待革命性的突破[165]。第四，現實上目前可以看到些微進步的作法是，對於同一個科技風險事件，同時區分進行科學風險評估與社會經濟風險評估。前者仍然以科學專業為主進行評估，後者則發展經濟效益的「成本利益分析」（cost-benefit analysis），以及社會倫理上的價值與風險評估，這部分在實踐上牽涉到了風險溝通、風險民主中的聽證、公民會議、焦點團體等程序。南韓自 2006 年開始執行奈米科技風險評估是相當好的觀察例子[166]。

另外，歐盟治理白皮書中也特別在專業的民主化與擴大審查社群觀點中提到了「常民知識」（lay knowledge）與「在地知識」（local knowledge）的參與風險評估的重要性。除了專家的多元化與多層次審查外，公眾或相關公民團體由於長期關懷某一風險議題而發展出準科學知識之見解，或者公眾以本身的經驗或智慧累積而成的在地知識，往往能夠提供或突破狹隘科學風險評估的視野，因此，這兩個部分的參與監督更形重要（European

Commission 2001: ii）。相關研究顯示，常民知識或在地知識往往能提供科學風險評估外相當關鍵的價值或專業見解，而發展出不同的評估解釋[167]。這個部分對於科學風險評估的突破與挑戰，如前所述當其成為社會、倫理、性別介入風險評估的一部分，將影響與改變進行風險評估時對風險的定義、內涵與方法。在實務上，可以將常民知識或在地知識代表者納入專業審查的擴大社群一員，直接參與科學風險評估。

雖然這個挑戰仍然值得期待，但以常民知識或在地知識而提出不同的風險評估的案例與解釋愈來愈多。事實上，在過去風險評估上，因為以科學理性為唯一基礎，常民知識或在地知識經常不被視為具有專業意義，但隨著風險的不確定性與日遽增，風險評估面對必須以不同社會（族群、性別、階級）或倫理的價值為評估基礎，因此，常民知識或在地知識變成相當重要的一環。

---

165 事實上，對風險的認定與爭議是風險社會中最為關鍵性的問題，尤其在狹隘的科學理性範疇下，往往排除相關重要的評估單位（Beck 1986）。而上述所提到的由社會科學或科技與社會的角度介入科學風險評估方法，基本上仍需要相當的累積與突破才有可能革命性的發展「開放性的」科學風險評估。初步的討論可參見林宜平（2006）從性別觀點反省流行病學上以男性為主的科學風險評估準則與方法上的問題。

166 Refer to Korean Institute of S & T Evaluation and Planning website http://www.kistep.re.kr/index.jsp.

167 請參見劉華美、周桂田（2006）的分析：「這個部分最著名的是在核子雲降雨對當地生態的污染研究中，Wynne（1996）提出了自然科學家依據其狹隘的科學理性訓練進行風險評估所產生的偏誤，尚不及當地農夫所長期累積的生產經驗與知識。針對後者，他提出風險評估應包含納入在地知識（local knowledge）的重要性，也就是說，公眾對於相關問題的評估事實上是立基於透過長期生活經驗所累積的知識內涵，而這些在地的、傳統的知識內涵或生活技術，往往是科學理論在其普遍化的架設架構與抽象方法的變異考量中所忽略的或疏忽的。因此，風險評估的進行，包括風險的定義、風險評估的範圍、風險評估的領域及方法，都無法僅以單一自然科學領域來進行。」

在這個面向下，其除了可能進一步發展對科學風險評估的挑戰之外，在社會或倫理風險評估上，常民知識或在地知識也將嵌入政治、經濟、社會、性別、法律、文化，變成人們必須要參酌與考量的對象。就這個面向在實務上，常民知識或在地知識將成為多元的、多層次的社會倫理風險評估代表者之一員，提出其倫理或價值觀點。

2. 國際風險治理協會（IRGC）之治理典範倡議

　　針對日益複雜的科技不確定性衝擊及風險決策面臨的困境，由瑞士政府支持成立的「國際風險治理協會」（IRGC Inter-national Risk Governance Council）（Renn and Graham 2005）繼歐盟之後於 2005 年進一步提出更有系統的治理模式與典範[168]。同樣的，IRGC 也注重科技及風險決策中的專業民主化問題，並且也認知到風險治理必須放在較廣泛的脈絡下來進行思考，因此，相對於傳統上只區分「風險評估」與「風險管理」的思維模式，IRGC 進一步的將科技不確定性的問題範疇進行分類分析，而提出不同知識性與制度性的解決策略與架構。

　　IRGC 強調風險治理包含：（一）治理的社會脈絡：在處理風險時不同行動者的結構、相互作用所產生的不同風險感知與社會關注之影響；風險決策與規範過程中社會與政治層面的影響、組織與制度的能耐、政治的文化都將影響風險決策的結果與品質；（二）在進行風險決策時相關的風險知識、不同價值的參與及納入：對於科技不確定性之風險定義與框架（framework）將

受到風險的事實、社會文化的面向、利益相關者之參與而相互影響，進一步的產生應當如何進行風險治理的過程元素與知識基礎（Renn 2005: 11-12）。也就是說，風險治理與決策，如同貝克（Beck 2000）所指出的，同時是「實在論」（realism）與「建構論」（constructism），一方面發生在既有的風險事實上，另一方面也發生在由個人、社會所延伸出的風險感知、倫理或價值判斷上，而產生混合的形貌。

　　IRGC所提出風險治理的框架，包括「先前的評估」（pre-assessment）、「風險評估」、「總體的風險衡估」（risk appraisal）、「風險管理」與「風險溝通」，同時也重視「風險感知」（risk perception）（Renn 2005: 12-15）。先前評估主要在於掌握風險議題的多樣性及不同行動團體對風險認定的不同，而提出風險的「框架」以有助於問題的解決。尤其，如何界定風險的範圍與框架，將影響人們看待與解決問題的方式，例如，過去在進行基因改造產品風險評估與決策時，往往只集中於界定科學的安全性，而忽略了倫理與社會的觀點或感知之考量（人類是否可以改變自然；植入動物基因對於宗教信仰的感知衝突；消費者的接受安全性感知等），由於欠缺將後者視為（社會）風險評估的範疇，引發了各國公眾程度不一的不信任或反彈。

---

168 由於到目前為止，IRGC 所提出的報告書大都屬於最新出爐的對風險治理理論與模式的探討，因此，這部分我們僅就其觀點與操作方法進行討論，無法像歐盟部分追溯其在政策或體制上的行動規劃或法制設計。但 IRGC 所提出的這些討論，也相當程度的能夠幫目前各國正在發展的風險治理提出制度上可能規劃的釐清，並掌握當人們面對科學風險所造成的解釋或規範不確定時，管制者或治理行動者（如社會運動團體）在不同政治社會脈絡所應當發展的策略。

事實上，風險的界定或定義，本身將受到除了科學觀點之外的政治、社會脈絡而發展，也由於關係到風險的評估與決策，故風險內涵或範疇的訂定也是某種程度的政治協調或衝突過程（Beck 1986）。因此，在這個階段評估與認定風險的範圍相當重要，其不但牽涉到不同學科對於風險的認定，也將影響到緊接下來的風險評估方法或程序。其次，在風險評估的面向上，則較為傳統的集中在科學的證據之評估與判斷，例如依據「國際化學安全綱領」（International Programme on Chemical Safety）與WHO的指導原則，風險評估包括三個核心內容：（一）對危險的定義及判斷；（二）暴露與受傷的評估；（三）基於前述兩者做出風險的判斷、可能性與嚴重程度，並且透過統計資料的方式由專家或決策者對於或然率進行評估（Renn 2005: 27）。這個階段相當傾向科學風險評估，但如我們上一節所提到的，社會倫理或性別觀點將可能影響風險評估的範圍與方法。

　　總體的風險衡估包括了：（一）對人類健康與環境的科學性評估；（二）相關的社會關懷及經濟評估（Renn 2005: 34）。前者由自然科學家透過專業進行對生理或環境傷害的評估與說明；後者則由社會科學家或經濟學家分別探討在心理、社會、制度、文化與經濟衝擊的面向，是否產生風險的「社會強化」問題（social amplification of risk）[169]。尤其，這些多元面向、多元行動所產生的政治、社會或制度性脈絡因素，將往往影響整體風險治理與決策的最後決定。換句話說，在社會所產生的風險感知也將成為治理中重要的影響因素。風險管理則根據上述這些步驟

（科學性的風險評估與社會性的風險評估資訊）來發展決策與選擇。一般而言，風險管理者致力於規避風險、降低風險、移轉風險，以尋求維持安全的狀態。同時，風險管理必須提出或面對三種可能的結果：無法容忍的狀況、可以容忍的狀況、可以接受的狀況，來進行決策的分析與判斷，並進一步提出解決或管理的策略（Renn 2005: 40）。

　　風險溝通則貫穿所有上述處理風險的各種程序，不只是使得所有利益相關人及公民社會團體理解風險的管理與決策方式及結果，同時也達到有效的告知、平衡事實知識與關係到個人關懷、利益、資源和信仰的不同面向。有效的風險溝通能夠培養容忍衝突的觀點，提供解決的基礎及信任制度的工具評估，同時，不僅達到利益相關人及公民社會團體之溝通與理解，也可以使得風險評估者、管理者、科學家、政策決定者等專家能夠掌握與了解外界的聲音或關懷的價值（ibid.: 41）。因此，風險溝通是相當重要的工作，其並非等到管制者進行完風險評估與決策，產生了某個定向的結論才開始企圖說服、說明與教育公眾，此種工具性的態度事實上在各種案例中往往是種下衝突或不信任的根源[170]。相反的，風險溝通因為其涵蓋處理了掌握社會、倫理面向上的

---

169 風險的社會強化產生在該社會脈絡中人們理解、感知風險的過程，包括高估風險的威脅，或低估風險的產生，相關討論可參見 Kasperson & Kasperson（2005）。

170 在台灣相關的經驗研究觀察中，我們經常可以看到此種先下決策結論、再企圖說服公眾的科技決策，例如 1998 年發生的國民卡或隨後在 2001 年發生的健保 IC 卡政策，產生了決策者與相關利益團體（人權團體、病友團體）的對立與衝突，引發了社會高度的關注。

多元感知與不同見解，將影響前述管制上對風險內涵與框架的界定，因此，風險溝通必須從一開始就進入總體風險衡估的程序，而無論從風險框架的界定、風險評估的過程、風險決策的民主程序到最後的風險管制內涵，都是相互伴隨、參照的重要步驟。從另外一個角度而言，風險治理在運作上為一個統整的策略，風險溝通與風險的認定、評估、決策，都變成整體的一環，並循環式的影響每個步驟（Gerrard et al. 1998; Chou 2005a）。

進一步的，針對上述風險治理所涵蓋的各種程序，IRGC 相當系統性的將科技不確定性的問題範疇進行分類分析，而提出在不同階段（風險評估、總體風險衡估、風險管理）所面對的判斷風險之知識難題。首先，在總體風險衡估的程序上，決策者將面對如何評價風險與將風險特質化的知識問題，因為當其要描繪出可以忍受、不可以忍受、可以接受與不可以接受的界線時，必須面臨利用不同知識來源而做出的判斷。然而，這並非相當容易，尤其當科學解釋上出現模糊或不確定的地帶，或社會規範上有著多元、相異的價值取捨時，往往使得決策者要訂出可忍受或可接受的界線相當的兩難。

在這個問題脈絡下，我們將面對三個知識性的難題（Renn 2005: 37-39）：（一）解釋上的模稜兩可：因為科學上的不確定性，使得專家在於對風險事件的成因解釋無法精確地確定，往往呈現模糊或模稜兩可的說法，因此，想要達成一致性的共識具有一定程度的困難性；（二）規範上的模稜兩可：相關的科學風險證據相當清楚，但對於何者已被視為可容忍或可接受的基礎價值上發

生爭議，因為在多元價值衝突的狀態下，不同利益相關者有著不同的價值判斷。例如吸煙就是最好的例子；（三）解釋及規範上的模稜兩可：當科學證據及價值都具有爭議性，對於風險管理者如何提出合適的決策具有相當的挑戰性，以全球氣候變遷為例，造成溫室效應的成因有一定性的爭議，同時，各國政府因為工業發展的利益，對於履行相關氣候規範公約有不同程度的考量。美國由於二氧化碳的總排放量佔全球四分之一強，因此拒絕簽署京都議定書即是一例。

而這三個知識性難題，對於進行下一步的風險評估也帶來同樣的考驗，一般而言，（科學）風險評估是針對事件所產生的暴露或傷害提出一定的科學證據判斷，但科學家在進行風險評估時也同時面對單純的風險問題（simple risk problem）、複雜的風險問題（complex risk problem）、不確定性的風險問題（uncertain risk problem）等三種考驗。前兩者在進行評估與證據判斷時尚可以觀察到一定的因果連結或複雜關連，因此在於發展或風險評估的結果比較有跡可循；而後者因風險不確定性牽涉到前述科學解釋及價值規範上的模稜兩可，使得進行風險評估之證據與專業價值判斷有著高度的困難性（ibid.: 41）。

而這些問題直接發生在風險管理的階段上，也形成相當大的挑戰。尤其當風險管理者要畫出忍受、不可以忍受、可以接受與不可以接受的界線時，將遇到下述四個綜合的知識難題類型：（一）單純的風險問題：即潛在的負面結果很明顯，價值取向無可爭議，持續的不確定性程度很低，例如車禍、已知的事物或健

康風險、規律重複出現的天然災害；（二）複雜的風險問題：主要是和科學異議相關，解決此種複雜的評估在於獲得完整且平衡的風險評估，包括進行多元的知識與專業的評估，使得決策具有開放性的評估資訊，方有助於達成其管理決策上的正當性；（三）由於高度未解決的不確定性而帶來的風險問題：對於複合與高度不確定性的風險，由於科學上的模糊性與未知程度相當高，因此對於風險的評估與管理決策，僅能允許透過有限的失誤來學習，以規避風險並尋求安全上的維護，在這個意義下，預警原則之策略適用於此；（四）基於解釋或規範的模稜兩可帶來的風險：一方面由於科學上的不確定性，另一方面由於不同的科學風險評估或不同的風險承擔者知識背景或價值取向的差異，對於風險的資訊解釋有著不同，或者何者需要先於保護或減少、或優先順序有不同的意見。因此，風險管理者如何滿足這些相互衝突的觀點是一大挑戰（ibid.: 44-47）。

同時，在這四個風險管理面對的範疇中，利益相關者如何納入其風險決策程序進行參與並且提出不同的價值論述，也有相映之不同問題。首先，針對單純的風險問題，在合作策略上，由於風險單純而確定，因此可以透過直接影響利益相關者的「工具性論述」（instrumental discourse）來使得行動參與者彼此能夠清晰的合作，解決風險問題。亦即，透過特定目的或解釋的論述觀點，提供行動參與者判斷與合作的基礎，以解決眼前明確而單純的風險問題。其次，針對複雜的風險問題，由於處理風險的複雜性需要判準的透明度，並納入不同的知識基礎進行

評估，因此採取「認識論論述」（epistemological discourse），藉由不同的科學陣營專家、不同知識承載者的參與，可以引發不同認知觀點的呈現，並提出解決認知上的衝突[171]。第三，針對高度不確定性風險問題，由於人們處在未知或高度不確定性的狀態下要進行判斷相當兩難，因此需要透過集體的反思過程，以發展「反思性的論述」（reflective discourse）與相關的觀點，來共同決定何種安全程度是足夠的，或者何種程度的不確定性與忽略是人們可以接受的，並用以交換某些利益。最後，對於高度模稜兩可的風險問題，由於科學解釋與價值上的衝突，使得對於這類型的風險評估與管理決策之兩難程度更高，因此，需要發展「參與式的論述」（participatory discourse）來尋求多元面向的共識並著重風險與收益的比較，以及平衡正反雙方的意見。在這個架構下，審議過程中的「公民討論小組」（citizen panel）、「公民陪審團」（citizen juries）、「共識會議」（consensus conference, ombudsperson），「市民監督委員會」（citizen advisory commissions）及相關類似的參與都受到歡迎。

　　總體而言，風險治理面臨了新的挑戰與要求，尤其在全球化的發展過程中，各種新型的科技風險遍及不同的領域，造成高度的生態、健康、社會與倫理衝擊。而這些發展往往逾越了傳統單一領域或專業之技術官僚或科學專家能力所可以解決，又由於其

---

171 其目的最終在達成透過多元的認識來發展風險評估與管理決策，通常，在這部分採取「德菲爾法」（Delphi）、「團體德菲爾法」（Group Delphi）或「共識工作坊」（consensus workshop）的方式來進行（ibid.: 51-52）。

涉及了簡單、複雜、高度解釋與規範的不確定性，因此，為確保治理與決策的品質和正當性，則需發展不同程度公眾或利益相關者之涉入和參與（stakeholder involvement and participation），使得整個風險治理的決策能耐擴及開放性的社會基礎，而更加民主化、透明化與多元化，讓社會公眾做為學習、承受與判斷科技發展與風險衝擊的最後基礎。

五、全球在地化風險治理與科技民主的反省

　　上述所提出的各種不同進行風險治理典範，基本上是針對近年來世界各國所面對的各種全球化風險治理與決策之總體檢討，並提出新興而重要的發展方向；而實際上的執行必須端視各國在地社會特殊的政治、社會衝突傳統，與由之形成的管制文化、決策結構與風險文化問題。如同我在第五章對全球在地化風險的申論，風險的形成雖然受到全球（化）普遍現象的影響，但更重要的是隨著當地社會不同的政治、社會、決策或制度脈絡而產生不同的管制樣貌、風險定義與內涵（Beck 1986; Slovic 2001; Renn and Graham 2005; Kasperson and Kasperson 2005）。甚至，我也曾指出以文化人類學的觀點來看（Robertson 1992; Appadurai 1998）[172]，每個社會與制度背後獨特的管制形態與運作邏輯，其乃深植於該社會文化、事件與歷史傳統，而形塑出當地的政治與治理模式，因此，有意義的是如何去探討不同社會間之全球在地化風險治理與文化問題[173]。

從這個邏輯來說，我們就面對了一個關鍵，亦即，在地社會的科技決策、管制文化、公民參與機制就成為分析全球在地化風險治理重要的觀察點。同時，可以進一步了解的是，依據何種事件脈絡或衝突歷史而長期性的演變出在地化的風險治理結構與問題[174]。以下我們先就各國不同的風險管制與治理模式進行初步的討論與觀察，以作為分析我國實踐科技民主與公民參與的借鏡。

由於事實上不同管制政體因其歷史社會因素而產生相異的管制政治或風險文化，而影響該國的風險治理決策與品質，因此，這部分的討論就事實上必須配合不同在地社會的政治與風險爭議事件的發展情形。但普遍上而言，我們初步可以以 IRGC（Renn and Graham 2005）提出的四種模式進行觀察。首先為「論辯方式」（adversarial approach），這種政府管制模式與文化，習於在制度上透過公開對立的論辯方式來進行對於風險事件的討

---

172 這裡可以討論的幾個基本命題為：（一）全球化風險形成的特性及不同風險特性中所具有的全球與在地關係；（二）在地社會的政治、制度、衝突文化特殊的關係脈絡將如何形塑全球在地化風險；（三）如何觀察這種全球化與在地化風險過程中互為辯證、影響的發展過程。

173 吳嘉苓在 2012 年的論文（Wu, Chia-Ling. 2012. IVF Policy and Global/Local Politics: The Making of Multiple-Embryo Transfer Regulation in Taiwan. Social Science & Medicine 75 (4): 725-732.）以人工試管嬰兒生殖科技為例，分析了歐洲、美國與台灣的社會文化與政治結構，如何影響到人工生殖科技的使用。文中並以試管嬰兒生殖科技，造成多胞胎妊娠的風險為例，說明不同利益相關者、角色、全球與在地網絡之間，台灣醫療界如何型塑出特有的、靈活的標準化模式。

174 事實上，我們前面已經提出了歐盟、IRGC 或聯合國相關的風險治理模式，在某個程度上其兼具全球普遍性的治理指標與該地區的治理樣態，但實質上而言，我們仍然需要進一步的深入探討不同國家或社會脈絡所產生的治理結構與文化，來觀察其對全球化風險（治理）的影響。

論與決策。這種方式使得不同的社會與政治的影響力在政策的場域中相互角力，行動參與者必須提出不同的科學證據或價值以維護其立場，並且，決策者如果在科學證據或知識上不夠充足的話，往往會受到社會團體的嚴厲挑戰（Renn and Graham 2005: 55）。現實上，美國的管制決策模式接近於此，政府部門間或政府部門與民間部門往往對於相同的風險事件有著敵對的見解與立場。例如美國「環保署」（EPA）針對「空污潔淨法」（Clean Air Act）的修訂，在內部的不同專家諮詢委員會間產生了高度的專業見解衝突；「食品藥物管理局」（FDA）相類似的事件也層出不窮，特別是當官方專家諮詢委員會所進行的風險評估決策，往往受到民間消費者團體或企業的質疑挑戰，或進行訴訟，而維持或推翻原先管制模式（Jasanoff 1990）。

其次為「信託方式」（fiduciary approach），在這種模式下，決策過程是由一群將普遍利益作為指引方針的「守護者」（patrons）決定。公眾可以提供他們的意見給這些守護著，不大被允許參與政策的陳述或協商。這種決策過程仰賴權限中所建立的信任以及守護者的公正性，但在這個政治脈絡下公民個人的責任分散、並顯現式微，同時，風險溝通變成啟蒙、教育的單面向行為（Renn and Graham 2005: 56）。事實上，我認為這個分類比較接近於威權技術官僚之風險決策與治理模式，而守護者可以是以專業權威為名進行決策的技術官僚或專業科學家，這批決策者或諮詢者經常認為透過專家政治的實踐，可以替社會公眾制定出善意良好的政策，並且達到「客觀的」、「中立的」、「科學

的」決策判斷。通常，這個模式除了發生在少數具有強勢穩定科學諮詢結構或傳統的民主國家之外，如英國皇家科學學會（Royal Society）長期提供政府的決策諮詢與判斷資訊基礎，也經常發生在曾經以威權統治的新興民主政體之國家，如台灣或南韓。後者除了技術官僚發揮巨大的科技或經濟工業政策的專業引領規劃外，同時也在專業決策上嵌合著威權主義的色彩，而形成強大的專家政治傳統。

第三為「合意方式」（consensual approach），此種模式是具有影響力的行動者緊密的、閉門協商的治理決策過程，社會團體與科學家在此相互合作以達成既定目標，其假設行動者能保證其行動是基於公眾最佳利益，並且已經納入於考慮公眾相關的意見。因此，風險溝通是在有限的過程中進行（ibid.: 56）。

最後第四為「統合方式」（corporatist approach），這種模式與合意方式相類似但更正式化，亦即，眾所皆知的專家被邀入決策團體之中作為社會勢力的主要代表，而決策是透過這些不同社會團體代表的協商產生。例如工會代表、教會代表、職業團體代表、社會運動團體代表及科學團體代表，加入由政府組成的風險決策協商並決定決策方向。在這個方式下，風險溝通主要是提供能夠讓公眾獲得一種合理請求的印象，事實上也相當有限（ibid.: 56）。而第三種與第四種模式，我認為通常比較接近於具有統合主義決策文化的北歐各國或德國，各方代表能夠具體展現與維護其團體利益。

事實上，這四種初步的分類端視各國社會與政治脈絡而有不

275

同的混合，由於涉及各國相當複雜的風險事件與分析，無法逐一討論。以下我們將只簡短的以臺灣作為在地社會風險管制文化的分析對象。

　　無論是在科技決策模式或風險治理與文化系統上，台灣作為後進、科學學習追趕之新興工業國家，所衍生出的風險治理的問題與結構有相當的特殊性。從歷史發展的脈絡下來看，一方面，國家內部的政治、經濟、文化與科學或科技工業的發展，長期就受到先進工業國家的支配與影響，而呈現不斷跳躍追趕、快速學習的關係。然而，由於工業化時間的歷史壓縮及全球化科研與經濟競爭的因素，使得這些社會無論在制度、科學文化或社會批判理性層次上受到經濟競爭邏輯相當嚴重的擠壓，而呈現失衡的情形（周桂田 2002）。另一方面，在過去冷戰威權政體結構下，中央官僚集權式的領導，輔以壓制公民社會的模式，使得科技決策者長期享有指導者與執行者的權力，毫不受到社會的挑戰。也就是在此歷史脈絡下，技術官僚淋漓盡致的發揮了「發展型政府」（developmental state）之新興民主政體角色，長期以來主導科技工業的決策、規劃與執行，雖然在 1990 年代逐步轉型為輔助者角色（Evans 1995; Hsu 2002），但其決策的權威模式與文化仍然相當濃厚。

　　但是，全球各國政府目前逐漸轉向治理全球化科技風險之趨勢，過去承襲威權發展政體的國家事實上並無法順利的調整其角色，而成為民主轉型中被批判與檢討的對象。也就是說，在這樣的發展下，國家被期待發揮風險治理之能耐，帶領社會迎向全球

各種複雜、跨界風險的挑戰。然而，相當弔詭的，由於過去威權、發展政體的治理典範，即使到了 2000 年初仍造就遲滯、隱匿風險的管制模式與文化，而產生台灣社會整體「系統性的落差」（systemic gaps）：一方面既存的專家政治造成了忽略風險的治理與管制文化，無論是國家或社會；另一方面威權主義之決策模式仍然一定程度的確保技術官僚享有科技決策的支配性，而後者之治理能耐、透明度、開放性與多元性相當的不足，嚴重造成了循環式的遲滯、隱匿風險的狀態，而為前述新興治理典範重要的考察與批判的對象（Renn and Graham 2005）。

　　根據周桂田（2002, 2004, 2006; Chou 2007）近來對於在地社會各項風險管制的經驗研究分析，顯示在既存國家治理模式下，台灣社會先前隱匿、遲滯風險的文化持續相當的時間，尤其從早期的食物風險到近期的基因改造食品風險爭議，此種失衡的風險文化結構有著前述之內在成因；但這樣的現象，自 2005 年以來由於相關的食品、健康與資訊風險的爭議，已經逐漸產生鬆動的現象，各種戴奧辛污染食物風險、健保 IC 卡、按捺指紋資料庫與「台灣基因資料庫」（Taiwan Biobank）資訊風險爭議，已逐漸提升社會的風險意識覺醒，並實質上展開社會的監督與批判。換句話說，在社會部門的面向上已經逐步產生了風險治理典範遞移的要求。

　　然而，經驗研究顯示，國家是造成過去在地社會隱匿、遲滯風險的重要因素，尤其其相關科技與風險決策、風險溝通機制缺乏透明性與多元性，以及技術官僚威權的專家統治模式，是其制

度性的與結構性的「創造」在地社會風險文化的「基礎」。同時，在歷經近年新興的科技與風險爭議，雖然社會部門開始強力要求治理典範的遞移，但習於威權專業、技術官僚統治之治理模式與文化仍鮮少改變[175]。對應前述透明性、參與性與多元性之組織治理能耐的強化，此種決策與管制文化帶來相對脆弱性的治理信任與正當性問題[176]。

　　因此，以下我們將探問前述西方工業社會提出的科技民主與公民參與機制，於在地社會特殊的威權、遲滯、隱匿風險的治理文化中實踐的可能反省。尤其，我們將以近年來在台灣實驗性建構的公民會議（或共識會議）為討論的對象。事實上，公民會議於 2000 年初引入台灣正是在地社會對基因科技風險議題開始產生關注的時期，雖然直到晚近都沒有真正直接針對基因科技風險進行共識會議，但其間的科技民主意涵已經引起廣泛的注意。另一方面，值得注意的是，雖然自 2000 年以來台灣社會爆發了基因改造食品風險、健保 IC 卡爭議、醫療資訊電子化爭議、戴奧辛污染牛奶風險、美國牛肉狂牛症風險、戴奧辛污染鴨蛋風險、台灣基因資料庫爭議等，但大部分的公民會議處理的大都是屬於體制內決策的既有問題，例如全民健保、代理孕母、稅制改革、能源政策，而這些又大部分由政府委託屬於由上而下的民主參與形式。即使部分由社區推動的各類型公民會議，也較屬於地方性政策問題（請參考陳東升〔2006〕所列舉自 2001 年到 2005 年總共舉辦十四次的公民會議情形）。因此，整體而言我國公民會議的實踐較少直接面對爭議性風險與政府決策間的公民參與問題或

衝突。

　　一般說來，公民會議由引介到具體實驗性的實踐在我國各種決策，也一定程度的體現了科技民主的形式與意涵，尤其，在許多參與執行者的研究分析中，指出無論是全民健保、代理孕母、高雄跨港纜車等公民會議或法人論壇，都能夠提升參與者的政策知能、公共參與感，並且發展政策議題的政治效能，同時能夠建構我國社會科技民主的參與管道，以避免專家政治對決策的壟斷（林國明、陳東升 2003；吳嘉苓、鄧宗業 2004；林國明、陳東升 2005； 王川臺 2006）。也確實，這些實踐帶來了在地社會科技民主參與的正面效應，同時，也似乎透過媒體的呈現，產生了社會學習的效應，例如長達二十年爭議的代理孕母議題，透過媒體大幅的配合報導，使得社會有進一步的認識[177]；而在公民會

---

175 由於這部分的討論涉及了各種新興科技風險爭議細膩的經驗分析，包括從基因改造食品風險到戴奧辛污染食物風險、健保 IC 卡、按捺指紋資料庫與 Taiwan Biobank 資訊等風險，因此，本文在此僅能進行總體、輪廓式的討論，主要是要從全球在地化的風險範例對應於前述新興的風險治理典範，並發展對於管制或決策風險文化的反省。

176 直接的證據除了參考前述各項研究之外，請參閱周桂田（2006）〈制度性毀壞風險溝通與信任〉針對各項風險事件所進行的全國性抽樣調查結果，該文發表於中研院 2006 年「台灣基因意向之調查與研究」學術研討會。

177 何思祁（2004），〈代理孕母公民會議支持有條件開放〉，《聯合晚報》2004.9.18；陳惠惠（2004），〈代理孕母限有生產經驗本國人〉，《聯合報》2004.9.19；薛桂文（2004），〈陳建仁：半年內提代理孕母法草案〉，《民生報》2004.9.1；張黎文（2004），〈代理孕母尋求公民會議解套〉，《中國時報》2004.7.22；張黎文（2004），〈第一遭代理孕母公民預備會議廿人代表〉，《中國時報》2004.8.25；衛生署（2004），主辦「代理孕母公民共識會議」徵求民眾參與，http://tsd.social.ntu.edu.tw/surrogatemotherhoodnews.htm 參訪日期 2007 年 6 月 30 日；衛生署（2004），審議民主的試金石，代理孕母公民共識會議 9 月 11 日登場，http://tsd.social.ntu.edu.tw/surrogatemotherhoodnews2.htm 參訪日期 2007 年 6 月 30 日。

議之後旋即受到衛生署的重視，並進行決策與立法。然而，在這些實踐的鼓舞中，仍然有一些基本問題必須受到檢討與重視。

　　作為公民會議的推動者與執行者，陳東升（2006）除了肯定公民會議能夠作為持久性、體制內公民參與的管道，並對專家政治扮演制衡的角色之外，也提出了其執行上必須避免的諸多問題，否則可能使得公民會議「成為遊說的場域」或政府由上而下「對公共討論的政治操弄」。透過實際執行的觀察，陳文提出了許多反省，包括社會、經濟或政治位階或教育程度對議題的熟悉性造成的不平等，而影響或主導會議的進行，造成弱勢團體之個人認同的削弱；在會議中不完全諮詢或參與者有限理性所造成的知能效應，並沒有達到想像中的結果；由於科技不確定性致使專家所提供的資訊或參考，也並不能充足提供參與者的討論依據；在具有優勢的社會利益團體參與代表，可能使得會議偏離平等參與或相互說理；參與者根據私人利益進行討論，將造成「如果討論的議題和參與者個人利害關係的關聯性愈高，他們愈有可能去進行政治操弄」，而代理孕母公民會議就產生類似的情況（p. 94）[178]。

　　而除了上述這些內部的技術操作問題所可能影響公民會議的民主參與意涵，重要的是，陳文也提出了兩點外部的結構性問題：其一，既存的主流社會價值或霸權，將隱藏性或深刻的影響參與者的認同，透過優勢者的發言操弄，而排除或掩蓋弱勢的或挑戰主流者的另類價值觀；其二，政策委託及由上而下的公民會議，在實踐過程中可以看到政府透過各種途徑「干預討論的進

行，影響結論的方向，顯示公民會議是無法擺脫政治力的操弄」
（p. 95）。而這兩個結構性問題，也因此可能扭曲民主參與，而
受到社會運動團體的不信任與強力挑戰，例如在高雄跨港纜車公
民會議可看到類似的情形。或者，相反的樂觀來看，具有政治性
格的公民會議也可能變成社會運動團體挑戰與動員的管道，在稅
制改革與宜蘭科學園區開發之公民會議經驗可以看到。

　　事實上，上述的兩個結構性問題，無論是否發生於這些公
民會議的實踐，的確深刻的在我們社會中不斷的運作與再生產，
其中最主要要觀察的就是我所強烈批判的技術官僚專家政治。很
明顯的，在台灣傾向「信託方式」治理的威權技術官僚，不斷的
透過各種方式複製與生產「官方主流的科學論述」（Wynne），
在面對各種敏感性的科技或風險爭議上 [179]，經常以公正不阿並
力圖的「守護者」角色，提出效率、安全確定性、科研發展與國
家競爭力的「鐵三角方程式」來進行治理。也就是這些菁英式的
守護者相當執著的以科學專業的實證性來塑造主流、霸權的安全
與發展論述，因此，在他們的認識觀中風險是可接受或可暫時忽
略的，而無視於風險所帶來的高度不確定性衝擊。並且，依此建

---

178 除了陳東升（2006）指出「參與公民會議的一些成員，本身是不孕者或者有親戚
　　是不孕者，他們就比較積極的在正式討論中表達不孕者的處境和期待，同時在非
　　正式的互動談話讓其他人能夠儘量接受不孕症的看法，這種面對面的情感動員是
　　可能影響討論結果」，台灣女人健康網（2006）更批判式的認為「這項會議事實
　　上是有許多瑕疵與問題的」，其質疑公民會議的共善基礎與代表正當性、資料與
　　專家意見的中立客觀性、議會代表的發言平等性問題，並批判公民會議的效力，
　　指出「衛生署長陳建仁也不顧之前大家所舉辦過的大大小小的座談會、公聽會、
　　甚至是學者醫師們在報紙上所發表的文章觀點，於會後立即依這十八人的結論承
　　諾開放代理孕母」。

179 或 IRGC 所提出的科學解釋不確定性或規範模稜兩可的爭議性風險。

構官方風險決策的論述，而塑造出進步的、前瞻的、確定性的主流價值，實際上卻掩飾了或遲滯風險的衝擊[180]。例如，不依據環境與社會經濟永續的原則來進行決策，在面對衝突時經常指責環評為破壞經濟發展或國家競爭的絆腳石，塑造民眾表面上較會認同的發展邏輯；迴避醫療資訊外洩的巨大社會風險，而僅單面向的強調科研與競爭，使得公眾在無知的情況下，傾向官方主流的、科技安全確定性的國家競爭論述。亦即，這些敏感的風險爭議，經常被官方以效率、安全及國家競爭力的鐵三角方程式論述所掩蓋，而形成相當強勢的霸權意識形態。在這個面向下，也就是我們思考目前台灣進行公民會議重要的癥結問題。

的確，社會中支配的價值或意識形態，將可能使得整體社會在優勢階級或社會經濟條件的配置下，大部分人傾向接受主流的觀點，而較少反省性的形成極權的、中央化的思維，因而排除現行社會弱勢的、另類的觀點。也因此，在面對這些結構性的霸權價值支配，與其讓公民會議塑造出「虛假的共識」，無寧保持透過社會運動方式挑戰現行的體制與觀點（Young 1996, 2003；陳東升 2006）。

當然，正如前面所提出的，從積極面上，公民會議的確能夠發展新興民主參與，也有一定監督菁英政治的可能性，但這必須在批判、動態的過程中來檢視，以避免用來為政策辯護造成工具化的情形（Nowotny, Scott, & Gibbons 2001）。依本人所指出在地遲滯型高科技風險社會來說，從各種敏感性、科學解釋或規範不確定性的風險政策的爭議觀察，技術官僚不但策略性的發展由

上而下主流的、科學實證性的安全論述，並刻意隱匿或遲滯風險
地處理，造成在地社會嚴重結構性的風險治理失衡，也蘊生相當
特殊的風險文化——無論是技術官僚或社會部門，在輕忽或對
風險的無知狀態下，長期以來造成公眾巨大的焦慮，並喪失對政
府治理能耐的信任。

　　整體而言，本人仍然開放性的保持公民會議的民主參與意
涵，但對於此由西方社會移植而來的新興民主機制也認為應當謹
慎的掌握在地社會特殊的風險治理結構及文化，而反省此等機制
在實踐上的可能困境。尤其，至今為止我國公民會議鮮少直接涉
及高度爭議的科技風險，或多屬於政府部門委託由上而下的政策
問題，因此，似乎並未跳離陳東升對公民會議內部操作的批評範
疇。可以了解的是，我國技術官僚相對威權的忽視或遲滯風險的
管制模式，事實上呈現結構性的專家政治叢結而不斷再生產隱匿
風險的治理文化；而這些卻是我們在思考科技民主之際首要需掌
握的社會結構脈絡與問題爭點，應該以辯證、動態、批判的態度
或方式來解構。也就是說，公民會議可能僅是科技民主的策略性
方法選項之一，而若防範虛假的共識與結構性的政治操弄，可能
需要從總體的社會運動角度（結構、歷程、動員機會與認同、論

---

180 最明顯的例子莫過於 2005 年身分證換發按捺指紋事件，周桂田及張淳美（2006）
　　指出，技術官僚強力的推銷指紋資料庫建置對於犯罪偵防、協尋老人的效率性，
　　無視於資訊專家提出的資訊安全不確定性及資料外洩後衍生的各種社會犯罪、隱
　　私侵害或社會歧視等風險問題，僅片面的強調資料庫管理及運用的安全確定性。
　　而此等安全論述，卻對身處治安不良的大部分民眾產生說服力，即使按捺指紋案
　　被大法官會議宣告違憲之後，仍有高比例的民眾認同內政部建置指紋資料庫的構
　　想。

述意義）來檢驗觀察，方能真正朝向新興工業化國家科技與民主的實踐發展。

最後，可以反省的是，透過上述對我國科技民主的討論，雖然分析威權專家政治的決策或管制模式所造成遲滯、隱匿風險的系統性落差，指陳在地社會實踐上可能面臨官方霸權論述支配的結構性問題，但也不可否認其轉化的辯證性。尤其，科技民主無論是在近年來各種社會部門強烈風險抗爭或實驗性質之公民會議中發展，皆顯示出公眾要求更為透明、多元或參與之新興治理典範。面對此一新的格局，我們應該如何來觀察國家與社會在風險治理上的關係與變化？事實上，從各種案例無論是早先的健保 IC 卡到近來的台灣基因資料庫、醫療資料電子化等衝突，可以看到國家與社會是處於高度的緊張關係。一方面技術官僚或科學菁英（如行政院科學顧問組所主導我國相關重大的科研或產業政策）在進行科技與風險決策時，部分已經注意到要進行倫理、法律與社會意涵（ELSI）的審查，雖然可能僅是形式運作，但此舉卻反映出國家無法再享有威權的治理正當性；另一方面，社會持續的挑戰國家的決策過程與基礎，也更加逼迫科技民主進入路徑化的時程。也就是說，雖然目前我們在觀察上仍然發現由國家所主導的遲滯、隱匿風險結構仍牢牢存在，但治理的正當性質疑、公眾高度的不信任、其與社會部門高度的衝突緊張，使得科技民主的辯證必須往前移動但卻相當弔詭。樂觀來看，當科技民主進入路徑化將實踐開放、多元、參與的積極面向；相反的，科技民主的路徑化也可能產生負面效應，如前述的公民會議工具化

效應。

　　而這些皆必須端視新的政策或風險衝突脈絡的發展，來觀察是否能逐步突破目前的舊典範的窠臼。

六、結論

　　無論是從科技創新與突破，或從跨境的環境污染、傳染疫病或食物污染所帶來的全球化風險，由於其帶來不可預測、不可計算與充滿不確定性之「無意圖的後果」（Beck 1986），因此在此高度巨變與轉型的階段，這些發展需要社會理性、倫理或價值的重新審議，並透過各種科技風險事件之衝突與學習，共生演化的尋求（對未來社會的）共識。因此，在這個脈絡下，本文主要指出傳統以狹隘科學理性或實證主義式的風險評估，事實上已經無法因應與解決現今人類所面臨的各項跨界、跨科技、跨領域的全球化風險，尤其，當這些風險直接的衝擊與挑戰既存的社會價值與倫理體系，其外溢的難題並非狹窄的科學評估所可以掌握。

　　一方面由於科研競爭與創新在全球經濟體系的激烈競爭下不斷被鼓勵，但這些涉及人類權利與生命倫理的資訊、基因或奈米科技，雖然帶動部分人類行動領域便利的發展，但卻逼迫人們必須面對權利侵害、改變既存的生命倫理價值與社會的公平正義體系；同時，另一方面，除了科技工業高度成長失控帶來了全球暖化與環境惡化，而衍生愈來愈烈的全球疫病傳染或跨境的環境荷爾蒙對健康與食物的污染之外，創新科技同時也造成了人類

健康環境的風險（如奈米產品所造成的毒物釋出）或食品的風險（動物施打成長激素或基因改造食品）。也就是說，這些現實上日益繁複的、牽涉科技應用與發展的傳統或新興的全球化風險，皆與既存的政經利益或發展意識形態緊緊纏繞，因此，若要尋求解決這些複雜風險的出路，一個由下而上的、透過民主程序的新興風險治理典範則必須不斷地往前推進。

根據這個原則，由後常態科學所進一步提出的歐盟與 IRGC 之風險治理典範，特別強調透明性、管道性、多元性與參與性的治理模式。尤其，本文所提到的專業民主化與擴大審查社群討論，對於當人們面對不同類型的風險難題進行選擇與決策時，提供了程序上的正義與社會理性審議的基礎。一般而言，人們將面對單純的風險問題、複雜的風險問題、高度未解決的不確定性而帶來的風險、基於解釋或規範模糊而帶來的風險兩難，而上述提及的全球化風險則剛好混雜在這後三項的風險難題，因此，社會審議的空間相當的大。由於這些緊急的、不確定的、價值與判斷兩難的跨界風險之治理與決策，需要社會支持的正當性基礎，傳統上技術官僚部門透過專家諮詢委員會進行閉門決策的模式，逐漸缺乏效力與信任。在這個脈絡下，納入倫理與社會價值的評估領域，發展民主的、多元的、多層次的風險評估，並透過公眾參與式的風險溝通與審議來進行治理與決策，在目前變得相當的迫切需要。

除了普遍性的針對全球化風險治理典範提出檢討之外，本文同時也簡要對世界各國不同的管制模式或風險文化提出反省。特

別是，本文分析新興工業化國家台灣由於特殊的政治社會背景，由過去歷史所模塑的威權決策模式，仍然受到相當的青睞。即使近年來受到全球化風險事件之難題考驗，在地社會也頻頻提出挑戰要求發展新的風險治理，但行政部門中的技術官僚仍然相當樂於以狹隘的、實證主義的科學觀，佐以黑箱式的專家諮詢委員機制來進行治理與決策；然而，此種由上而下的、專家政治的決策過程與品質受到社會相當激烈的批評，其社會信任的正當性基礎也普遍下降。

因此，本文指出，我們必須謹慎的審視新興工業化國家特殊的風險文化與管制模式，尤其是反省在一個以技術官僚威權決策、隱匿並遲滯風險的社會中，如何在制度上實踐並推動科技民主等新興的風險治理典範，如公民會議在我國的實踐經驗反省。也就是說，在現行我國的管制模式與結構中，傾向信託方式、由上而下威權的專家政治之治理文化，在面對處理各種複雜的、科學解釋模糊、社會價值與規範兩難的風險，往往相當粗糙且便宜行事。因此，對於各種新興的科技民主機制的推動，我們宜於謹慎的以結構性的批判角度，來動態的審視與實踐，以避免形式操作化，而淪為官方的霸權治理工具。

第八章

風險溝通、評估與信任

一、前言

　　現代工業社會所追求的經濟性、效率性、以科技為工具性
競爭發展，一方面雖達到了部分國家人們追求富裕、提升生活水
平的效果，尤其是工業發展國家，另一方面卻造成了國家內部之
間、國與國之間的社會不平等。同時，除了造成社會不平等問題
激烈化外，全球的環境與生態也面對了高度的污染風險威脅。因
為這樣的競爭效應帶動全球各國競相仿效的追趕，在長期的工業
化、科技化競爭發展過程下，各國對生態環境的剝削無所不用其
極，自1970年代起全球的環境生態已拉起警報，DDT的濫用、
化學農藥對土地的污染、土地超限利用、森林的過度砍伐、基因
科技帶來的跨越物種污染風險、日趨嚴重的全球溫室效應與氣候
變遷等，使得人類面對的不再是生存周遭的生態環境問題，而是
直接威脅到人類的自我生存[181]。

　　而這些開發，傳統上是對於生態與環境自然的開發與剝削，
在當代是利用科技進一步對於生態、各種物種，包括人類本身進
行開發與剝削。這一套自啟蒙運動到工業革命以來所深信的發
展、進步邏輯，緊緊的鑲嵌在近代的工業化與科技化過程；然而
今天，人類自身看到它的極限，對人類的反撲。事實上，工業社
會的發展到了今天，工業、經濟、科技的複合體所創造出的發展
已產生了相當的生存威脅；這些威脅不再僅僅是工業社會初期所
看到的副作用，係可以加以計算、控制、損害回復或彌補；相反
的，這些威脅一旦真正的爆發，是無法加以先前遇見、計算、控

制、恢復或彌補。而這些風險的製造者、對人類生存威脅的來源，就是工業社會本身，亦即，從風險社會的觀點來看，風險來自於決策（Beck 1986），來自於人們對競爭、生產、開發與剝削所作成的決定。

　　而決策依賴於風險治理架構下之風險溝通與風險評估之合理性。在這個脈絡下，在這一章，我將反省狹隘的自然科學風險評估觀是否足以完全解決、解釋科學不確定性的風險，以及討論風險溝通如何實踐於透明、民主的科學評估程序。同時，我將進一步提議發展開放性的、納入社會科學的風險評估方法，來強化實踐風險溝通後之科技決策正當性基礎。

二、公眾對科學的理解
1. 揚棄欠缺模式之風險溝通

　　在一般的科技決策上，為取得決策正當性需要進行公眾對科技的理解（public understanding of science）並獲得公眾的支持。尤其，在當代日益複雜的科技發展上，科技決策所面對的不只是科技安全性的爭議，也包括我們在本書中所強調的、外溢於科技本身之健康、生態、社會、倫理等問題；因此，如何進行風險溝通以獲取公眾對科技的理解與支持，為今日良善公共治理之發展

---

181 這個說法直接指涉的是人類中心主義的看法。事實上，各國對生物多樣性的高度重視，基本上是威脅到了各國人民健康與物種安全等問題。而這套邏輯反過來說是為了維護工業社會永續生存的策略，在人類社會為中心之發展主義想像下，生物多樣性的保護為維護自己的利益的過程。

關鍵與挑戰。

　　而在科技風險溝通上，由於主流的科學系統一向認定科學是中立、客觀、並具有高度的知識性，因此，風險溝通意謂著要強化並改善公眾對科學的認識、減少科學的文盲；在這個架構下，強調啟蒙、教育作為科學門外漢的公眾、甚至將公眾視為虛空的瓶子而只要注入大量的科學資訊等，為基本要務（Irwin & Wynne 1996）。然而，此種公眾對科學理解的「欠缺模型」（deficit model）基本上假設公眾是無知的、缺乏適當的科學知識、甚至對科學沒有判斷能力。在這個假設之下，風險溝通變成上述線性的、單面向的科學知識填補 （Miller 2001; Burns et al. 2003; Spoel & Barriault 2011）。

　　然而，此種觀點受到嚴格挑戰。Irwin & Wynne（1996）指出，公眾對科學理解的欠缺模型基本上建立在對科學與科學知識之認識與意識形態假設上。在這個主流的科學理性下，公眾對科學的理解變成公眾需要忠誠的相信科學所框架的架設與認知；而公眾對科技的爭議與懷疑往往來自公眾對科技內涵的不理解，並且並沒有適當的認知到科學活動之中立性與客觀性意義。換句話說，只要單面向的啟蒙、強化科學教育與認知，就可以解決各種爭議。事實上，此種威權式專家政治之風險溝通，才是今日科學爭議之問題根源。

　　我們在第七章已經充分地討論科學理性的有限性，指出狹隘科學理性的客觀性與中立性假設並不足以詮釋與解決科學的不確定性爭議；尤其，當科學爭議外溢於科學本身而牽涉到成本效益、

社會、倫理等面向問題，就必須面對科學政治。

因此，科技決策之風險溝通若只停留在公眾對科技理解的欠缺模型，其所造成的溝通效果將變得更不均衡、單向，而無助於科技與社會的鴻溝（Spoel & Barriault 2011; Gross 1994）。相對的，若我們回歸風險社會之基本觀點：風險為社會建構的過程，同時，風險的定義、框架與範圍也為鑲嵌在社會脈絡的建構過程之中，則將能夠進一步地創造與對應當今複雜科技的跨界風險溝通典範。事實上，相對於上述公眾對科技理解的欠缺模型，許多學者愈來愈重視風險溝通的「脈絡取向」觀點，指出科技的風險溝通為脈絡性的、對話的過程。脈絡性的意義為科學與公眾的溝通產生於雙方不斷流動的對話過程，透過對話雙方將動態性的重建與發展對科學的理解（Sturgis & Allum 2004; Miller 2001; Burns et al. 2003; Spoel & Barriault 2011）。亦即，科學知識不再只是單面向的傳遞，而在對話之中，科學家將肯認科學知識的有限性，提供公眾掌握科學風險評估不確定性的範圍；相對的，公眾除了透過對話初步認識和學習科技知識與評估，同時，其對科技爭議的疑慮，或者社會價值的權衡，也將提供科學家進一步的考量與學習。

從公眾信任的角度來看，科學知識唯有設置在制度性的安排之中，而此制度性安排為開放的、雙向的、溝通的，方能促進公眾對科學知識的信任（Yearley 2000）。而不可諱言的，這種制度性安排事實上牽涉到脈絡性的政治意識形態、公眾利益與社會價值及喜好等因素。因此，這促成我們需要回歸到開放性的風險

溝通與評估角度,來考察其與公眾信任的關係。

2. 風險溝通與信任

　　風險溝通是一個相當複雜的過程,在風險溝通理論中,一般認為最基本的影響溝通機制包括媒體、公眾本身、政策決策及社會與政治相關機構等的行動(包括社會運動、政治運動)(Miller & Macintryrt 1999),因此它不只是如泰格(Taig 1999)所指出的告知(informing)、傾聽(listening)、言說(telling)和影響(influence)等單面程序。阿金(Arkin 1989)指出,風險溝通經常會被侷限在:(一)風險科學的本質(nature of risk science)及(二)公眾風險感知本身。具爭議、複雜風險的科學問題或災難,如SARS的危險程度,經常會形成公眾理解的障礙,一方面是風險科學本身的不確定性與複雜度,無法帶給公眾確切的安全感知答案,另一方面是公眾知識與資訊的落差(knowledge information gap)、取得資訊的管道也可能阻礙了公眾社會學習的機會。進一步的說,國家、媒體或社會(公眾)網絡所釋出的風險資訊,相當程度的將影響公眾對風險的主觀感知與客觀的行動認知。

　　部分學者(Renn 1991; Slovic 2000b; Kasperson et al. 2005)指出「風險的社會強化」(social amplification of risk)效果應受到重視。即不同風險資訊來源(包括國家、媒體機構、利益團體或社會網絡團體)經由多重的轉介機制而傳道給多元的接受群體(包括大眾、有影響力的人士、相關團體成員等),並反覆的反

饋呼應與影響,將產生更強化的風險感知效果,而可能擴大為公眾社會爭議和恐懼的對象[182]。

在這個角度下,阿金(1989)從國家的立場,特別強調國家在面對風險評估與風險溝通時,因此要有計畫的釋放訊息給特定目標的公眾、選擇訊息釋放管道、測試訊息效益,並建構風險訊息內涵,以達到發展、教育、引導公眾的風險感知與行動認知的目的。

事實上,從中性的立場而言,風險資訊的來源、管道和可信度都是非常重要的,公眾經過判斷對這些來源╱管道的信任或不信任會產生決定性的影響。弗魯爾(Frewer 1999)指出公眾接收資訊通常會分為「信任的來源」(trusted sources)(如消費者團體和醫生)與「不信任的來源」(distrusted sources)(如政府或企業),因此,建構適當的資訊釋放管道是相當有需要的,因為對資訊來源「信任的感知」(perception of trust)將影響公眾對複雜科技不確定性的理解和判斷。據此,建立一個較受高度信任的資訊提供管道,如初期由科學專家來解釋科學成因與科學證據,並指出科學評估證據的範圍與不確定性之處,或由社會或心理學家來討論科技的社會衝擊與倫理考量,是重要的過程;特別需要強調的是,公眾對風險的感知是相當混合的判斷,因此,在一個社會中對風險溝通的重視在於發展較完善健全、受到信任的資訊平台(釋出、對話),因為一旦資訊釋放而出,就可能很

---

182 例如英國社會處理狂牛症的社會強化過程所造成的公眾恐慌。

難改變公眾的立場（Miller 1999）。

　　從對資訊來源的信任問題，關聯到的是公眾對高度複雜科技之風險感知的根本信任，這部分的信任建構是相當重要的，它影響到持續的對科技的價值判斷和接受程度，一旦產生不信任的某些觀點，將可能發展出政府或科學家最不願見到的對立鴻溝（Frewer 1999; Slovic 2000d）。泰格（1991）分析指出信任的基本問題特性，包括：（一）公眾有時對新的風險資訊會過度反應；（二）很難拒絕無效而昂貴解決風險的方式，已成為公眾的基本印象；（三）在辯論風險控制方式時，常失去有效控制與減低風險的焦點本質而演變成其他議題；（四）很難去說服公眾科技帶來的利益往往大於風險。

　　斯洛維克（Slovic 2000c, 2000d）也在技術層面上提出相近的反省，他指出公眾對科技風險感知的信任相當容易被破壞，不信任的發展比建立信任感知來得快，這個過程他稱之為「不對稱原則」（the asymmetry principle），這個看法也就提醒了風險溝通的重要性，特別是在風險溝通的實踐中，往往不能忽略公眾對風險感知的脆弱性[183]。

　　當然，上述這兩種看法基本上太過技術取向，尤其忽略了在這些現象背後所可能具有的公眾價值判斷、風險爭議的不確定性所演變公眾對專家的不信任、科技的利益大於風險的論述、權力和論述單面化等問題（Beck 1993）。泰勒（Taylor 1999）對這種批判性的理論質疑，有清晰和明確的藍圖，他在分析相關爭議性科技於英國社會的公眾風險感知與溝通，特別指出，那不只

是風險評估與解決的「資料問題」，也是一個基本的「溝通問題」，更是一個「結構的」與「風險文化」的問題，而這些問題結構都是我們（在不同社會）要去面對和肯認的。在這一點上，斯洛維克（2000c）也丟出了一個相同的根本結構性問題，他點出除了公眾風險感知本身的脆弱性外，也要探討「系統毀壞信任」（System destroys trust）的層面。亦即，社會系統、政治系統、科學系統、甚至是溝通系統所形塑的科技治理與管制制度，如何漸次的「建立」或「毀壞」公眾對科技風險的信任，是關鍵的命題。從風險分析的觀點來看，這不但屬於政府風險治理制度建構的系統問題，也可以觀察此種治理與管制制度，將如何結構性並持續性的影響公眾的風險感知與信任。

　　進一步的說，要制度性的建立公眾對科技風險感知的信任，尤其是建立公眾對前述風險資料源的信任，除了國家要設置適當、專業的資訊平台，並增加資訊的透明度之外，最重要的是在風險溝通與風險評估程序上引入公眾參與（Public partici-pation）、整合社會多元行動者網絡[184]；一旦愈能夠整合社會總體、多元的行動與資訊網絡，在科技決策上除了能顧及程序正義

---

183 斯洛維克（2000a: 184-85）和阿金（1989: 128-129）根據其經驗研究指出，公眾感知風險經常是不精確的，某些風險資訊一開始可能就嚇壞了公眾，公眾面對無法具體化的風險傾向簡易的、絕對的答案，而這樣他較易有控制、掌握感，公眾同時已有某些價值優先性，因此他會個人化所收到的新訊息，公眾對科學也並非真正了解，更值得注意的是，公眾的觀點較易被操縱，而所形成的信仰則很難修正。

184 林文源在 2014 年出版的書籍《看不見的行動能力：從行動者網絡到位移理論》，透過深入且詳盡的田野調查，讓我們看見弱勢者的多重行動能力，並解釋了弱勢者如何發表自己的意見，如何進行開放性的對話，並說明弱勢病患個人適應的自

外，更能增加公眾對資料來源的信任，強化透明度，並持續性的建構公眾對科技風險的信任（Frewer 1999; Miller 1999; Taig 1999; Kasperson & Palmlund 1989; Slovic 2000d）。

　　此種制度性的建構，正面而言，將產生前述社會系統、政治系統、科學系統及溝通系統的重新變化，形成風險溝通和風險文化的結構性發展。亦即，引入公眾參與涉入科技決策程序，在理念上打破了專家及技術官僚知識／資訊的壟斷，產生了一個結構性的動因，在個別層次上，公眾有參與影響政策的機會、並進行對複雜科技風險的社會學習理解；在結構層次上，發展出對話、平權的風險溝通機制，轉化風險信任為參與式的「動因」，而非被動式的結果；在建構層次上，將複雜科技風險，轉化為公眾正常生活學習、對話、價值判斷的過程，使科技政策決策成為社會公眾價值判斷、信任的建構過程與結果 [185]。

三、風險評估新典範——從量化模式到尋求品質之風險評估

1. 後常態科學

　　當代各種複雜科技事務所涉及科學與其之外的爭議，包括健康、生態、社會、倫理等爭議與不確定性，都必須重新被探討、界定與評估處理，因為在這些爭議與不確定性中，安全評估的定義、範圍與內涵都涉及了高度的科學證據充足、社會價值取捨等，在學理上已進入了後常態科學（post-normal science）的典範問題。

後常態科學主張當代高科技所引發的各種爭議與問題，往往具有以下的特點，即科學研發的結果引發了（一）系統高度不確定性（科學的不安全性、生態的不確定性）、（二）價值高度爭議（社會與倫理價值的爭議）、（三）判斷上的兩難與難於抉擇，並且，（四）決定上相當緊迫。也就是說，面對新興的高科技產品如基因改造物種，人們所面對的安全以及不同的風險爭議評估範圍與領域，可能必須重新的思考與探討（Funtowicz & Ravetz 1992）。

從以下的圖我們可以明顯的看出，從傳統的應用科學演變到所謂的後常態科學，社會系統的不確定性愈來愈高，中間是專業諮詢，下面是應用科學：

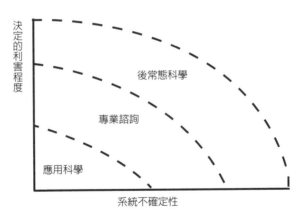

Source: Redrawn from Funtowicz & Ravetz (1992).

救行動力與醫療權益互動的行動力，書中並提出高度抽象化，卻實際讓讀者看到病患如何在醫療的過程中，奮勇對話的過程。

185 當然，筆者提出此種理念型的說明，並非意謂每種科技決策都必須服膺公民參與程序，事實上，此種民主原則經常僅用在重大爭議風險之科技事務上，從行政與社會成本上來看，並無法將每項科技政策訴諸公民。

後常態科學指出，科學的不確定性普遍存在，但由於發展的層次不同，所引發的爭議層面和領域也不盡相同。在較低的應用技術層次上，應用科學的相關變數爭議較低，因此又可被稱為「共識的科學」（consensual science）（Rayner 1992: 101），亦即，在這層次上，科學（技）和社會的緊張性仍低，涉及的風險程度並不高；而在中間的層次上，由於關連較多的資訊和價值判斷，對科學知識的運用通常佐以訓練有素的諮詢方式，包括使用量化工具並輔以質性研究的判斷，以降低不確定性的風險。然而，由於知識及應用變數的複雜性逐漸升高，仍具有一定程度風險，例如醫學根據醫藥專業及病情資訊所進行的判斷，仍無法完全排除風險的存在。在第三個層次上，由於科學（技）知識的研發與應用，涉及了科學內、外相當的變數，並關聯到不同價值選擇的判斷問題，因此不確定性和爭議性相當的高，非單一學門所可以解釋與決定，整體的風險評估則應分布在除科學風險之外之社會、倫理、生態風險上，重視問題的複雜性與風險利害關係的廣泛性（Funtowicz & Ravetz 1992）。

　　從另一個角度而言，傳統的科學評估重視「量化的數據」來作為評估的證據基礎；相對的，後常態科學則在上述的分層脈絡上，強調量的數據已經無法解釋與對應複雜的科技風險與價值取捨面向，在當代，風險評估應當朝向評估的「品質」進行。後者則強調應針對各種複雜的科學、健康、生態、社會、倫理面向進行對應的評估（Funtowicz & Ravetz 1992）。

　　傳統科學是一種控制的科學觀，甚至認為對於科學不確定

性仍然可以掌控、修正與繼續發展，因此形成了所謂的「有信心的不確定性」，然而，這種對科學所產生的不確定性衝擊觀點，仍然僅侷限在自然科學的領域中，而相當的忽略了對其他領域衝擊所造成的不確定性[186]。雖然自然科學的發展提供了解決問題的方法，但也製造了很多問題，在當代關鍵的是，許多科技衍生了難於簡單判定的爭議，而這些爭議不但在價值上兩難，其問題擴散傳播速度很快，決定做不做又對未來發展有重大影響時，該如何繼續？因為傳統的自然科學家認為：自然科學就算是有問題的也沒關係，問題可以透過新的自然科學被解決；但從後常態科學的角度來看這樣是行不通的，在科學複雜性的社會，雖然發生風險的機率不確定，但一旦發生風險將造成相當高度的衝擊與後果，這也就是在高科技風險社會中之「低機率高風險」現象（Low probability, high risk）往往不可忽視（Perrow 1999），一旦低估風險爆發的機率而產生難以控制的後果，再探討其解決方案已太遲。

換句話說，對應這三者層次之科學整體系統的實踐，愈涉及複雜科學，其不確定性與風險愈高，價值關聯之社會脈絡愈顯重要，科學也就必須擺脫舊有風險評估的思考方式，肯認因其所引起之各領域的風險衝擊，開放對不確定性的討論與評估，由社會、倫理與生態理性來和科學共同對話、溝通。進一步的說，在

---

186 不確定性指的不是只有科學內部的不確定性，那只是安不安全的不確定性而已，廣泛的不確定性包括科學本身的安全不確定性、對生態衝擊的不確定性、對社會、倫理、經濟衝擊的不確定性，這些因素才是需要被深入探討的。

進行風險評估時，應當開放界定與評估此項科技產品所可能產生的各種問題，在此我們可以分為兩個面向來討論：第一個面向是對於科學與生態安全性上的評估，第二個面向是對於社會與倫理不確定性上的評估。

2. 邁向開放性風險評估

首先，在對於科學安全性評估上，應盡量納入科學不同領域與專業學者的參與，而能夠充分地進行不同領域的對話、溝通，甚至容忍其專業上的衝突，而使得安全性的問題能盡量被掌握，也可以使得爭議的灰色地帶大幅地降低；然而，我們看到在科學研發與評估的領域上，批評與爭議的聲音往往刻意被壓制，尤其在主流的科學社群掌握一定的科學研發資源的社會中，風險評估流於形式，而真正的安全與不確定性的隱憂卻被隱藏著，科學界內部也因此而壓抑著不滿與高度質疑的聲音[187]。

換句話說，科技事務如果仍停留在傳統單一自然科學風險評估觀點的範疇下，科技對於不同領域的衝擊與不確定性的風險問題難以掌握。以基因改造產品之風險評估為例，我國對基因改造物種或產品的風險評估基本上是以上述單一自然科學領域的評估方式為主。衛生署評估基改產品的因素與過程[188]，相當集中在單一學科的過敏原、標示基因、微生物病原性等因子，缺乏不同自然科學領域學科的評估，如生態、農藝學科可能會對改造後的成分提出不同見解；並且，這樣的評估程序更缺乏開放性的、多元、不同社會領域或公眾意見的參與保障。然而，此種既有的風

險評估過程不但欠缺學理的多元性，也少了社會、倫理面向上公眾的參與保障，而易形成三個結構問題：首先，是造成不同領域科學家對於風險問題的爭議，並衍生不同研發領域與研究資源的爭奪，同時也造成了社會負面觀感；其次，因此，社會公眾在科學爭議下，對此科學新興研發產品也蘊藏了相當程度的不信任；第三，科學家對於社會公眾的疑慮與不信任也相對產生了不理解

---

187 可參照周桂田（2004）相關的經驗研究，在此研究案例中，作者發現異議、非主流的科學群體或個人，在支配性的風險溝通文化中不願輕易發言，主要顧慮科學群體表面上的和諧以及科學資源的分配保障。

188 對基因改造產品之傳統風險評估，我們可以衛生署對 GMO 之風險評估為例，有以下的評估因素（衛生署網站 http://www.mohw.gov.tw/CHT/Ministry/Index.aspx 2002）：

a. 過敏原：雖然已證實食品中含有的潛在性過敏物質並非太多，但可能會有新的過敏性食品出現，因此，過敏誘發性即是個相當重要的考量因子。

b. 標幟基因：標幟基因的轉移會影響現有自然生態及人類醫療，如抗生素的效用或是除草劑的抗藥性。（把抗除草性的基因植入大豆的生長過程，進而生長成抗除草性的植物；另一做法是把抗蟲基因植入 maize。）

c. 微生物之病原性：利用基因改造技術生產或製造食品時，所使用之微生物必須不具病原性。（插入基因的方式一是直接把基因定數放到一固定位置，另一種是用基因槍平均的打入 DNA。）

安全性評估的種類之一：「實質等同」（substantial equivalence）通常判定新基因改造食品與傳統食品的共同和差異之處，會比較以下各點：

A. 遺傳表現型特性：◎在植物方面：包括形態、生長、產量及疾病抗性等；◎在微生物方面：包括分類學特性、傳染性、抗生素抗性型式等；◎在動物方面：包括形態、生長、生理機能、繁殖、產量等。

B. 組成分比較：食品中的重要組成分之比較，主要是依關鍵營養素及毒物之認定，關鍵營養素為脂肪、蛋白質、碳水化合物、礦物質及維生素。

經過上述的比對而認定是實質等同，則該種食品或其成分即可視為與傳統品種同樣安全，反之，若發現兩者之間有差異，則需進行評估和動物試驗。

基因改造食品的安全性評估，是根據世界衛生組織、聯合國糧食及農業組織和經濟合作與發展組（Organization for Economic Cooperation and Development）所認可的「實質等同」原則進行。這是一個安全評估策略，用以比較新發展的基因改造食品與傳統品種在食用安全及營養方面有什麼共同和差異之處，藉此再作進一步評估，意即，若新的基因改造食品的蛋白質跟傳統產品的蛋白質都一樣的話，就是安全的。

的態度[189]。而這三個問題結構將形成負面的惡性循環，使得科學界內、社會、國家等對於新興科學發展產生了結構性的鴻溝。

從另外一個角度來說，後常態科學事實上就是提供不同的科學典範試圖來解決這樣的兩難，包括重新看待不同領域之間的風險評估，也包括了不同領域之間的風險溝通與爭議討論。面對後常態科學時代所產生的各種科技風險評估的爭議，重點在於除了在進行科學決策過程中應該逐一調整權威式的、中心式的決策過程，同時在進行風險評估時也應去除這種科學專業領域獨斷之連貫性的過程，而發展去中心化的（decentralized）科學決策與評估程序（Healy 1999; Luks 1999; Marchi & Ravetz 1999; Ravetz 2002）。而無論從學理或現實上的要求，當代複雜科技事務之風險評估已不能單純的停留在單一的學科領域，而需要發展「擴大科學審查社群」的評估機制，來處理科學、生態、健康、社會、倫理等風險。也就是說，面對當代高科技各種新興的風險衝擊，風險評估必須延伸到各種相關的領域進行探討。而在自然科學風險評估方面，當然就必須在風險評估的設計上容納多元學科的、多元層次的領域來進行。

事實上，這套理念也逐步實踐在歐盟對於科技風險的評估上，如我在第七章所介紹的。鑑於近十餘年來歐盟飽受狂牛症、荷爾蒙牛肉、基因改造產品、濫用添加抗生素、有毒化學材質等爭議之苦，同時，公眾對於各國官方所進行的風險評估信任度已大不如前，連帶的衝擊了公眾對於歐盟風險治理能耐的信心基礎（Löfstedt 2003）。因此，歐盟執委會於 2000 年到 2004 年開始

著手研究改進歐盟治理相關問題,並設立治理研究室,發表相關的「歐盟治理白皮書」[190]。同時,在科技與食品風險治理方面,執委會下之科學與社會處在 2001 年特別檢討了過去傳統風險管理與風險評估的問題,倡議「專業知識民主化」[191]。其強調風險評估之專業審查應避免再像過去一樣僅以單純的科學領域或專家為基礎,相對的,一個能夠恢復公眾信任的風險評估過程必須服膺透明、民主、知識參與及擴大科學審查社群等原則進行。

3. 專業民主化

因此,風險評估在領域界定上應包括多元的專業領域,需要社會科學與自然科學專家的整合,尤其倫理、社會、法律專業的參與變得相當重要,因為它們能夠提供對風險不同的評估領域與範疇的見解,包括了對倫理、隱私、宗教信仰、個人權利等等的思考(Healy 1999; Luks 1999; Marchi & Ravetz 1999; Ravetz 2002)[192]。同時,根據專業知識民主化,風險評估應重新界定專家的意涵,不但需要有官方專家代表、工業界專家、提出異議的專家,甚至常民知識或在地知識都需要受到尊重及重視。

---

189 參照周桂田(2002, 2004)的經驗研究。

190 請參考http://europa.eu.int/comm/governance/govenance_eu/white_paper_en.htm,最後訪查日期為2005年1月11日。

191 其在 2001 年公布了「對專業的民主化與建立科學的審查參考系統」報告,可參考第七章部分討論。

192 風險評估之意在對科技內化價值與社會選擇之內在不確定性做出判斷,在選擇出風險評估的方式後,進一步幫助民眾綜合科技與社會發展的和諧而做出選擇,因為民眾要的不只是單一的科技安全,而是運用理性及善用社會直覺建構出的社會共同價值。但在社會中的普遍現象是,科學家喜說學法政的學者不懂科學,然而,

換句話說，藉由傳統風險評估所產生出對上述食品及健康安全的審查結果，已無法維持公眾像過去般的信任，因此，為恢復公眾對風險評估正當性的信任，必須重新檢討審查的機制與成員。而尤其在科學風險評估審查這個部分，上述的反省方向注意到了評估專業領域的多元化、專家代表性與多元性、多層次的程序正當性問題。

根據前述所揭櫫的擴大科學審查社群與專業知識民主化原則，風險評估應包含多樣性、增強多元性與及早預警性，並且，參與風險評估的對象包括了學術界、風險承擔者、公民社會等，而其中評估與審查所根據的不只是科學的觀點，也同時應當包括政策、社會、經濟、性別、環境、法律、文化等面向的觀點。更甚的是，除了專家的多元化與多層次審查外，公眾以常民身分與常民知識的參與，尤其是在地知識的參與監督更形重要（European Commission 2001; Gerold & Liberatore 2001）。

顯然，這樣的主張企圖徹底實踐上述的兩大原則，其進一步可以在我們的討論中分為兩個部分互相連貫：其一，遵循領域與專業多元的擴張科學審查社群原則，對於科技風險所延伸的社會與倫理的不確定性衝擊，在風險評估上將納入社會科學式的評估領域。而一旦這些領域正式進入風險評估的範疇中，其將改變傳統對於風險的認定、評價、管理與溝通的基礎。其二，常民以常民知識與在地知識的參與，關涉到除了納入專業審查的領域並作為社會科學式評估主體之一[193]，同時，其也牽涉到常民的風險感知與風險溝通。換句話說，後者不但是參與評估的主體之一，

同時也是社會科學評估者無論在政治、經濟、社會、性別、法律、文化所必須要參酌與考量的對象，而這個過程正是一個循環式的、互為關聯的發展。

在實務上，上述所討論的程序可以有兩種可能作法，第一是風險評估逐步的調整，除了不再侷限在單一的自然科學領域之外，也採納了社會科學的風險評估觀點，甚至納入常民與在地知識的見解。例如，主管機關除了廣泛的進行多元科學領域的審查評估，另一方面，也邀請社會科學專家、常民代表、社會團體代表[194]。然而，這在實踐上必須注意到的是避免忽略公眾的風險感知、溝通與在地經驗知識面向，尤其是再度以專業之名排除社會公眾的參與。第二是發展由下往上的風險評估態度，也就是同樣的，主管機關廣泛的進行包含自然科學與社會科學多元領域的風險評估，同時破除專業壟斷的迷思，將常民知識、在地的經驗

社會學者認為科學評估不只有一個角度。科學檢測絕對是可檢證的，但風險評估必會涉及相當多的問題，很多科學家有很大的能力做研發，但風險評估的腳步卻跟不上。就生態學者而言，認為要就基因風險做評估的確有技術上的困難，因為涉及的科學綜合性的確很複雜，且需牽涉到生態學的問題，生態學看似簡單，但卻是門複雜的科學，人類有生態學這門科學起源於1980年代，且在文獻中生態學當時被科學界嘲笑為無用的科學，即因其要解釋的東西太多，變動也太多，為一門受爭論性的科學，故要依照生態學的原則去做風險評估是有困難的。

193 在核子雲降雨對當地生態的污染研究中，Wynne（1996）提出了自然科學家依據其狹隘的科學理性訓練進行風險評估所產生的偏誤，尚不及當地農夫所長期累積的生產經驗與知識。針對後者，他提出風險評估應包含納入在地知識（local knowledge）的重要性，也就是說，公眾對於相關問題的評估事實上是立基於透過長期生活經驗所累積的知識內涵，而這些在地的、傳統的知識內涵或生活技術，往往是科學理論在其普遍化的架設架構與抽象方法的變異考量中所忽略的或疏忽的。因此，風險評估的進行，包括風險的定義、風險評估的範圍、風險評估的領域及方法，都無法僅以單一自然科學領域來進行。

194 事實上，如果風險評估能夠進行到如此程度的典範轉移，已經是某一程度的進步，問題是，如果仍侷限在專業的迷思，此種「由上而下」的評估機制可能將流於形式，在現實的操作過程中仍然無法打破專業壟斷，而忽略社會理性的面向。

知識與公眾的風險感知當作進行對風險評估以及決策評估的重要
依據[195]，它們不但作為（社會科學）風險評估的參考與研究對象，
同時它們本身就必須是評估的主體與內涵。也就是說，後者在風
險評估審查上是與其他專業領域並列，而變成風險決策上的主角
之一[196]。

　　不過值得注意的是，在地知識納入風險評估除非在制度上
有一定的程序保障，例如在環境影響評估範疇、健康風險評估範
疇或社會影響評估範疇明文規定須納入在地知識，否則其經常
受到主流科學評估界定的排除。許多主流風險評估經常不承認
在地知識作為管制科學式評估範疇，而以其不符合科學程序、
驗證方法瑕疵或實驗儀器問題否定其評估知識結果（Frickel et al.
2010）。因此，如何在風險評估機制上建構能夠肯認並連結在地
知識作為管制科學之評估範疇[197]，無論在理論、實踐或經驗研
究層次上，都值得進一步的開發。

四、風險感知、溝通與信任

1. 風險感知與信任

　　然而，關鍵問題是如何擴大風險評估的基礎與範圍呢？如同
前述，除了在科學領域的風險評估上開放性的納入不同科學專業
的見解與討論，而使得科學的風險評估更加完整之外，最重要的
是如何進行與整合社會、倫理、法律等風險評估。關於這部分納
入了社會科學式的風險評估，在當代已變為相當重要的學術課題

風險社會典範轉移

而仍在發展，其中一部分跟社會風險評估相關的是社會公眾對風險的知覺、及科學與社會公眾之間的風險溝通問題，這兩部分在當今的風險評估中成為相當關鍵的命題（Gerrard & Petts 1998; Slovic 2000c, d; Kasperson 2005; Kasperson & Palmlund 2005）。也就是說，廣泛性的社會科學風險評估事實上將納入公眾對風險的感知、風險溝通等問題，而互動與循環式的成為人們評估風險的依據。

　　這個問題的思考背景與關鍵為現代科技決定並影響人類的生活，但如過去般只由政府專業部門告訴民眾產品安全評估的正

---

195 這裡將產生一個基本問題，傳統上是將風險評估與風險管理區分，而科學專業的風險評估經常被視為唯一重要的判斷決策依據，頂多在風險管理的面向上，加入政治、經濟面向的總體考量，具體作法在現行體制下可能是舉辦公聽會。事實上，這樣的做法在比重上仍是以傾向唯科學風險評估模式的政策決策。相對的，上述歐盟的討論基本上是站在風險治理（risk governance）的角度，全盤的重新定位風險界定（risk identification）、風險衡估（risk evaluation）、風險管理（risk management）、風險評估（risk assessment）與風險溝通（risk communication）關係，依此，自然科學風險評估、社會科學風險評估與常民在地知識在整個風險治理的關係中是並列同樣重要的。

196 這裡有兩個命題可以思考，第一，公眾在地的經驗知識與風險感知本身就變成一種專業範疇，必須在風險評估的領域與過程中加入，這是 Wynne 一向所強調的主張。第二，公眾在地的經驗知識與風險感知一旦納入專業評估的範疇，就代表其很早就變成風險評估的內涵，而不只是傳統風險管理作為外在、後來決策考量的範疇。事實上，從風險治理的角度來看，這兩個思考點將公眾在地知識與社會理性視為整體風險治理的循環步驟之一。

197 在管制科學的討論中，除了專家委員會之間的專家知識爭議外（Jasanoff 1990），最重要的就是管制科學中風險評估範疇如何納入在地知識。Frickel et al.（2010）指出，行政部門經常以評估制度之專家知識界定架構，排除在地或公民知識的評估結果。此種清楚的管制知識邊界政治效應（boundary-policing effect），明顯的不利於開放的風險評估。然而，此種管制科學之風險評估界定卻受到挑戰，尤其愈來愈多的公民知識、與公民團體結合的反專家（against-expert）知識不斷的挑戰各種環境及健康風險評估，導致行政部門需要重新重視公民知識作為管制科學的評估範疇之一。後者則為Frickel et al.（2010）所提出的管制知識邊界連結效應（boundary-bridging effect），其意謂管制科學風險評估除了確認主流科學典範之外，同時也逐步肯認異質的、在地知識作為評估範疇。

當性正逐漸下降，因此，在科技政策與事務上為取得它的正當性，需要參酌社會理性的面向與相關的評估基礎。也就是說，政府部門在對於科技進行風險評估時，必須要考量納入公眾的風險感知，並尋求公眾的支持。而此種開放性的風險評估則不再侷限於傳統單一的自然科學方式，相對的，它必須充分考量公眾對於科技風險的感知、理解與接受程度。由於傳統的、單一的、由上往下的風險評估與科技政策已日漸失去其正當性，因此，發展社會科學式的風險評估在當代變得相當重要。後者試圖要發展出一種由下往上的風險評估過程，也就是將公眾對於風險的感知與學習、溝通視為是相當重要的評估過程[198]。

總體來說，納入社會、倫理、法律、常民經驗知識等開放性的風險評估，事實上是將風險資訊的建構、提供放在一個公共、開放性的架構下來發展，相對於公眾對於政府提供的風險資訊或官方科學家所提供的風險評估結果的不信任，開放性風險評估相對的能夠提供一定信任的基礎。也就是說，此種開放性風險評估能夠積極的考量除了自然科學所提供的風險數據之外的東西，相對的，能整體的發展公眾對於爭議性科技或產品的認知、理解、學習、溝通過程，在這過程中無論公眾對於爭議性科技的接受程度如何，都將使得風險爭議的正當性問題擴大到社會的基礎上。一方面這樣的過程將打破科學壟斷的迷失，讓科學的爭議成為公共領域的政治選擇；另一方面把科學風險爭議事件，開放性地成為社會公眾自我認知、學習、溝通的過程。

事實上，開放性風險評估主要在於擴大科技爭議的社會基

礎，而這個過程如上述基本上是一種循環式的、互動式的、相互影響的評估方法。也就是，社會科學式的風險評估相當積極的考量了不同社會領域、法律領域、倫理領域、常民經驗知識對於風險爭議的看法，而這些看法除了評估公眾對於自然科學的風險評估所提供的資訊理解與判斷之外，重要的是將不同領域的社會公眾所產生的風險感知、對科技的接受與理解加以考量。

　　開放性的、社會科學式的風險評估雖然尚在發展，但仍值得我們稍作討論。其包括社會領域、法律領域、倫理領域、常民經驗知識等的風險評估，總體而言是要考慮科技對這些領域的衝擊，就社會領域的風險評估而言，例如科技對性別、社會族群、貧富差距或社會分配等的影響，而造成社會不正義的問題加劇，以基因工程或基因改造活性體為例，這種科技將可能進一步的改變社會對性別或族群的歧視，或者在原本貧富差距的社會結構中擴大了不平等的分配（如富有者可選擇較為安全、昂貴的產品或醫療方式）；對倫理的衝擊之風險評估，涵蓋了此項科技是否將影響或改變現行人們所可以接受的道德意涵，如人們是否有權利透過交易自行改造身體特徵（外貌、智商）、上一代是否有權決定改造下一代的身體特徵（外貌、智商），這些都跟基因改造技術相當有關係；在對法律的風險評估上，上述對於社會或倫理的各項衝擊或影響，是否跟現行法律規定之公平正義原則有相互牴

---

198 事實上，由上往下的風險評估方式針對重大爭議的科技風險，往往無法提出令人信服的答案，尤其公眾對於官方或科學群體所提出的評估結果並非那麼信任，因此，相關的科技政策與科技產品之正當性往往不足。

觸之處，或者現行法律的框架已無法因應此類新興科技所造成的影響，而必須加以修正或調整。就常民經驗知識而言，除了進行科學性、專業性的評估判斷外，在風險評估定義、內涵與過程上則須同時尊重常民在地經驗的知識判斷，以避免科學專業知識的抽象性與普遍性架構所可能造成的疏漏。如前述 Wynne（1996）提出在地農夫累積知識與經驗，導正了科學家依據其狹隘的科學評估而誤判核子雲降雨對當地生態的污染。

2. 風險溝通與評估循環互動

整體來看，法律、倫理、社會與常民經驗知識的風險評估看起來似乎跟前述傳統自然科學的風險評估毫不相關，大部分自然科學家或都認為這些評估僅僅是科技問題產生後之末端所需考量的問題；但事實上，科技的問題無法獨立於社會，相反的，法律、倫理與社會的整體評估結果或過程，將相當的影響與決定人們對此科技風險的接受與否及接受程度。就歐盟的討論而言，開放性風險評估既然是包括了自然科學、社會、倫理、法律與常民知識整體互動的評估過程，因此在新的風險治理架構中我們可以借用 Gerrard & Petts（1998）所主張的，其彼此的關聯性相互影響，並形成循環互動的發展。而這幾者整體的風險評估，既然是以社會公眾的理解與溝通為基礎，因此著重在社會爭議或溝通過程中相互間的價值或判斷影響，而形成了循環式的、互動式的環節發展。

我們可以下圖為參考，社會公眾所重視的並非由上往下、單

一自然科學風險評估所提供的答案，而是在這些科學風險評估的爭議過程中，人們如何重新評價、認同、理解這些科學爭議的各種可能性，尤其他們在對法律、倫理、社會等面向的衝擊所衍生的各種問題，在這些問題的爭議中是否能夠選擇一個較恰當的解決方案，符合社會整體的公平正義價值。而這些思考與判斷的關鍵，在於公眾本身是否認為已經充分的參與、學習或溝通這些問題的爭點所在，這種自主的、由下往上的風險判斷，可以說變成當代公共領域新的政治課題[199]。

風險溝通經常被視為評估社會中公眾對風險接受程度、理解風險的內涵——感知與相應發展的衝擊等重要過程，如公眾對風險所不斷辯證、建構的衝擊心理，將連帶的影響到下一步的社會恐懼、經濟活動、倫理認同、人際互動、族群歧視或政治衝突等擴大風險的範圍[200]。

換句話說，風險溝通變成風險評估中相當根本的程序，除了初期的有限領域的風險評估外（包括風險源及初步衝擊），風險溝通將成為相對重要、謹慎的建構程序（constructive process），因為風險在公眾層次上為一個開放、主觀的社會建構過程與結果（Beck 1986），在這個過程中風險溝通將引導公眾對風險的

---

[199] 依照現行的制度，主管機關得依行政程序法召開聽證程序以收集社會意見，或召開協調會進行協調工作，或者，依照行政程序法第四十四條資訊公開原則，公布相關資料進行片面的風險溝通。然而，如前所述，開放性納入社會科學或在地知識的風險評估程序，可能不是現行制度所能夠承載，而需以新的典範價值來重新設定制度。

[200] 以 2003 年於台灣爆發的 SARS 為例，其所形成的衝擊面從醫療、公衛到觀光、航空、產業、投資、日常經濟、科技、金融、失業、社會歧視恐慌、社會信任、社會倫理、政治、整體國家競爭力等，跨越了諸多領域。

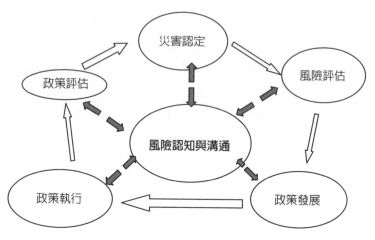

Source: Gerrard, Simon & Petts, Judith 1998

感知、理解與行動的認知，而延伸性的演變出不同程度的風險衝擊範圍，這幾乎是一個循環的辯證過程（見上圖）。亦即，風險溝通與公眾風險感知被視為扮演一個與風險評估、災害認定（Hazard identification）、政策發展（Policy development）、政策執行（Policy implementation）、政策評估（Policy evaluation）等面向循環互動相當核心的角色[201]，我們可以程序性的互動來理解。

所以我們可以看到，社會公眾不僅僅考量自然科學風險評估的爭議內涵，大部分人希望的仍然是就這些爭議在法律、社會、倫理的衝擊上所形成的各種價值與評估問題找出共識；而這些公眾價值與評估所形成的風險感知與溝通過程，一方面對公共政策決策形成影響，另一方面持續性的發展為對實質科技風險評估、

對災難的評價或認同，而進一步的對科技政策的執行與決策賦予或否定其正當性基礎（Gerrard & Petts 1998）。

事實上，科學爭議與風險的不信任，主要在於一開始其僅停留在傳統自然科學風險評估方式，而不同領域的科學專家對於科學的安全性或生態的衝擊有不同的答案。這種由上往下、被動式的風險資訊，顯然提供公眾相當負面的風險感知；在社會或公眾仍然未對科技產品有充分認知的機會時，高度的科學爭議似乎已經阻斷了公眾對此科技產品的信心。然而，許多科學技術人員仍然深信只要在科學上不斷加以說明、啟蒙與教育民眾，公眾對科技產品的排拒終將過去，因此不斷的強化宣傳其風險評估是建立在主流的科學（sound science）基礎上，而毫不知公眾最在意的並非最終風險評估的答案，而在於風險評估的過程是否具開放性、透明性、與可理解性[202]。在國外許多經驗中我們可以看到，社會公眾將爭議科學視為垃圾科學（junk science）的責難（Edmond & Mercer 1998）[203]，主要在於公眾對於風險評估的過程充滿不信任，遑論接受這樣的產品。

---

201 而這整體的循環、相互反饋的過程也被視為風險管理的機制（Gerrard & Petts 1998: 6）。

202 Wynne（1980）在其 "Technology, risk and participation: on the social treatment of uncertainty" 一文中指出，風險評估並不是單純的僅是評估一項科技，重要的是「用哪一種方式評估」（assessment of way），而其關鍵在於如何增加開放性、透明性，以取得評估的可信度及公眾的信任，因為，人們要評估的不只是單一科技，而是整個發展的模式，包括決策方式及政府面對未知科技風險之態度（p. 187）。因此，最終風險評估的答案並不能完全受到公眾的信任，如果其決策、評估程序未見到開放性、透明性、與可信賴性。

203 這部分的批評，在 Edmond & Mercer（1998）的文章中有相當精采的討論，也可以參考周桂田（2004）對國內經驗研究的分析。

世界衛生組織（WHO 2002, 2005）針對日益複雜的環境、健康或食品科技風險也指出，傳統線性的風險溝通單面向的強調科學知識的傳遞、強化教育公眾，事實上並無法提升公眾對政府科技爭議治理的信任；因為，此種威權式的專家政治僅僅從主流科學知識架構進行片面的知識傳遞，而無法真正理解公眾對專家知識爭議與科學不確定性的疑慮，同時也無法納入公眾的價值取捨來作為風險評估與管理的一環。因此，WHO 主張應當捨棄傳統線性的風險溝通，而重視循環、互動的風險溝通模式，後者將能夠以預警原則開放性的掌握、理解社會的疑慮與價值取捨。

五、結論

本章從公眾信任的角度，討論風險評估與風險溝通典範變革的重要性。將公眾理解科學視為無知、文盲的風險溝通欠缺模式，所導出強化教育、傳遞科學知識的觀點，基本上建立在威權的、機械觀式的科學認識論假設上。而此種專家政治取向的科技決策典範，將限縮在相當單面向、線性的風險溝通，而且不利於處理當代各種複雜科技所構成的科技安全不確定性及外溢於科學的健康、生態、社會、倫理等風險評估。而一旦風險評估侷限在有限的科學知識評估範疇上，從管制科學的角度來看，由於風險評估未能擴大到處理科技爭議之知識多樣性、跨界知識與在地知識範疇、以及社會價值取捨，將逐步侵蝕公眾對科技的信任。

因此，本章試圖提出開放性的風險溝通與風險評估觀點，

主要在於反省與檢討現行傳統自然科學式的風險評估之限制，其對當代爭議性的科技發展與所引發對健康、生態、社會、倫理、法律的衝擊等等，並無法提出一套有效的解決方式與答案。相反的，侷限於單一、傳統的科學評估，雖然表面上有著主流科學數據或證據的背書，但在經驗上往往引起延伸性的爭議，因為這一套長期評估的方法僅以部分科學理性為基礎，並未能完整的納入不同科學領域的參與評估（實質上要納入各種科學領域的參與風險評估，仍有其困難性，尤其對於相當複雜的生態或健康安全因素的評估，通常僅限於某一些領域的評估開發與實踐）。況且，科技爭議所引發的風險不僅僅只是科學領域或解釋可以來解決的，對於倫理、社會或法律權利的衝擊，若僅侷限於科學理性的思考，往往見樹不見林。因此，文中所提出的後常態科學觀主要在於指出當代科技風險高度的逾越了既有的風險評估界限，同時也逾越了對現行倫理、社會或法律架構的界限，而重新思考與建構開放性的、納入社會科學式的風險評估方式，便顯得相當重要。

進一步說，當代科技爭議所引發不同面向的風險顯然無法再以狹隘的自然科學理性思維來解決，反而必須尋求社會理解、溝通的基礎。亦即，將科技的風險爭議擴大為整體社會（包括技術官僚、不同科學群體、社會運動團體、公眾等等）學習、相互參與、相互溝通的過程，雖不能保證能夠達到社會最大的共識、或公眾對爭議性科技的接受，但在這過程中已使得公眾所潛在疑慮的、社會高度爭議的科技議題開放性地變為公共領域所共同參

與、學習，建構一定程度的價值判斷。一旦公眾的風險感知是在開放性的脈絡下進行社會學習，公眾對於風險資訊與價值的信任程度也將大大的提高，而能進一步形塑科技政策的正當性基礎。

第九章

結論：風險社會典範轉移

從全球發展來看，十九世紀西方社會工業革命嵌合資本主義體制的支配之下，二十世紀人類工業社會面臨鉅變及危機。在這個角度之下，第一次的鉅變我們可以博蘭尼（Karl Polanyi）分析市場自由主義的失敗導致第一次世界大戰為例，看到人類工業文明與政治體制在剝削式的發展意識形態上何其脆弱。而1930年代以來美國羅斯福總統倡議「新政」而大量引入知識技術官僚於政府部門，為1960年代末的生態危機及環境管制之科學主義衝突埋下伏筆；即使1960年代工業社會大量的重工業製造污染與衝擊環境，形塑人類社會的第二次鉅變，然而科學主義的環境管制仍然深信這些工業社會的「副產品」是可以控制、恢復與彌補的。但是，1973年的美國三哩島核災、1986年前蘇聯烏克蘭車諾比核災破解了這個神話，甚至到2011年日本福島慘重核災事故，科學主義的技術官僚仍然還在爭辯大型科技的可控制性。

而除了工業發展所造成的環境風險之外，1970年代托佛勒（Alvin Toffler）資訊社會發展的第三波、1973年貝爾所宣稱的以資訊及知識為生產基礎之「後工業社會來臨」，以及到了1996年柯司特分析資訊科技生產範式嵌合網絡節點之全球化「網絡社會的來臨」，更啟動並深化了二十世紀人類社會的第三次鉅變。而同時，1990年代末基因科技及奈米科技的日益發展，進一步的侵入人類社會的各個行動領域，包括環境、自然、醫療、食品、運輸、勞動等；透過複合的奈米資訊、奈米基因與奈米醫學的發展，跨越各種問題的邊界，而在二十世紀末至二十一世紀初於全球化網絡運動的推波助瀾之下，延伸並演化為更新的鉅變

挑戰直至今日。

換句話說，風險社會就是鉅變社會。風險的跨界，不論是跨越專業的自然科學領域，或是由各種科技所衍生對社會體制、性別、倫理、族群，甚至是對環境、健康、食品、生態等衝擊，都代表跨界風險的界定、風險的不確定性、風險同時跨越並穿透各個領域等挑戰，需要新的研究視野與方法論。本書主要以貝克的風險社會觀點為架構，開展其討論的研究理論與實踐方法；對貝克（1996）而言，社會科學以限囿於民族國家之工業社會問題為研究焦點，應當揚棄，因為這些謹守專業疆界、問題疆界與領土疆界的研究批判，並無法對應日益複雜、模糊與不確定性的風險挑戰。雖然，貝克處理的主要是批判 1980 年代中期工業社會理論的範型及對大科技的迷思（主要是對當時的核能科技與基因科技），並沒有延伸討論到後期新興科技之複合風險（如基因改造產品、奈米資訊、奈米醫學、疫病傳染），但其指涉的風險社會與全球化衝擊演化之風險文明，也明確的提出當代社會理論典範轉移的方向。

在典範轉移的衝突中，最明顯的莫過存在於管制科學中的實證主義與專家政治。其鬥爭的激烈程度，從狹隘的專業領域、跨界的風險衝擊領域到政治領域，一直都存在。我們可以「簡單的現代化」與「反身的現代化」來區分之；前者為專家把持、以科學主義為唯一基礎的技術官僚管制範型，後者強調風險的界定與評估，需要擴大科學審查之社群、甚至需要進行民主程序來尊重終端的公民之價值與決策。對應此分析，知識經濟社會研究者

（Nowotny et al. 2001）再次提醒我們，在資本主義發展的架構之下，市場與全球化競爭根本上主導了科技工業的發展，而可以區分為「模型一社會」（mode I society）與「模型二社會」（mode II society）。前者認為科技及知識經濟社會之發展階段處於單純化、集中化與單一領域界限，如科研集中於大學或政府研發機構，因此科技管制之範疇與對象較為簡單；後者則認為當代科技及知識經濟發展日趨複雜，除了受到市場與全球化競爭之外，其也具有異質化、多樣化、去限制化，如大企業或跨國公司之科技研發能量遠超過大學或政府研發機構，甚至發展出超越國家現行科技、環境甚至倫理管制的產品。因此，其風險治理已經不能侷限在過去的科學評估與決策。

以此，上述的討論可以進一步再歸納為兩個分析面向，其一為當代社會經濟變遷的形塑，造成風險的擴散樣態不斷變化與更新。其二為風險的本質從單純、有限範圍與疆域屬性演變朝向複雜、異質與跨界發展。全球化網絡運動驅動這些發展，特別是科技的演進已經鑲嵌於全球經濟的競爭之上，而形塑當代風險社會新的挑戰。亦即，嵌合於全球經濟、科技、社會之劇烈變遷與轉型，風險的衝擊不但跨越單一領域，也同時變成跨尺度、跨空間、跨疆界（Bulkeley），而需要人們以新的科學與社會科學典範來因應。再說一次，當代無論是科技、疫病傳染、食品安全、環境污染、劇烈氣候變遷、永續經濟發展衝突等，任何一類關涉到整個社會、政治、經濟與管制結構的規劃與調整，都牽涉到跨界的風險規模與治理思維之改變。

　　本書所架構的三大部分，可以說是這些愈趨激烈社會變遷轉型的基礎分析架構，而提出新的社會理論視野、研究方法與風險治理典範。我在第二章進行基礎性的風險社會結構分析，指出現代化理論面臨社會科學分析方法的挑戰。亦即，在傳統現代化理論之中，假定線性的社會發展邏輯，以狹隘的科學理性為基礎來促進工業社會的進步，而朝向「現代化的再現代化」。然而，此自 1980 年代以來的現代化理論傳統，已經不復效力。相對的，依據西方或非西方社會各自特殊的政治、經濟及歷史脈絡而開展出其在地社會的現代性樣貌之反身性現代化觀點，明確的指出不同的發展思維與分析方法。

　　而這樣的社會發展邏輯，則直接對應到社會行動者個人。在第三章我特別指出的是，對應這些層出不窮跨界風險的挑戰，各個社會的管制制度、政治機制將產生風險個人化的問題。因此需要開展新的政治形勢，亦即開展次政治行動來挑戰主流的、官僚制的政治機制。我們可以看到，目前在台灣各種新生的社會運動領域中透過非主流的社會動員，包括消費者、藝文界、影視界、學界等，都逐漸匯集新的動能來挑戰與監督各種官方政策。

　　風險社會的核心命題最關鍵的為專家與科技系統所建構的「無知」結構，而因此風險社會政治則在於解構此龐雜的無知系統。別忘了，高度鑲嵌在全球化經濟競爭下的科技研發已經形成一種「經濟承諾的科技體制」（the regime of economics of techno-scientific promises）（Wynne 2007），將科技與專家捆綁其中。因此我們在第四章中所分析專家系統壟斷風險知識的基礎

觀點,只是為風險社會核心的無知系統進行理論分析上的鋪陳,其有待於未來進一步再切入社會經濟巨大變遷與跨界風險本質轉變面向,進行討論。

　　而這個準備工作,於本書中我已經初步進行整理。主要集中於第二部分就全球在地化風險與風險社會政治實踐、第三部分風險治理典範上風險評估與風險溝通。於第五章我嘗試以資訊及知識為生產範型的資訊網絡社會變遷為基礎,討論網絡節點快速擴散的全球化效應,並依此建構全球化風險概念。我指出,全球化作為人員、勞動、商品、物種、科技、疫病、傳播、文化等綿密網絡的相互流通,本身即構成全球化風險。亦即,當代人類生存於高度綿密交流的全球化風險網絡之中,任何一個事件發生(如禽流感、基因改造產品、環境荷爾蒙跨境污染、阿拉伯之春等)都將快速的透過網絡節點擴散出去,而形成跨越疆界、不可知的衝擊。而此種全球化風險也是當代社會變遷過程中無意圖的後果,其衝擊效應與結果將端視各個在地社會在治理與管制能耐上的回應。我進一步指出,全球各地社會依據其政治社會脈絡所形塑對科技、環境、食品或倫理等全球化風險衝擊的治理,將進一步產生全球在地化風險;而依據其本土社會特殊的治理與管制模式及文化,將發展為全球在地化風險治理問題。因此,當我們在討論全球化下風險社會之政治實踐(第六章),在方法論上,必須斟酌全球在地化風險治理之結構與文化。

　　依據這個準備工作,在第七章我回溯本書的核心問題之一的狹隘實證主義風險決策與專家政治,深入的探討當代社會為何需

要新的風險治理典範。尤其，面對各種新興的跨界、跨領域、跨尺度、跨疆界的災難與風險挑戰，各國政府更為前瞻、尊重民主程序的風險決策，以挽回日益喪失的公眾信任。從比較的觀點，我提出了歐盟、國際風險治理協會倡議的風險治理模式，並在第八章分析其理論根源。其主要論點強調，政府對風險的治理、評估與管制需要揚棄傳統上認定公眾欠缺認知的風險溝通模式，相反的，風險溝通為啟動、銜接與發展風險評估與風險決策之任一重要環節。進一步來說，風險評估應當鑲嵌在開放性的風險溝通民主程序之中，其實際執行上包括擴大風險評估的領域與審查的專業社群、重視反專家知識、在地知識、常民知識與社會價值及偏好，來進行包括科學評估、社會經濟評估或倫理評估等程序。透過這些程序，來強化風險治理的公眾信任與決策的正當性。

我在進行這兩部分問題結構的鋪陳與分析時，除了一方面演繹與討論最新的全球化發展趨勢與最新的治理制度，事實上最關懷的是企圖從在地、甚至東亞社會的分析角度，來看待自我社會的反身性發展邏輯、政治特性、管制與治理文化問題。我在第五章處理全球化風險的動態邏輯與面向，凸顯在地社會政治、制度脈絡如何形塑其特殊的治理衝突與文化，並提出反省。而此種反身性檢討所提出全球在地化風險動態邏輯，有助於我們觀察分析本土社會、甚至東亞社會的風險政治與政治實踐的結構困境。同樣的，這個關懷也延展到對本土、甚至東亞的風險治理、風險評估與溝通之觀察。

在當代科技社會進行全球在地化風險之反身性治理過程中，

就經驗上，我們面臨了不同在地社會特殊的科技文化或管制文化問題，也因此產生不同的治理脆弱性危機。Bijker（2006: 9）指出，一個社會在對應科技發展及衝擊之系統能耐（system's capacity），將決定其脆弱性程度（vulnerability of a technological system）。換句話說，此科技系統的脆弱性程度則依賴於該社會對應現代科技發展、創新所產生衝擊的能耐；後者為一個社會建構過程，端視該（社會）系統是否有能力參與、抵抗、協調合作或恢復科技事件影響或減損其系統功能的一貫性。從另一角度來看，全球各地不同社會在面對跨界風險的衝擊，其治理與管制的機制、社會的監督與反省、公民的覺醒與判斷選擇，或者說進行對爭議性科技風險的政治行動（環境運動、消費者運動、抵制運動等）及能耐，將建構性的形塑該社會對抗科技風險的強健性或脆弱性。

　　一個系統穩健的科技社會，在治理上由於有強勁的社會反省與公民團體監督，因此能產生社會自我反身性的反思、批判與學習，來因應科技的風險與衝擊，並發展各種管制與治理的形式。然而，當代跨界風險的複雜性與不確定性卻逾越了此種發展，而產生新的風險社會面貌及挑戰。就對西方社會科技文化尋求創新的觀察，Bijker（2006）指出由於科技創新隱含動態及不穩定的特質，並被大量地應用在各種高度複雜又緊密連結的社會系統中，如能源分配、溝通、運輸和貿易上，因此，產生一定程度的脆弱性問題。其關鍵在於如歐盟環境總署（European Environment Agency 2001）指出，當代西方社會面對許多科技

與科學發展的重要議題，是處於「整個社會的無知」（societal ignorance）狀態。亦即，面對科學所涵蓋的複雜性、不確定性與未知領域，當代社會忽略應當培養更豐富的多元性、適應度及彈性來進行科學研究，有助於人們的決策與對科技的抉擇。

而導致整個社會無知或忽視的根源，歐盟環境總署進一步指出，就在於經常以化約、線性的評估來對應動態、複雜的系統科學；在許多管制評估上經常被特定的領域所支配、甚至俘虜，而無法以開放的、多元的評估來面對不確定性及風險。此種「制度性的無知」（institutional ignorance）由於往往以單一領域來衡估複雜的科技衝擊，其結果就進一步導致整個社會對該風險的無知、忽視，而進行了錯誤方向的決策（ibid., p. 172）。換句話說，對跨界的風險評估，若傾向以單元的科學來作為證據衡量基礎，將造成國家在管制制度上的闕漏，而演變成制度上忽視風險的複雜性與不確定性衝擊。特別是，在當代科技發展上，由於市場競爭與商業邏輯的影響，在決策上傾向以簡化的效率及效益來作為判斷的基礎（Gibbons et al. 1994），更將忽略跨界風險的衝擊。

而從反身性治理鑲嵌於在地社會脈絡的角度而言，這種制度性的無知所導致整個社會對複雜、不確定性科技風險衝擊的無知與忽視，在台灣更甚。從我十年多來對基因改造產品、晶片護照、按捺指紋換發身分證、戴奧辛食品污染風險、美國狂牛症牛肉風險、奈米科技風險、環境與開發爭議等系列研究，指出新興工業化國家由於威權的專家政治——隱匿、遲滯風險的管制文化，加上傾向於以實證科學評估作為決策的基礎模型，長期以來

造成國家與社會彼此強烈衝突，進而惡性循環的形成雙重風險社會（double risk society）。從這些系列研究，我指出長期以來台灣風險治理的三個結構性叢結，包括（一）政府以經濟發展為優先、（二）遵奉狹隘的科學實證主義、（三）威權的專家政治傳統，導致技術官僚在面對各種科技、環境、食品、疫病傳染、開發事件，傾向遲滯、隱匿風險，而形成相當特殊的在地社會管制文化。亦即，由於政府長期以來習於此種由上而下、威權的風險管制，造致社會也產生對風險的無知，同時也形成在地社會特殊的隱匿風險文化。換句話說，此種隱匿風險文化是同時存在於政府部門與社會，而形成本土性的制度性無知、隱匿與遲滯風險結構，並導致整體社會的無知。

更甚的是，這些風險事件與爭議的遲滯與隱匿也都指向一個循環性的結果，當風險事件爆發，則延遲時間的「風險內爆」炸彈之威力相當強大，不但炸掉公眾對政府風險治理的信任，也造成人人自危、相當脆弱的風險個人化危機；而此種雙重風險社會型態，相當不同於貝克所關懷的西方社會，無論是威權政府治理與專家政治決策模式難於修正，或者公眾風險意識的覺醒、公民社會的強健性發展仍具階段性，其社會的反身性發展邏輯仍有顯著的、特殊的脈絡意義。因此，在方法論上我們需要進一步的尋求東亞社會特殊政治歷史脈絡的風險治理問題，而建構此間的普遍性反身性治理邏輯。

從這樣的角度來看，本書在論析風險社會變遷與風險治理典範之轉移，最後的關懷皆需要從東亞台灣的全球在地化特質，來

觀察、分析並建構政府、行動者個人與公民社會的反身性治理與發展。這樣的研究視野不但企圖考察特殊脈絡的普遍性意義，同時，也隨著劇烈的東亞社會變遷而具未來性，值得下一步進行理論化的努力。

就反身性治理的衝突與變化來看，雖然近年來我們可以看到各類公民團體不斷累積、建構監督政府的論述、公民知識能耐，但仍不足以改變技術官僚之專家政治典範，而持續產生各種愈趨激烈的對抗。其演變至今，透過各種環境、食品、疫病傳染、科技或永續開發爭議的不斷累積，形成政府與社會、政府與人民高度相互不信任之「僵局風險治理」（hung risk governance）。而這個發展型態，使得整個社會面對各種全球化風險，更形脆弱。

要改變此種不斷複製、惡性循環的雙重風險社會，我指出台灣社會應當朝向治理創新的路徑發展，一方面政府重視與肯認社會的強健性與公民知識能耐，另一方面社會也學習風險知識與決策，建立政府與社會共同的治理夥伴關係。而此轉型的治理創新路徑，需要進行制度化的民主溝通機制與經驗的學習，由政府與各界不斷的謹慎合作與修正，並建立相互信任的氛圍與關係（周桂田 2013），使得整個社會一步一步走出永續的發展共識。

參考文獻

Adorno, T. W., & Horkheimer, Max (2002). *Dialectic of Enlightenment* (E. Jephcott, Trans.). Stanford: Stanford University Press.

Albrow, Martin (1996). *The Global Age: State and Society Beyond Modernity*. Stanford: Stanford University Press.

Anita, Rubin, & Jari, Kaivo-Oja (1999). Toward a Futures-oriented Sociology. *International Review of Sociology, 9* (3).

Appadurai, Arjun (1998). *Globale Ethnische Räume*. Frankfurt am Main: Suhrkamp.

Böhme, G. (1992). *Natürlich Natur: über Natur im Zeitalter ihrer technischen Reproduzierbarkeit*. Frankfurt am Main: Suhrkamp.

Baogang, He, & Warren, Mark (2001). *Authoritarian Deliberation: The Deliberative Turn in Chinese Political Development*. Paper presented at the the Cultural Sources of deliberative Politics in East Asia, Fudan University, Shanghai.

Barber, B. (1995). *Starke Demokratie – Über die Teilhabe am Politische*. Hamburg: Rotbuch.

Bason, Christian (2010). *Leading Public Sector Innovation – Co-creating for a better society*. Bristol: Public Policy Press.

Bauman, Zygmunt (1992a). *Moderne und Ambivalenz*. Frankfurt am Main: Fischer.

Bauman, Zygmunt (1992b). Soil, blood and identity. *The Sociological Review, 40* (4), 675-701.

Bauman, Zygmunt (1993). Wir sind wie die Landstreicher. Die Moral im Zeitalter der Beliebigkeit. *Süddeutsche Zeitung, 16/17.*

Bechmann, Gotthard (1993). Risiko und Gesellschaft. In G. Bechmann (Ed.), *Risiko als Schlüsselkategorie der Gesellschaftstheorie* (pp. 237-276). Wiesbaden: VS Verlag für Sozialwissenschaften.

Bechmann, Gotthard, & Rammert, Werner (1997). *Technik und Gesellschaft, Jahrbuch 6: großtechnische Systeme und Risiko.* Frankfurt am Main: Campus.

Beck, Ulrich (1994). Neonationalismus oder das Europa der Individuen. In U. Beck & E. Beck-Gernsheim (Eds.), *Riskante Freiheiten* (p. 466). Frankfurt am Main: Suhrkamp.

Beck, Ulrich (1995a). *Die feindlose Demokratie.* German: Reclam.

Beck, Ulrich (1995b). *Eignes Leben.* Munich: C. H. Beck.

Beck, Ulrich (1996a). Kapitalismus ohne Arbeit. *Der Spiegel, 20,* 140-146.

Beck, Ulrich (1996b). Ohne Ich kein Wir – Die Demokratie bracht Querköpfe. Plädoyer für eine Sozialmoral des "eigenen Lebens". *Die Zeit, 35* (23).

Beck, Ulrich (1996c). Weltsrisikogesellschaft und Weltbürgergesellschaft. *Manuskript erscheint im Sonderheft der KZfSS.* Umweltsoziologie.

Beck, Ulrich (1997a). Die Eröffnung des Welthorizontes: Zur Soziologie der Globalisierung, Herausgeber-Mitteilung. *Soziale Welt 47,* 3-16.

Beck, Ulrich (1997b). *Kinder der Freiheit.* Frankfurt am Main: Suhrkamp.

Beck, Ulrich (1997c). *Was ist Globalisierung.* Frankfurt am Main: Suhrkamp.

Beck, Ulrich (1998). *Politik der Globalisierung.* Frankfurt am Main: Suhrkamp.

Beck, Ulrich (1999). *World Risk Society.* Cambridge: Polity Press.

Beck, Ulrich (2000). Risk Society Revisited: Theory, Politics and Research Programmes. In B. Adam & V. Loon (Eds.), *The Risk Society and Beyond: Critical Issues For Social Theory* (pp. 211-239). London: Sage Publications Ltd.

Beck, Ulrich, & Beck-Gernsheim, E. (1990). *Das ganz normale Chaos der Liebe.* Frankfurt am Main: Suhrkamp.

Beck, Ulrich, & Beck-Gernsheim, E. (1993). Nicht Autonomie, sondern Bastelbiographie: Anmerkungen zur Individualisierungsdiskussion am Beispiel des Aufsatzes von Günter Burkart. *Zeitschrift für Soziologie, 22* (3).

Beck, Ulrich, & Beck-Gernsheim, E. (1994). *Riskante Freiheiten.* Frankfurt am Main: Suhrkamp.

Beck, Ulrich, & Sopp, Peter (1997). *Individualisierung und Integration – Neue Konfliktlinien und neuer Integrationsmodus?* Opladen.

Beck, Ulrich, & Sznaider, Natan (2006). Unpacking cosmopolitanism for the social sciences: a research agenda. *The British journal of sociology, 57* (1), 1-23.

Beck, Ulrich (1986). *Risikogesellschaft. Auf dem Weg in einen andere*

Moderne. Frankfurt am Main: Suhrkamp.

Beck, Ulrich (1988). *Gegengifte – Die organisierte Unverantwortlichkeit.* Frankfurt am Main: Suhrkamp.

Beck, Ulrich (1990). Von der Industriegesellschaft zur Risikogesellschaft. In W. Cremer & A. Klein (Eds.), *Umbrüche in der Industriegesellschaft* (pp. 13-35). Wiesbaden: VS Verlag für Sozialwissenschaften.

Beck, Ulrich (1991a). Die Soziologie und die Ökologische Frage. *Berliner Journal für Soziologie, 1* (3), 331-341.

Beck, Ulrich (1991b). *Politik in der Risikogesellschaft.* Frankfurt am Main: Suhrkamp.

Beck, Ulrich (1993a). *Die Erfindung des Politischen. Zu einer Theorie reflexiver Modernisierung.* Frankfurt am Main: Suhrkamp.

Beck, Ulrich (1993b). Politische Wissenstheorie der Risikogesellschaft. In G. Bechmann (Ed.), *Risiko und Gesellschaft.* Opladen: Westdeutscher.

Beck, Ulrich (1993c). Politische Wissenstheorie der Risikogesellschaft. In G. Bechmann (Ed.), *Risiko und Gesellschaft* (pp. 305-326). Opladen: Westdeutscher.

Beck, Ulrich (1993d). Risikogesellschaft und Vorsorgestaat – Zwischenbilanz einer Diskussion. In F. Ewald (Ed.), *Der Vorsorgestaat* (pp. 535-558). Frankfurt am Main: Suhrkamp.

Beck, Ulrich, Giddens, Anthony, & Lash, Scott (1996). *Reflexive Modernisierung: eine Kontroverse.* Frankfurt am Main: Suhrkamp.

Beck, Ulrich, & Grande, Edgar (2010). Varieties of second modernity: the cosmopolitan turn in social and political theory and research. *The British journal of sociology, 61* (3), 409-443.

Beck, Ulrich, & Sznaider, Natan (2010). Unpacking Cosmopolitanism for the Social Sciences: A Research Agenda. *The British journal of sociology, 57* (1), 1-23.

Bell, D. (1975). *Die nachindustrielle Gesellschaft*. Frankfurt am Main: Campus.

Bell, D. (2001). *The Coming of Post-Industrial Society: A Venture in Social Forecasting*. New York: Basic Books.

Berger, Peter A. (1997). Individualisierung und sozialstrukturelle Dynamik. In U. Beck & P. Sopp (Eds.), *Individualisierung und Integration – Neue Konfliktilinien und neuer Integrationsmodus?* Opladen.

Bijker, W. E. (2006). The Vulnerability of Technological Culture. In H. Nowotny (Ed.), *Cultures of Technology and the Quest for Innovation* (pp. 52-69). New York: Berghahn Books.

Bijker, Wiebe E. (2006). The Vulnerability of Technological Culture. In H. Nowotny (Ed.), *Cultures of Technology and the Quest for Innovation*. New York: Berghahn Books.

Bonß, W. (1991). Unsicherheit und Gesellschaft – Argumente für eine soziologische Risikoforschung. *Soziale Welt, 42,* 258-277.

Boyle, David, Slay, Julia, & Stephens, Lucie (2010). *Public Services*

Inside Out: Putting Co-production into Practice. London: the Lab, Nesta.

Buchanan, Allen, Brock, Dan W., Daniels, Norman, & Wikler, Daniel. (2000). *From Chance to Choice: Genetics and Justice.* London: Cambridge University Press.

Burns, T. W., O'Connor, D. J., & Stocklmayer, S. M. (2003). Science communication: A contemporary definition. *Public Understanding of Science, 12,* 183-202.

Calhoun, Craig (2010). Beck, Asia and second modernity. *The British journal of sociology, 61* (3), 597-619.

Castells, Manuel (1996). *The Rise of the Network Society.* Oxford: Blackwell.

Castoriadis, C. (1990). Post-modernism as generalized conformism. In W. Zapf (Ed.), *Die Modernisierung moderner Gesellschaften. Verhandlungen des 25. Deutschen Soziologentages in Frankfurt am Main 1990.* Frankfurt/New York: Campus.

Chang, Kyung-Sup (2010). The second modern condition? Compressed modernity as internalized reflexive cosmopolitization. *The British journal of sociology, 61* (3), 444-464.

Chou, Kuei-tien (2000). Bio-industry and social risk – delayed high-tech risk society. *Taiwan: A Radical Quarterly in Social Studies, 39,* 239-283.

Chou, Kuei-tien (2002). The theoretical and practical gap of glocalizational risk delayed high-tech risk societ. *Taiwan: A Radical Quarterly in Social Studies, 45,* 69-122.

Chou, Kuei-tien (2007). Public trust and risk perceptions: A preliminary study of Taiwan's GMOs, 2003-2004. *Taiwanese Journal of Studies for Science, Technology and Medicine, 4,* 149-176.

Chou, Kuei Tien (2007). Biomedtech Island Project and Risk Governance – Paradigm Conflicts Within a Hidden and Delayed High-tech Risk Society. *Soziale Welt, 58,* 123-143.

Chou, Kuei Tien (2009). Reflexive Risk Governance in Newly Industrialized Countries. *Development and Society, 43* (1), 57-90.

Chou, Kuei Tien, & Liou, Hwa Meei (2009). "System destroys trust?" – Regulatory Institutions and Public Perception of Food Risks in Taiwan. *Social Indicators Research, 96* (1), 41-57.

Conard, J. (1980). *Society, Technology and Risk Assessment.* New York: Academic Press.

Cruz-Castro, Laura, & Sanz-Menéndez, Luis (2005). Politics and Institutions: European Parliamentary Technology Assessment. *Technological Forecasting & Social Change, 72,* 429-448.

Delvenne, Pierre (2010). *Parliamentary technology assessment institutions as indications of reflexive modernization.* Paper presented at the Society for social studies of science annual meeting with JSSTS, University of Tokyo, Tokyo.

Dobson, A. P. (1996). *Conservation and Biodiversity. Scientific American*

Library. A Division of HPHLP. New York: W. H. Freeman.

Douglas, M., & Wildavsky, A. (1982). *Risk and Culture*: Unviersity of California Press.

Douglas, Mary (1966). *Purity and Danger, an analysis of the concepts of pollution and taboo.* London: Routledge.

Durkheim, Emile (1973). *Der Selbstmord.* Frankfurt am Main: Suhrkamp.

Durkheim, Emile (1984). *The Division of Labour in Society* (W. D. Halls, Trans.). London: Macmillan.

Dutton, Diana B. (1988). *Worse than the Disease: Pitfalls of Medical Progress.* Cambridge: Cambridge University Press.

Ebers, Nicola (1995). *"Individualisierung"– Georg Simmel – Norber Elias – Ulrich Beck.* Würzburg: Königshausen & Neumann.

Eder, K. (1995). Die Institutionslidirrung Sozialer Bewegungen. In H.-P. Müller & M. Schmid (Eds.), *Sozialer wandel.* Frankfurt am Main: Suhrkamp.

Edmond, Gary, & Mercer, David (1998). Trashing "Junk Science". *Stanford Tech Law 3.*

Ehlert, W. (1992). *Sozialverträgliche Technikgestaltung und/oder Technisierung von Sachzwang ?* Opladen: Westdeutscher.

Elias, Norbert (1987). *Die Gesellschaft der Individuen* (M. Schröter Ed.). Frankfurt am Main: Suhrkamp.

Elias, Norbert (1988). Was ich unter Zivilisation verstehe. Antwort auf Hans Peter Duerr. *Die Zeit, 25.*

Elias, Norbert (1990). *Norbert Elias über sich selbst*. Frankfurt am Main: Suhrkamp.

European Commission (2007). *Taking European Knowledge Society seriously*. Belgium: European Commission.

European Environment Agency (2001). *Twelve late lessons, in Late lessons from early warnings: the precautionary principle 1896-2000*. Copenhagen: European Environment Agency.

European Union (2001a). European Governance: A White Paper [Brussels, 25.7.2001 COM (2001) 428 final]. *Commission of the European Communities*. Retrieved March 6, 2007, from http://eur-lex.europa.eu/LexUriServ/site/en/com/2001/com2001_0428en01.pdf

European Union (2001b). Science, society and the citizen in Europe [Brussels, 14.11.2000, SEC (2000)]. *Commission of the European Communities*. Retrieved March 6, 2007, from http://ec.europa.eu/research/area/science-society-en.pdf

European Union (2002). Science and Society Action Plan. *European Commission*. Retrieved March 6, 2007, from http://europa.eu.int/comm/research/science-society/pdf/ss_ap_en.pdf

Evans, P. B. (1995). *Embedded Autonomy: States and Industrial Transformation*. New Jersey: Princeton University Press.

Ewald, F. (1993). *Der Vorsorgestaat*. Frankfurt am Main: Suhrkamp.

Felt, Ulrike, & Wynne, Brian (2007). *Taking European Knowledge*

Society Seriously. Belgium: European Communities.

Fischer, F. (1989). Technocracy and Expertise: the Basic Political Question *Technocracy and the Politics of Expertise* (pp. 13-39). Newbury Park: Sage Publications Ltd.

Forst, Rainer (1994). Zivilgesellschaft und deliberative Demokratie. In R. Forst (Ed.), *Kontexte der Gerechtigkeit. Politische Philosophie jenseits von Liberalismus und Kommunitarismus.* Frankfurt am Main: Suhrkamp.

Foucault, Michel (1976). *Mikrophysik der Macht.* Berlin: Merve Verlag.

Foucault, Michel (1980). *Power/Knowledge: Selected Interviews and Other Writings, 1972-1977* (C. Gordon Ed.). Hemel Hempstead: The Harvester Press.

Foucault, Michel (1991). *Die Ordnung des Diskurses.* Frankfurt am Main: Fischer Wissenschaft.

Frankenfeld, Philip J. (1992). Technological Citizenship: A Normative Framework for Risk Studies. *Science, Technology and Human Values, 17* (4), 459-484.

Funtowicz, Silivo O., & Ravetz, Jerome R. (1992). *Three Types of Risk Assessment and the Emergence of Post-Normal Science.* Westport: Praeger.

Geertz, C. (1973). *The Interpretation of Cultures.* New York: Basic Books.

Gehlen, A. (1990). Technik als Organersatz, Organentlastung. In P. Bekes (Ed.), *Mensch und Technik.* Stuttgart: Reclam.

Gehlen, A. (1992). *Man in the Age of Technology.* Taipei: Chu Liu Book

Company.

Gerold, R., & Liberatore, A. (2001, 2/7/01). Report of the working group "Democratising expertise and establishing scientific reference systems"(Group 1b) [MAY 2001 (version finale du 2/7/01)]. Retrieved March 6, 2007, from http://ec.europa.eu/governance/areas/group2/report_en.pdf

Gerrard, S., & Pett, J. (1998). Isolation or Integration? The Relationship between Risk Assessment and Risk Management. In R. E. Hester & R. M. Harrison (Eds.), *Risk Assessment and Risk Management* (pp. 1-20). Cambridge: Royal Society of Chemistry.

Gibbons, M. (1994). Competitiveness, Collaboration and Globalisation. In M. Gibbons, C. Limoges, H. Nowotny, S. Schwartzman, P. Scott & M. Trow (Eds.), *The New Production of Knowledge – the Dynamics of Science and Research in Contemporary Societies* (pp. 111-136). London: Sage Publications Ltd.

Gibbons, M., Limoges, C., Nowotny, H., Schwartzman, S., Scott, P., & Trow M. (1994). *The new production of knowledge*. London: Sage Publications Ltd.

Giddens, Anthony (1979). *Central Problems in Social Theory – Action, Structure and contradiction in social analysis*. London: The Macmillan Press.

Giddens, Anthony (1990). *The Consequences of Modernity*. Stanford: Stanford University Press.

Giddens, Anthony (1991). *Modernity and Self-Identity*. Cambridge: Polity Press.

Giddens, Anthony (1994a). *Beyond Left and Right: The Future of Radical Politics*. Cambridge: Polity Press.

Giddens, Anthony (1994b). Living in a Post-Traditional Society. In U. Beck, A. Giddens & S. Lash (Eds.), *Reflexive Modernization: Politics, Tradition and Aesthetics in the Modern Social Order*. Stanford: Stanford University Press.

Giddens, Anthony (1997). *Jenseits von Links und Recht*. Frankfurt am Main: Suhrkamp.

Giddens, Anthony (2002). *Runaway World: How Globalization is Reshaping Our Lives*. New York: Routledge.

Gloede, F. (1994). Technikpolitik, Technikfolgenabschätzung und Partizipation. In G. Bechmann & T. Petermann (Eds.), *Interdisziplindäre Technikforschung: Genese, Folgen, Diskurs* (pp. 147-182). Frankfurt am Main: Campus.

Gonçalves, M. E. (2005). Risk and the Governance of Innovation in Europe: An Introduction. *Technological Forecasting & Social Change, 73*, 1-12.

Gottweis, H. (1998). What is Poststructuralist Science and Technology Policy Analysis? In H. Gottweis (Ed.), *Governing Molecules: the Discursive Politics of Genetic Engineering in Europe and the United States* (pp. 11-38). MA: The MIT Press.

Grande, Edgar (2006). Comopolitan political science. *The British journal of sociology, 57* (1), 87-111.

Grin, John (2005). Reflexive modernization as a governance issue or designing and shaping re-structuration. In J. P. Vofi, D. Bauknecht & R. Kemp (Eds.), *Reflexive governance for sustainable development.* Cheltenham. UK: Edward Elgar.

Grodin, Debra, & Lindlof, Thomas (1996a). *Constructing the Self in a mediated World.* London: Sage Publications Ltd.

Grodin, Debra, & Lindlof, Thomas (1996b). The Self and Mediated Communication. In D. Grodin & T. Lindlof (Eds.), *Constructing the Self in a mediated World.* London: Sage Publications Ltd.

Gross, A. G. (1994). The roles of rhetoric in the public understanding of science. *Public Understanding of Science, 3,* 3-23.

Gruen, Arno (1991). *Falsche Götter. Über Liebe, Haß und die Schwierigkeit des Friedens.* Düsseldorf: Econ.

Habermas, Jürgen (1981). *Theorie des kommunikativen Handelns. 2 Bände.* Frankfurt am Main: Suhrkamp.

Habermas, Jürgen (1985). *Die neue Unübersichtlichkeit.* Frankfurt am Main: Suhrkamp.

Habermas, Jürgen (1990). *Rekonstruktion des historischen Materialismus.* Frankfurt am Main: Suhrkamp.

Habermas, Jürgen (1991). *Die Moderne, ein unvollendetes Projekt.* Stuttgart: Reclam.

風險社會典範轉移

Habermas, Jürgen (1992). Drei normative Modelle der Demokratie: Zum Begriff deliberativer Politik. In H. Münkler (Ed.), *Die Chancen der Freiheit. Grundprobleme der Demokratie* (pp. 11-24). München: Piper Verlag.

Habermas, Jürgen (1994a). *Faktizität und Geltung – Beiträge zur Diskurstheorie des Rechts und des demokratischen Rechtsstaats.* Frankfurt am Main: Suhrkamp.

Habermas, Jürgen (1994b). Individualisierung durch Vergesellschaftung. In U. Beck & E. Beck-Gernsheim (Eds.), *Riskante Freiheiten.* Frankfurt am Main: Suhrkamp.

Hajer, Maarten A. (1995). *The Politics of Enviornmental Discourse: Ecological Modernization and the Policy Process.* Oxford: Clarendon Press.

Halfmann, J. (1996). *Die gesellschaftliche "Natur" der Technik – Eine Einführung in die soziologische Theorie der Technik.* Opladen: Leske + Budrich Verlag.

Hampson, Norman (1999). Extended peer communities and the ascendance of post-normal politics. *Futures, 31,* 655-669.

Han, Sang-Jin, & Shim, Young-Hee (2010). Redefining second modernity for East Asia: a critical assessment. *The British journal of sociology, 61* (3), 465-488.

Hartley, Jean (2005). Innovation in Governance and Public Service: Past and present. *Public Money and Management, 25* (1), 27-34.

Hastedt, Heiner (1994). *Aufklärung und Technik, Grundprobleme einer Ethik der Technik*. Frankfurt am Main: Suhrkamp.

Hatanaka, R., Matsuo, M., Shiroyama, H., & Yoshizawa, G. (2010). *Activities without institutionalization: Limits and lessons of TA and TA-like activities in Japan*. Paper presented at the Society for social studies of science annual meeting with JSSTS, University of Tokyo, Tokyo.

Held, David (1998). Die Globalisieurng der Wirtschaft. In U. Beck (Ed.), *Politik der Globalisierung*. Frankfurt am Main: Suhrkamp.

Hendriks, C. M., & Grin, J. (2007). Contextualizing Reflexive Governance: the Politics of Dutch Transitions to Sustainability. *Journal of Environmental Policy & Planning, 9* (3), 333-350.

Hitzler, R., & Koenen, Elmar (1994). Kehren die Individuen zurück? Zwei divergente Antworten auf eine institutionentheoretische Frage. In U. Beck & E. Beck-Gernsheim (Eds.), *Riskante Freiheiten*. Frankfurt am Main: Suhrkamp.

Hitzler, Ronald, & Honer, Anne (1994). Bastelexistenz. Über subjektive Konsequenzen der Individualisierung. In U. Beck & E. Beck-Gernsheim (Eds.), *Riskante Freiheiten*. Frankfurt am Main: Suhrkamp.

Hobbes, T. (1651). *Leviathan* (I. Fetscher Ed.). Frankfurt am Main: Suhrkamp.

Hochschild, A. (1990a). The Need for Nurture and the Culture of Coolness: A Study of Advice Books for Women. In W. Zapf (Ed.),

風
險
社
會
典
範
轉
移

Die Modernisierung moderner Gesellschaften. Verhandlungen des 25. Deutschen Soziologentages in Frankfurt am Main 1990. Frankfurt/New York: Campus.

Hochschild, A. (1990b). Pluralisierung und Anerkennung. Zum Selbstmißverständnis postmoderner Sozialtheorien. In W. Zapf (Ed.), *Die Modernisierung moderner Gesellschaften. Verhandlungen des 25. Deutschen Soziologentages in Frankfurt am Main 1990.* Frankfurt/New York: Campus.

Honneth, A. (1993). *Kommunitarismus – Eine Debatte über die moralischen Grundlagen moderner Gesellschaften.* Frankfurt am Main: Campus.

Hoppe, Robert (1990). Policy analysis, science and politics: from "speaking truth to power" to "making sense together". *Science and Public Policy, 26* (3), 201-210.

Hsu, Kan-Lin (2002). *The rise and fall of the Taiwanese development state, 1949-1999.* (Ph.D. Dissertation, Department of Sociology). Lancaster: University of Lancaster.

Irwin, A., & Wynne, B. (1996). Introduction. In A. Irwin & B. Wynne (Eds.), *Misunderstanding science? The public reconstruction of science and technology* (pp. 1-17). Cambridge: Cambridge University Press.

Irwin, Alan (1995a). *Citizen Science: A Study of People, Expertise and Sustainable Development.* London: Routledge.

Irwin, Alan (1995b). Science and the Policy Process. In A. Irwin (Ed.),

Citizen Science – A study of people, expertise and sustainable development (pp. 62-80). London: Routledge.

Jasanoff, Sheila (1990). *The Fifth Branch: Science Adviser as Policymakers*. MA: Harvard University Press.

Jasanoff, Sheila (2004). *States of Knowledge: The Co-Production of Science and the Social Order*. London: Routledge.

Jasanoff, Sheila (2005). *Design on Nature: Science and Democracy in Europe and the United States*. NJ: Princeton University Press.

Jones, Steven G. (1996). Understanding Community in the Information Agein. In S. Jones (Ed.), *Cybersociety-Computer-Mediated Communication and Community*. London: Sage Publications Ltd.

Kasperon, Roger (2005a). Risk and the Stakeholder Express. In J. X. Kasperson & R. E. Kasperso (Eds.), *The Social Contours of Risk* (Vol. 1). UK: Earthcan.

Kasperon, Roger (2005b). Risk and the Stakeholder Express. In J. X. Kasperson & R. E. Kasperson (Eds.), *2005 The Social Contours of Risk, Vol. I: Publics, Risk Communication & the Social Amplification of Risk*. London: Earthscan.

Kasperson, E. R., Jhaveri, N., & Kasperson, X. J. (2005). Stigma and the Social Amplification of Risk: Towards A Framework of Analysis. In E. R. Kasperson & X. J. Kasperson (Eds.), *The social contours of risk – volume I: publics, risk communication & the social amplification of risk* (pp. 161-180). London: Earthscan.

Kasperson, Roger E., & Palmlund, Ingar (2005). Evaluating Risk Communicaton. In J. X. Kasperson & R. E. Kasperson (Eds.), *The Social Contours of Risk* (Vol. 1). UK: Earthcan.

Kasperson, Roger E., Renn, Ortwin, Slovic, Paul, Brown, Halina S., Emel, Jacque, Goble, Robert, ... Ratick, Samuel (2005). The Social Amplification of Risk: A Conceptual Framework. In J. X. Kasperson & R. E. Kasperson (Eds.), *The Social Contours of Risk* (Vol. 1). UK: Earthcan.

Kellner, Douglas (1995). *Media Culture – Cultural studies, identity and politics between the modern and the postmodern.* London: Routledge.

Keupp, Heiner (1994). Ambivalenzen postmoderner Identität. In U. Beck & E. Beck-Gernsheim (Eds.), *Riskante Freiheiten.* Frankfurt am Main: Suhrkamp.

Keupp, Heiner (1996). Bedrohte und befreite Identität in der Risikogesellschaft. In B. Annette (Ed.), *Identität, Leblichkeit, Normativität. – Neue Horizonte anthropologischen Denkens.* Frankfurt am Main: Suhrkamp.

Kim, Eunmee, & Jiyoung, Kim (2005). Developmental state vs. globalization: South Korea's developmental state in the aftermath of the Asian financial crisis of 1997-98. *Korean Social Science Journal, 17* (2), 43-70.

Kim, Manjae (2003). The role of the state in the third wave of globalization in Korea. *Society in Transition, 34* (2), 338-349.

Kim, Myung-sik (1999). *Country Report: Cloning and Deliberation.* Korean Consensus Conference. Retrieved from www.unesco.or.kr/cc/eng.html.

Kim, Yun Tae (2007). The Transformation of the East Asian States: From the Developmental State to the Market-oriented State. *Korean Social Science Journal, 34* (1), 49-78.

KISTEP (2005). KISTEP Document. Retrieved 1 June, 2009. from http://www.kistep.re.kr/index.jsp

KISTEP (2008). KISTEP Document. Retrieved 2 November, 2008. from http://www.most.go.kr/

KNCU (1998). Citizen Conference of GMO. from http://www.unesco.or.kr/cc/citizen.html

Kohli, Martin (1994). Institutionalisierung und Individualisierung der Erwerbsbiographie. In U. Beck & E. Beck-Gernsheim (Eds.), *Riskante Freiheiten.* Frankfurt am Main: Suhrkamp.

Krüger, H.-D. (1991). Reflexive Modernisierung und der neue Status der Wissenschafter. in *Deutsche Zeitschrift für Philosophie/*12.

Krüger, Helga (1993). Bilanz des Lebenslaufs: Zwischen sozialer Strukturiertheit und biographischer Selbstdeutung. *Soziale Welt, 44* (3), 375-391.

Krohn, W., & Krücken, G. (1993). *Riskante Technologie: Reflexion und Regulation. Einführung in die sozialwissenschaftliche Risikoforschung.* Frankfurt am Main: Suhrkamp.

Kuhn, Thomas S. (1972). *The Structure of Scientific Revolutions*. Chicago: The University of Chicago.

Lübbe, Hermann (1988). Im Zug der Zeit. Über die Verkürzung des Aufenthalts in der Gegenwart. In W. C. Zimmerli (Ed.), *Technologisches Zeitalter oder Postmodere?* München: Wilhelm Fink Verlag.

Latour, Bruno (1992). Where are the Missing Masses? The Sociology of a few mundand Artifacts. In W. Bijker & T. Pinch (Eds.), *Shaping Technology/ Building Society* (pp. 255-258). Cambridge: MIT Press.

Latour, Bruno (1995). *Wir sind nie modern gewesen – Versuch einer symmetrischen Anthropologie*. Berlin: Akademie Verlag.

Lau, C. (1991). Gesellschaftsdiagnose ohne Entwicklungstheorie. In W. Glatzer (Ed.), *Die Modernisierung moderner Gesellschaften – Ergänzungsband*. Frankfurt am Main: Westdeutsche.

Leach, Melissa, & Scoones, Ian (2005). Science and citizenship in a global context. In M. Leach, I. Scoones & B. Wynne (Eds.), *Science and Citizens*. London: Zed Books.

Leisering, Lutz (1997). Individualisierung und "sekundäre Institutionen" – der Sozialstaat als Voraussetzung des modernen Individuums. In U. Beck & P. Sopp (Eds.), *Individualisierung und Integration – Neue Konfliktilinien und neuer Integrationsmodus?* Opladen

Lessenich, Stephan (1993). Wohlfahrtsstaatliche Regulierung und die Strukturierung von Lenbensläufen. *Soziale Welt, 46* (1), 51-69.

Lim, Hyun (2007). Science Times. from http://www.sciencetimes. co.kr/article.do?atidx=0000020843

Löfstedt, Ragnar E. (2002a). The precautionary principle: risk, regulation and politics. *Policy background paper for the Canadian Privy Council.* Retrieved March 7, 2007, from http://www.21stcenturytrust. org/precprin.htm

Löfstedt, Rangar E. (2002b). *The precautionary principle: risk, regulation and politics.* (Introduction paper). Oxford: Merton College.

Löfstedt, Ragnar E. (2003). How Can Better Risk Management Lead to Greater Public Trust in Canadian Institutions: Some Sobering Lessons from Europe. Retrieved December, 2003, from http://www. smartregulation.gc.ca

Loo, H., & Reijen, W. (1992). *Modernisierung.* München: Deutscher Taschenbuch Verlag.

Luhmann, Niklas (1984). *Soziale Systeme – Grundriß einer allgemeinen Theorie.* Frankfurt am Main: Suhrkamp.

Luhmann, Niklas (1986). *Ökologische Kommunikation.* Opladen: Westdeutscher .

Luhmann, Niklas (1990a). *Die Wissenschaft der Gesellschaft.* Frankfurt am Main: Suhrkamp.

Luhmann, Niklas (1990b). *Risiko und Gefahr, in ders., Soziologische Aufklärung 5.* Opladen: Westdeutscher.

Luhmann, Niklas (1991a). *Soziologie des Risikos.* Berlin: Walter de

Gruyter.

Luhmann, Niklas (1991b). Verstädigung über Risiken und Gefahren. *Die politische Meinung.*

Luhmann, Niklas (1992). *Die Wissenschaft der Gesellschaft.* Frankfurt am Main: Suhrkamp.

Luks, Fred (1999). Post-normal science and the rhetoric of inquiry: deconstructing normal science? *Futures, 31,* 705-719.

Lyotard, Jean-François (1984a). *The postmodern condition: a report on knowledge* (G. Bennington & B. Massumi, Trans.). Manchester: Manchester University Press.

Lyotard, Jean-François (1984b). *The Postmodern Condition: A Report on Knowledge.* MN: University of Minnesota Press.

Marchi, Bruna De, & Ravetz, Jerome R. (1999). Risk management and governance: a post-normal science approach. *Futures, 31,* 743-757.

Marris, Claire, Joly, Pierre-Benoit, & Rip, Arie (2008). Interactive Technology Assessment in the Real World: Dual dynamics in an iTA Exercise on Genetically Modified Vines. *Science, technology and human values, 33* (1), 77-100.

Maurer, Reinhart (1988). Ein möglicher Sinn der Rede von Postmoderne im Spannungsfeld zwischen Technologie und Ökologie. In W. C. immerli (Ed.), *Technologisches Zeitalter oder Postmodere?* München: Wilhelm Fink Verlag.

Mayer, Sue (2003). *GM Nation? Engaging people in real debate?* UK:

GeneWatch.

McGrew, Anthony (1998). Demokratie ohne Grenze? In U. Beck (Ed.), *Politik der Globalisierung*. Frankfurt am Main: Suhrkamp.

McNamee, Sheila (1996). Therapy and Identity Construction in a Postmodern World. In D. Grodin & L. n. T. R. (Eds.), *Constructing the Self in a mediated World*. London: Sage Publications Ltd.

Miller, Henry I. (1996). When Politics drives Science: Lysenko, Gore, and U.S. Biotechnology Policy. In P. E. Frankel (Ed.), *Scientific Innovation, Philosophy, and Public Policy* (pp. 96-112). Cambridge: Cambridge University Press.

Miller, J. D. (2001). Public understanding of science at the crossroads. *Public Understanding of Science, 10*, 115-120.

MITI (1971). *White Paper on Science and Technology*. Paper presented at the Council for Science and Technology, Tokyo.

Moscovici, S. (1990). *Versuch über die menschliche Geschichte der Natur*. Frankfurt am Main: Suhrkamp.

Mumford, L. (1986). Technology and Culture. In D. L. Miller (Ed.), *The Lewis Mumford Reader* (pp. 299-347). New York: Pantheon.

Nakagawaa, Yoshinori, Shiroyamab, Hideaki, Kurodac, Kotaro, & Suzukid, Tatsujiro (2010). Assessment of social implications of nanotechnologies in Japan: Application of problem structuring method based on interview surveys and cognitive maps. *Technological forecasting & social change, 77* (4), 615-638.

Nowotny, H., Scott, P., & Gibbons, M. (2001). The Co-evolution of Society and Science. In H. Nowotny, P. Scott & M. Gibbons (Eds.), *Re-Thinking Science: Knowledge and the public in an age of uncertainty* (pp. 30-49). Cambridge: Polity Press.

Nowotny, Helga, Scott, Peter, & Gibbons, Michael (2001). *Re-Thinking Science*. London: Sage Publications Ltd.

O'Brien, Mary (2000). *Making Better Environmental Decisions: An Alternative to Risk Assessment*. Cambridge: The MIT Press.

OECD (1996). Science and Technology Policy in The Course of Industrialization. In OECD (Ed.), *Reviews of National Science and Technology Policy: Republic of Korea 1996* (pp. 34-41). Paris: OECD Publishing.

OECD (2003). Emerging systemic risks. Organization of Economic Co-operation and Development. *Final report to the OECD Futures Project*. from http://www.oecd.org/dataoecd/23/56/19134071.pdf

P, Slovic (2000). Perceived Risk, Trust and Democracy. In P. Slovic (Ed.), *The Perception of Risk* (pp. 316-326). London: Earthscan.

Park, Bae-Gyoon (2005). Spatially selective liberalization and graduated sovereignty: politics of neo-liberalism and "special economic zones" in South Korea. *Political Geography, 24* (7), 850-873.

Parsons, T., & Platt, G. M. (1973). *The American University*. Cambridge: Harvard University Press.

Paul, Hirst, & Thompson (1998). Globalisierung? Internationale

Wirtschaftsbeziehungen, Nationalökonomiedn und die Formierung von Handelsblöken. In U. Beck (Ed.), *Politik der Globalisierung*. Frankfurt am Main: Suhrkamp.

Perrow, Charles (1988). Komplexität , Kopplung und Katastrophe. In C. Perrow (Ed.), *Normale Katastrophen – Die unvermmeidbaren Risiken der Großtechnik* (pp. 95-140). Frankfurt am Main: Campus.

Perrow, Charles (1999). *Normal Accidents: Living with High-Risk Technologies*. NJ: Princeton University Press.

Petersen, Alan (2005). Securing our genetic health: engendering trust in UK Biobank. *Sociology of Health & Illness, 7* (2), 71-292.

Polanyi, Karl (1957). *The Great Transformation: the political and economic origins of our time*. Boston: Beacon Press.

Poser, Hans (1988). Gibt es noch eine Einheit der Wissenschaften? Zum Wissenschaftsverständnis der Gegenwart. In W. C. Zimmerli (Ed.), *Technologisches Zeitalter oder Postmodere?* München: Wilhelm Fink Verlag.

Poster, Mark (1995). Postmodern Virtualities. *Body and Society, 1* (3-4), 79-95.

Poster, Mark (1997). Elektronische Identitäten und Demokratie. In A. Roesler (Ed.), *Mythos Internet*. Frankfurt am Main: Suhrkamp.

Power, Michael (1997). From risk society to audit society. *Soziale systeme, 3*(1), 3-21.

Rammert, Wermer (1993). *Technik aus soziologischer Perspektive.*

Opladen: Westdeutscher.

Rammert, Wermer (1995). *Soziologie und Künstliche Intelligenz – Produkte und Probleme einer Hochtechnologie.* Frankfurt am Main: Campus.

Rauschenbach, T., & Gängler, H. (1992). *Soziale Arbeit und Erzierung in der Risikogesellschaft.* Neuwied: Luchterhand.

Ravetz, Jerome R. (1999a). Risk management and governance: a post-normal science approach. *Futures, 31,* 743-757.

Ravetz, Jerome R. (1999b). What Is Post Normal Science? *Futures, 31* (7), 647-653.

Ravetz, Jerry (2002). The post-normal science of precaution. *Post-Normal Science-P,* Vol. 6, 1-13.

Rayner, Steve (1992). Cultural Theory and Risk Analysis. In S. Krimsky & D. Golding (Eds.), *Social Theory of Risk.* Westport: Praeger.

Rehberg, Karl-Siegbert (1990). Utopien der Stagnation. "Postmoderne" und "post-histoire" als kulturkritische Zeitdiagnosen. In W. Zapf (Ed.), *Die Modernisierung moderner Gesellschaften. Verhandlungen des 25. Deutschen Soziologentages in Frankfurt am Main 1990.* Frankfurt/New York: Campus Verlag.

Rein, Matin, & Schon, Donald (1991). Frame-reflective policy discourse. In P. Wagner (Ed.), *Social Science and modern State.* Cambridge: Cambridge University Press.

Renn, O., & Graham, P. (2005). White paper on risk governance:

towards an integrative approach. *International Risk Governance Council (IRGC)*. Retrieved March 7, 2007, from http://www.irgc.org/irgc/projects/risk_characterisation/_b/contentFiles/IRGC_WP_No_1_Risk_Governance_(reprinted_version).pdf

Renn, Ortwin (2005). "Before assessment starts" to "risk appraisal". In IRGC White Paper No.1: Risk Governance – Towards an Integrative Approach(pp. 23-35). *International Risk Governance Council.* from http://www.irgc.org/irgc/projects/risk_characterisation/_b/contentFiles/IRGC_WP_No_1_Risk_Governance_(reprinted_version).pdf

Renn, Ortwin (2008). *Risk Governance.* London: Earthscan.

Rip, Arie (2005). *Technology assessment as part of the co-evolution of nanotechnology and society: the thrust of the TA program in NanoNed.* Paper presented at the Nanotechnology in sciencem economy and society, Marburg.

Rip, Arie (2010a). In a third wave of science studies? *Social studies of science, 3* (33), 419-434.

Rip, Arie (2010b). Social Robustness and the mode 2 diagnosis. Science, technology & innovation studies. *Technische Universität Dortmund Wirtschafts – und Sozialwissenschaftliche Fakultät, Dortmund, 1* (6).

Robertson, Roland (1992). *Globalization.* London: Sage Publications Ltd.

Robertson, Roland (1998). Glokalisierung: Homogenität und Heterogenität in Raum. In U. Beck (Ed.), *Perspektiven der Weltgesellschaft*. Frankfurt am Main: Suhrkamp.

Rosenau, James N. (1990). *Turbulence in World Politics: A Theory of Change and Continuity*. Birghton: University of Sussex.

Rutgers, M. R., & Mentzel, M. A. (1999). Scientific Expertise and Public Policy: Resolving Paradoxes? *Science and Public Policy, 26* (3), 146-150.

Sander, Elizabeth, & Stappers, Pieter Jan (2008). Co-creation and the New Landscapes of Design, CoDesing. *CoDesing: International Journal of CoCreation in Desing and the Arts, 4* (1), 5-18.

Scharping, M., & Görg, Chr (1994). Natur in der Soziologie. In C. Görg & M. Scharping (Eds.), *Gesellschaft im Übergang*. Darmstadt: Wiss. Buchgesellschaft, pp. 179-201.

Schelsky, H. (1965). Der Mensch in der wissenschaftlichen Zivilisation. In H. Schelsky (Ed.), *Auf der Suche nach der Wirklichkeit* (pp. 439-480). Düsseldorf: Diederichs.

Schmidtke, Jörg (1995). Nur der Irrtum ist das Leben, und das Wissen is der Tod. Das Dilemma der Prädiktien Genetik. In E. Beck-Gernsheim (Ed.), *Welche Gesundheit wollen wir?* Frankfurt am Main: Suhrkamp.

Schumacher, E. F. (1989). *Small is beautiful: Economics as if people mattered*. London: Harper Perennial.

Shiroyama, Hideaki (2010). Limits if past practices and possible future institutionalization of TA in Japan. *Technikfolgenabschätzung – Theorie und Praxi, 2* (19).

Shiroyama, Hideaki, Yoshizawa, Go, Matsuo, Miyako, & Suzuki, Tatsujiro (2010). *Institutional Options and operational issues in technology assessment: Lessons from experiences in the United States and Europe.* Paper presented at the Society for social studies of science annual meeting with JSSTS, University of Tokyo, Tokyo.

Sieferle, Rolf Peter (1984). *Fortschrittsfeinde? Opposition gegen Technik und Industrie von der Romantik bis zur Gegenwart.* München: C. H. Beck.

Simmel, Georg (1908). *Soziologie.* Leipzig: Untersuchungen über die Formen der Vergesellschaftung.

Simmel, Georg, & Dahme, Heinz-Jürgen (1989). *Gesamtausgabe / Bd. 2, Aufsätze 1887 bis 1890 ; Über sociale Differenzierung ; Die Probleme der Geschichtsphilosophie : (1892) / hrsg. von Heinz-Jürgen Dahme.* Frankfurt am Main: Suhrkamp.

Slovic, Paul (2001). The Risk Game. *Journal of Hazardous Materials, 86,* 17-24.

Smith, Michael J. (2001). Population-based Genetic Studies: Informed Consent and Confidentiality. *Santa Clara Computer and High Technology Law Journal: Comment, 18* (1), 57-94.

Sohn, W. (1994). Zwischen technologischen Aufhebung der

Gesellschaft und Politisierung der Technologie. In C. Görg (Ed.), *Geselllschaft im Übergang – Perspektiven kritischer Soziologie.* Darmstadt: Wiss. Buchges.

Spoel, P., & Barriault, C. (2011a). Risk knowledge and risk communication: The rhetorical challenge of public dialogue. In D. Starke-Meyerring, A. Paré, N. Artemeva, M. Horne & L. Yousoubova (Eds.), *Writing (in) the Knowledge Society.* SC: Parlor Press.

Spoel, P., & Barriault, C. (2011b). Risk knowledge and risk communication: The rhetorical challenge of public dialogue. In D. Starke-Meyerring, A. Paré, N. Artemeva, M. Horne & L. Yousoubova (Eds.), *Writing (in) the Knowledge Society* (pp. 87-112). Anderson: Parlor Press.

Stein, Josephine Anne (2002). Introduction: Globalization, Science, Technology and Policy. *Science and Public Policy, 29* (6), 402-408.

Sturgis, P., & Allum, N. (2004). Science in society: Re-evaluating the deficit model of public attitudes. *Public Understanding of Science, 13*, 55-74.

Swidler, Ann (1986). Culture in Action: Symbols and Strategies. *ASR, 51*, 273-286.

Taylor, Charles (1994). *Quellen des Selbst. Die Entstehung der neuzeitlichen Identität.* Frankfurt am Main: Suhrkamp.

Treibel, Annette (1997). Dualität von Handlung und Struktur. In A.

Treibel (Ed.), *Einführung in soziologische Theorien der Gegenwart*. Opladen: Leske + Budrich.

Treibel, Annette (1996). Nobert Elias und Ulrich Beck – Individualisierungsschübe im theoretischen Vergleich. In Rehberg (Ed.), *Norbert Elias und die Menschenwissechaften* (pp. 424-433). Frankfurt am Main: Suhrkamp.

Tu, Wen-Ling (2009). The Risk Debates on High-Tech Pollution: A Challenge to Environmental Advocay. *Taiwan Democracy Quarterly*, 6 (4), 101-140.

Turkle, Sherry (1996a). Identity Crisis. In S. Turkle (Ed.), *Life on the Screen – Identity in the Age of the Internet*. London: Weidenfeld & Nicolson.

Turkle, Sherry (1996b). Parallel Lives: Working on Identity in Virtual Space. In D. Grodin & T. R. Lindlof (Eds.), *Constructing the Self in a mediated World*. London: Sage Publications Ltd.

Van der Loo, Hans (1992). *Modernisierung*. München: Deutscher Taschenbuch Verlag.

Voß, Jan-Peter, Smith, Adrian, & Grin, John (2009). Designing long-term policy: rethinking transition management. *Policy Sci, 42*, 275-302.

Wang, Jenn-hwan (2007). From technological catch-up to innovation-based economic growth: South Korea and Taiwan compared. *The Journal of Development Studies, 43*(6), 1084-1104.

風險社會典範轉移

Wehling, P. (1992). *Die Moderne als Sozialmythos*. Frankfurt am Main: Suhrkamp.

Weißbach, H., & Poy, A. (1993). *Risiken informatisierter Produktion: Theoretische und empirische Ansätze. Strategien zur Risikobewältigung*. Opladen: Westdeutscher.

Weiss, L. (1998). *The myth of the powerless state: Governing the economy in the global era*. Cambridge: Polity Press.

Welsch, Wolfgang (1988). Die Postmoderne in Kunst und Philosophie und ihr Verhältnis zum technologischen Zeitalter. In W. C. Zimmerli (Ed.), *Technologisches Zeitalter oder Postmodere?* München: Wilhelm Fink Verlag.

Welsch, Wolfgang (1990). Gesellschaft ohne Meta-Erzählung? In W. Zapf (Ed.), *Die Modernisierung moderner Gesellschaften. Verhandlungen des 25. Deutschen Soziologentages in Frankfurt am Main 1990*. Frankfurt/New York: Campus.

WHO (2002a). Establishing a Dialogue on Risks from Electromagnetic Fields. Geneva: WHO.

WHO (2002b). The world health 2002 report: reducing risks, promoting healthy life. Retrieved 2009, July 31, from http://www.who.int/entity/whr/2002/en/whr02_en.pdf

WHO/OMS (2005). *Framework Guiding public health policy options in areas of scientific uncertainty: Dealing with EMF*. Retrieved from https://www.google.com.tw/url?sa=t&rct=j&q=&esrc=s&source=we

b&cd=1&cad=rja&ved=0CDYQFjAA&url=http%3A%2F%2Fmicro
wavenews.com%2Fdocs%2FRepacholi.Framework.pdf&ei=ZsXbUd
zrAsagkQWPsICADg&usg=AFQjCNFHRpRfB4II3OlmvhZOFG
0g7M60-Q&sig2=w-EyArz_JiwXgt3D2_nQcA.

Wilson, E. O. (1992). *The Diversity of Life*. Cambridge: Harvard University Press.

Winner, L. (1986). Technology as Forms of Life. In L. Winner (Ed.), *The Whale and the Reactor – A Search for Limits in an Age of High Technology* (pp. 19-39). Chicago: University of Chichago Press.

Winner, L. (1992). *Democracy in a Technological Society*. Dordrecht: Kluwer.

Winner, L. (1992). *Democracy in a Technological Society*. Dordrecht: Kluwer.

Wu, Chia-Ling (2012). IVF Policy and Global/Local Politics: The Making of Multiple-Embryo Transfer Regulation in Taiwan. *Social Science & Medicine 75* (4): 725-732.

Wynne, B. (1980). Technology, Risk and Participation: On The Social Treatment of Uncertainty. In J. Conrad (Ed.), *Society, Technology and Risk Assessment* (pp. 173-208). New York: Academic Press.

Wynne, B. (1996). May the sheep safely graze? A reflexive view of the expert-lay knowledge divide. In S. Lash & B. Szerszynski (Eds.), *Risk, Environment & Modernity* (pp. 45-83). London: Sage Publications Ltd.

風
險
社
會
典
範
轉
移

Wynne, Brian (1994). Scientific Knowledge and the global Environment. In M. Redclift & T. Benton (Eds.), *Social Theory and the global Environment.* London: Routledge.

Wynne, Brian (2001). Creating public alienation expert cultures of risk and ethics on GMOs. *Science as Culture, 10,* 445-481.

Yearley, Steven (2000). What does science mean in the "public understanding of science?" In M. Dierkes & C. V. Grote (Eds.), *Between understanding and trust: the public, science and technology.* Amsterdam: Harwood.

Yearly, S. (1996). *Sociology, Environment, Globalization: Reinventing the Globe.* London: Sage Publications Ltd.

Yoshizawa, Go (2010). *Challenges for institutionalization of new generations of technology assessment.* Paper presented at the Society for social studies of science annual meeting with JSSTS, University of Tokyo, Tokyo.

Young-ja, Bae, & Suk-jun, Lim (2001). Political economy of industrial transformation: the LCD and footwear industries in South Korea and Taiwan. *Issues & Studies, 37* (5), 37-75.

Young, Iris Marison (1996). Communication and the other: beyond deliberative democracy. In S. Benhabib (Ed.), *Democracy and Difference: Contesting the Boundaries of the Political* (pp. 120-136). Princeton: Princeton University Press.

Young, Iris Marison (2003). Activist challenges to deliberative democracy. In J. Fischkin & P. Laslett (Eds.), *Debating Deliberative Democracy* (pp. 102-119). Malden: Blackwell.

Zürn, Michel (1998). Schwarz-Rot-Grün-Braun: Reaktionsweisen auf Denationalisierung. In U. Beck (Ed.), *Politik der Globalisierung*. Frankfurt am Main: Suhrkamp.

Zapf, Wolfgang (1968). *Theorie sozialen Wandels*. Köln-Berlin: Kiepenheuer und Witsch.

Zapf, Wolfgang (1991). *Die Modernisierung moderner Gesellschaften: Verhandlungen des 25. Deutschen Soziologentages in Frankfurt am Main 1990*. Frankfurt am Main: Suhrkamp.

Baumer, F. L. (1984)。《西方近代思想史》（李日章譯）。台北：聯經。

Bell, D. (1995)。《後工業社會的來臨》。台北：桂冠。

Beniger, J. R. (1998)。《控制革命——資訊社會的技術和經濟起源》（丘辛曄譯）。台北：桂冠。

Cassirer, E. (1998)。《啟蒙運動的哲學》（李日章譯）。台北：聯經。

Castells, M. (1998)。《網絡社會之崛起》。台北：唐山出版社。

Cho (2007)。〈突破僵局：南韓對危險設施所採取公民陪審團的作法〉，載於廖錦桂／王興中（主編），《口中之光——審議民主的理論與實踐》，頁 165-178。台灣：台灣智庫。

Conner, S. (1999)。《後現代文化導論》（唐維敏譯）。台北：五南。

Fukuyama, F. (1992)。《歷史之終結與最後一人》。台北：時報。

Gehlen, A. (1992)。《科技時代的心靈——工業社會的社會心理問

題》（何兆武與何冰譯）。台北：巨流。

Giddens, A. (2001)。《失控的世界》。台北：時報。

Hampson, N. (1987)。《啟蒙運動》（李豐斌譯）。台北：聯經。

Huntington, S. P. (2000)。《第三波 —— 二十世紀末的民主化浪潮》。台北：五南。

Kaufmann, A. (2000)。《法律哲學》。台北：五南。

Kennedy, P. (1999, 1999/2/12)。〈「全球化經濟」未來的隱憂〉，《中國時報》。

KISTEP (2004)。〈2003 年技術影響評估報告書〉。取自 http://www.kistep.re.kr/index.jsp

KISTEP (2008)。〈2008 年技術影響推動計畫報告書〉。取自 http://www.kistep.re.kr/index.jsp

Kitamura (2007)。〈核能專家與公民對話之心得〉，載於廖錦桂／王興中（主編），《口中之光 —— 審議民主的理論與實踐》，頁 157-164。台灣：台灣智庫。

Kobayashi (2007)。〈科技民主與民眾參與：1990 年以後日本的經驗〉，載於廖錦桂／王興中（主編），《口中之光 —— 審議民主的理論與實踐》，頁 139-140。台灣：台灣智庫。

Kuhn, T. S. (1994)。《科學革命的結構》（程樹德、傅大為、王道還與錢永祥譯）。台北：遠流。

Lee (2007)。〈衝突、期待到共識：首爾國立大學學生證政策公民會〉。載於廖錦桂／王興中（主編），《口中之光 —— 審議民主的理論與實踐》，頁 179-192。台灣：台灣智庫。

Lim, H. (2007)。〈科學技術的解毒劑 —— 技術影響評估〉。取自
　　http://www.sciencetimes.co.kr/article.do?atidx=0000020843

Oliver, R. W. (2000)。《生物科技大未來》。台北：McGraw-Hill。

Perrow, C. (2001)。《當科技變成災難 —— 與高風險系統共存》。
　　台北：商周。

Soros, G. (1998)。《全球資本主義危機》。台北：聯經。

Thurow, L. C. (2000)。《知識經濟時代》（齊思賢譯）。台北：時報。

Tomlinson, J. (1994)。《文化帝國主義》。台北：時報。

Wilson, E. O. (1997)。《繽紛的生命》（金恆鑣譯）。台北：天下
　　文化。

工商時報（2005 年 4 月 7 日）。〈5 年投資 150 億 生醫科技島計
　　畫啟動〉，《工商時報》。

中時電子報（2012 年 2 月 2 日）。〈國民健康與國際關係並重 美
　　牛過招 馬：新閣有新作法〉，中時電子報。取自 http://tol.china
　　times.com/CT_NS/CTContent.aspx?nsrc=B&ndate=20120202&nf
　　no=N0544.001&nsno=4&nkeyword=%bdG%a6%d7%ba%eb&Searc
　　hArgs=Keyword%3d%bdG%a6%d7%ba%eb%26Attr%3d%26Src%3
　　d7%26DateFrom%3d20120104%26DateTo%3d20120202%26Show
　　Style%3d2%26PageNo%3d1%26ItemsPerPage%3d10&App=NS

中時電子報影音（2009，2009 年 10 月 26 日）。〈嫩牛售台 楊志良：
　　美才喪權辱國〉，中時電子報影音。取自 http://video.chinatimes.
　　com/video-bydate-cnt.aspx?cid=1&nid=19153

中國時報（2012 年 3 月 8 日）。〈決策荒腔走板 激起美牛政治風

風險社會典範轉移

暴〉，社論，《中國時報》。

公視新聞議題中心（2011年2月9日）。「學界反對國光石化開發案」記者會實況轉播。取自 http://pnn.pts.org.tw/main/?p=5578

反對國光石化在彰化設廠連署（2011年2月9日），學者連署名單。取自 http://protectsousachinensis.blogspot.com/p/blog-page.html

王川臺、鄭春發、鄭國泰、蕭元哲（2006）。〈高雄市第一港口跨港觀光纜車之公民會議研究〉，《新竹教育大學學報》，22，頁243-271。

王振寰（1999）。〈全球化，在地化與學習型區域：理論反省與重建〉，《台灣社會研究季刊》，34，頁69-112。

王振寰（2007）。〈從科技追趕到創新的經濟轉型：南韓、台灣與中國〉，《台灣社會研究季刊》，68，頁177-226。

王綺年（2008）。〈國家角色與產業發展之連結 —— 比較台灣與韓國之薄膜液晶顯示器產業〉，《東亞研究》，39 (1)，頁95-123。

台灣女人健康網（2006年1月2日）。〈代理孕母〉。取自 http://www.twh.org.tw/11/01-1.asp

申東鎮（2006）。〈自主創新：韓國經濟騰飛的翅膀〉，《中外企業文化》，12，頁57-59。

〈石化政策要轉彎 環保救國大遊行〉（2011）。取自 http://environment-go.blogspot.com/

安士敦、瞿宛文（2003）。《超越後進發展：台灣的產業升級策略》。台北：聯經。

朱元鴻（1995）。〈風險知識與風險媒介的政治社會學分析〉,《台灣社會研究季刊》,19。

朱淑娟（2009年6月15日）。〈中科四期二林園區引爆土地徵收適法性爭議,委員質疑：科學園區徵收土地公益何在〉,環境報導。取自 http://shuchuan7.blogspot.com/2009/06/blog-post_16.html

朱淑娟（2009年10月26日）。〈中科四期廢水排放 黃淑英：行政院無權更動環評結論 沈世宏：是政策決定事項〉,環境報導。取自 http://shuchuan7.blogspot.com/2009/10/2009_27.html

朱雪飛、曾樂民、盧進（2004）。〈韓國科技評估現狀分析及借鑒〉,《科技管理研究》,26 (2)。

朱雲漢（2011）。〈王道思想與世界秩序重組〉。「王道文化與公義社會」發表之論文,國立中央大學／中華文化總會主辦。

自由時報（2012年3月7日）。〈顧健康、顧生計、顧民主的人還能再緘默？〉,社論,《自由時報》。

行政院（2001）。「生物多樣性推動方案」,行政院第2,747次院會通過。

行政院科技顧問組（2009年12月6日）。取自 http://www.stag.gov.tw/index.php

行政院國家科學委員會（2008）。〈中部科學園區四期用地遴選結果公布〉。取自http://web1.nsc.gov.tw/ctpda.aspx?xItem=10446&ctNode=75&mp=8

行政院農業委員會（1999）。〈台灣生物多樣性國家報告〉,頁

12。

行政院農業委員會（2000）。〈台灣生物多樣性國家報告〉（草案）。取自 http://bc.zo.ntu.edu.tw/

行政院衛生署（2002/10/23）。〈基因改造食品介紹〉。取自 http://www.doh.gov.tw/cht/content.aspx?dept=R&class_no=3&now_fod_list_no=4268&array_fod_list_no=&level_no=2&doc_no=989&show=

何思祁（2004 年 9 月 18 日）。〈代理孕母公民會議支持有條件開放〉，《聯合晚報》。

吳嘉苓（2007）。〈STS 與科學治理〉，《台灣民主季刊》，4 (3)，頁 185-189。

吳嘉苓、曾嬿芬（2006）。〈SARS 的風險治理：超越技術模型〉，《台灣社會學》，11，頁 57-109。

吳嘉苓、鄧宗業（2004）。〈法人論壇——新興民主國家的公民參與模式〉，《台灣民主季刊》，1 (4)，頁 35-56。

呂苡蓉（2009 年 11 月 6 日）。〈中科四期區域計畫審議 爆土地徵收不公 擇期再審〉。取自 http://e-info.org.tw/node/49057

宋健生（2009 年 3 月 5 日）。〈中興新村變身高等研究園區〉，《經濟日報》。

李雅萍（2007）。「全球化浪潮・爭議性科技：談各國基因改造管理規範」，李雅萍計畫主持。台北：資訊工業策進會法律中心。

李碧涵（2000）。〈市場、國家與制度安排：福利國家社會管制方式變遷〉。「全球化的社會學想像：國家、經濟與社會」學術研

討會，「台灣社會學年會」發表之論文。

杜文苓（2009a）。〈高科技污染的風險論辯 —— 環境倡議的挑戰〉，《台灣民主季刊》，6 (4)，頁 101-140。

杜文苓（2009b）。〈環境風險與科技決策：檢視中科四期環評爭議〉，《東吳政治學報》，29 (2)，頁 57-110。

沈政男（2012 年 1 月 22 日）。〈免簽換牛肉 免之美〉，自由電子報。取自 http://www.libertytimes.com.tw/2012/new/jan/22/today-o2.htm

周桂田（1994）。〈黑格爾的市民社會理論：從神學時期、耶拿時期至法哲學原理時期之脈絡為詮釋觀點〉。台北：國立台灣大學社會學研究所。

周桂田（1997）。〈網際網路上的公共領域 —— 在風險社會下的建構意義〉。「第二屆資訊與社會研討會」發表之論文，中研院社會學研究所。

周桂田（1998a）。〈「風險社會」中結構與行動的轉轍〉，《國立台灣大學社會學刊》，26，頁 99-150。

周桂田（1998b）。〈現代性與風險社會〉，《台灣社會學刊》，21，頁 89-129。

周桂田（2000a）。〈生物科技產業與社會風險 —— 遲滯型高科技風險社會〉，《台灣社會研究季刊》，39，頁 239-283。

周桂田（2000b）。〈高科技風險：科學與社會之多元與共識問題〉，《思與言雜誌》，38 (3)，頁 75-103。

周桂田（2001a）。〈科學風險：多元共識之風險建構〉，載於顧

忠華（主編），《第二現代 —— 風險社會的出路？》，頁 47-
75。台北：巨流。

周桂田（2001b）。〈基因科技風險與不確定性〉。「張昭鼎紀念
研討會」發表之論文，台北。

周桂田（2002）。〈在地化風險之實踐與理論缺口 —— 遲滯型高
科技風險社會〉，《台灣社會研究季刊》，45，頁 69-122。

周桂田（2003）。〈從「全球化風險」到「全球在地化風險」之研
究進路：對貝克理論的批判思考〉，《台灣社會學刊》，31，頁
153-188。

周桂田（2004）。〈獨大的科學理性與隱沒（默）的社會理性之「對
話」—— 在地公眾、科學專家與國家的風險文化探討〉，《台
灣社會研究季刊》，56，頁 1-63。

周桂田（2005）。〈基因改造螢光魚的風險評估與科技政策〉，《科
學發展月刊》，387，頁 83-84。

周桂田（2006）。〈制度性的毀壞信任？從 GMO、狂牛症、戴奧
辛鴨蛋到 Biobank 為分析〉。「中研院『台灣基因意向之調查與
研究』學術研討會」發表之論文，中研院人社中心調查研究專題
中心、台灣 ELSI 研究中心主辦，台北。

周桂田（2007）。〈新興風險治理典範之芻議〉，《政治與社會哲
學評論》，22，頁 179-233。

周桂田（2009）。〈科學專業主義的治理問題 ——SARS、H1N1
、Dioxin、BSE、Melamine 的管制科學與文化〉。「醫療與社
會研討會」發表之論文，中研院社會學研究所。

周桂田（2010）。〈邁向永續產業政策的里程碑〉，《科技、醫療與社會期刊》，11。

周桂田（2013）。〈全球化風險挑戰下發展型國家之治理創新 —— 以台灣公民知識監督決策為分析〉，《政治與社會哲學評論》，44，頁 65-148。

林文源（2014），《看不見的行動能力：從行動者網絡到位移理論》。台北：中央研究院社會學研究所。

林志鴻、呂建德（2001）。〈全球化與社會福利〉，載於顧忠華（主編），《第二現代 —— 風險社會的出路？》，頁 193-242。台北：巨流。

林宜平（2006）。〈女人與水：由性別觀點分析 RCA 健康相關研究〉，《女學學誌：婦女與性別研究》，卷 21，頁 185-211。

林品華（2007 年 11 月 1 日）。〈從政府投入面看韓國近年科技發展主軸，科技政策智庫〉。取自 http://thinktank.stpi.org.tw/eip/index/techdoc_content.jsp?doc_id=1177492402031&ver_id=2

林國民、陳東升（2003）。〈公民會議與審議民主：全民健保的公民參與經驗〉，《台灣社會學季刊》，6，頁 61-118。

林國明、陳東升（2005）。〈審議民主、科技決策與公共討論〉，《科技、醫療與社會期刊》，3，頁 2-49。

林崇熙（1989）。〈台灣科技政策的歷史研究（1949~1983 年）〉。新竹：清大歷史研究所科學史組。

邵廣昭（1999）。〈海洋生物多樣性及其保育〉，載於林曜松（主編），《1999 生物多樣性研討會論文集》，頁 258-288。行政院

農業委員會。

前瞻社（2010）。〈科技前瞻與政策前瞻〉，《政策前瞻的思維》。政大公企中心前瞻社。

施月英（2009 年 11 月 11 日）。〈中科四期開發案 —— 政府為民眾做了甚麼努力〉，彰化縣環境保護聯盟電子報，第七期。

柯承恩、戴元峰（2011）。〈論遠景思維與國家「前瞻治理」〉，《國會月刊》，39 (1)。

柳英洙（2007）。기술영향평가의 메타평가에 관한 이론적 고찰，《韓國行政學報》，41 (3)。

紀駿傑（1998）。〈我們沒有共同的未來：西方主流「環保」關懷的政治經濟學〉，《台灣社會研究季刊》，31，頁 141-167。

苦勞網（2009 年 10 月 30 日）。〈中科四期環評結論〉。取自 http://www.coolloud.org.tw/node/48023

唐在馨、陳品竹（2010 年 1 月 12 日）。〈黎明新村 中央想賣 地方要留〉，《自由時報》。

孫中興（1993）。《愛‧秩序‧進步 社會學之父——孔德》。台北：巨流。

徐作聖（1999）。《全球化科技政策與企業經營》。台北：華泰。

翁啟惠（2011）。〈前瞻未來與永續發展〉。「面對公與義 邁向永續研討會，余紀忠文教基金會」發表之論文。

酒井直樹（1998）。〈現代性與其批判：普遍主義與特殊主義的問題〉，《台灣社會研究季刊》，30，頁 205-235。

馬維揚（1998）。《台灣高科技產業發展之實證研究》。台北：華泰。

國科會（2001）。〈第六次全國科技會議會議論文〉，載於 Book 第六次全國科技會議會議論文。行政院國科會。

國科會（2008）。〈科技前瞻研究報導〉。取自 www.nsc.gov.tw。

國科會（2009）。〈第八次全國科技會議會議論文〉，載於 Book 第八次全國科技會議會議論文。行政院國科會。

國科會科學技術資料中心（2001）。〈政府再造工程 面向知識經濟之科技組織體系〉。台北： 國家實驗研究院科技政策研究與資訊中心。

張黎文（2004 年 7 月 22 日）。〈代理孕母尋求公民會議解套〉，《中國時報》。

張黎文（2004 年 8 月 25 日）。〈第一遭代理孕母公民預備會議廿人代表〉，《中國時報》。

章英華、杜素豪、廖培珊（2011）。〈台灣社會變遷基本調查計畫：第六期第一次調查計畫執行報告〉。台北：中央研究院社會學研究所。

許育典（2012 年 3 月 9 日）。〈牛機爭議 依法行政亂了套〉，《中國時報》。

許俊偉（2012 年 3 月 7 日）。〈不爽意見遭曲解 許立民：嚴重抗議 蘇偉碩：遇到土匪〉，A3 版，《中國時報》。

陳士廉（2011 年 1 月 26 日）。〈青年學子守夜 反對國光石化開發案〉。取自 http://www.wretch.cc/blog/rux8fu6/12641984。

陳東升（2006）。〈審議民主的限制 —— 台灣公民會議的經驗〉，《台灣民主季刊》，3 (1)，頁 77-104。

陳思穎（2010年7月7日）。〈國光石化開發案衝擊生存空間？ 吳敦義：白海豚會轉彎〉，今日新聞網。取自http://www.now news.com/2010/07/07/320-2623354.htm#ixzz1ppBoxs1W

陳惠惠（2004年9月19日）。〈代理孕母限有生產經驗本國人〉，《聯合報》。

陳寧（2009年12月27日）。〈無視相思寮居民高呼反徵收 中科四期園區 冷血動土〉，苦勞網。取自 http://www.coolloud.org.tw/node/49521

陳鳳麗（2009年10月30日）。〈阻工研院落腳921公園 地方將串聯〉，《自由時報》。

陳鳳麗（2010年11月6日）。〈中興園區排水缺對策 環評再踢鐵板〉，《自由時報》。

陳鳳麗（2011年3月6日）。〈省府大樓 先核列南投縣定古蹟〉，《自由時報》。

黃世澤（2011年4月26日）。〈終結國光石化 馬英九挑戰才開始〉，今日新聞網。取自http://www.nownews.com/2011/04/26/142-2707666.htm

傅仰止（2007）。〈台灣社會變遷基本調查計畫：第五期第二次調查計畫執行報告〉。台北：中央研究院社會學研究所。

博蘭尼（1989）。《鉅變：當代政治、經濟的起源》（黃樹民、石佳音與廖立民譯）。台北：遠流。

彭琬馨、林子璇、樓乃潔（2011年8月8日）。〈反中科搶水 農民齊心護水圳〉。取自 http://www.coolloud.org.tw/node/63376

曾華璧（2001）。〈概論台灣環境政策的發展（1950 至 1980 年代）〉，載於曾華璧（主編），《人與環境——台灣現代環境史論》，頁 48-94。

黃漢華（2005 年 6 月 1 日）。〈看完報導再決定吃不吃 華盛頓州狂牛病風暴稍歇，台灣就搶先日、韓，開放進口美國牛肉，餐廳、量販店大表歡迎，然而，這塊牛肉到底安不安全，至今猶是個問號〉，《遠見雜誌》，228。

黃慧珊（2009 年 10 月 14 日）。〈污染問題懸而未決 中科四期有條件通過〉，台灣環境資訊協會 — 環境資訊中心。取自 http://e-info.org.tw/node/48343

黃錦堂（1993）。〈德國計畫裁決程序引進我國之研究 —— 我國重大開發或設廠案許可程序改進之檢討〉，載於翁岳生教授祝壽論文集編輯委員會（主編），《當代公法理論 —— 翁岳生教授六秩誕辰祝壽論文集》，頁 431-480。台北：月旦。

黃錦堂（1994）。〈德國計畫裁決程序引進我國之研究 —— 我國重大開發或設廠案許可程序改進之檢討〉，載於黃錦堂（主編），《台灣地區環境法之研究》，頁 307-364。台北：月旦。

楊智元（2009）。〈毒奶粉的風險論述分析與三聚氫胺的管制爭議〉。台北：台灣大學國家發展研究所。

葉啟政（1996a）。〈再論傳統與現代的鬥爭遊戲 —— 正規化的搓揉形塑〉，《社會學研究》，66，頁 81-90。

葉啟政（1996b）。〈傳統與現代的鬥爭遊戲〉，《社會學研究》，1。

詹順貴（2011年3月10日）。〈因應糧荒，儲糧更應儲地儲農〉，

PNN─公視新聞議題中心。取自http://pnn.pts.org.tw/main/?p=23283。

廖本全（2011年8月10日）。〈圈地、搶水與滅農〉。取自 http://e-info.org.tw/node/69394

廖錦桂、王興中（2006）。《口中之光 ── 審議民主的理論與實踐》。台灣：台灣智庫。

管婺媛、陳文信、楊毅、朱真楷（2012年3月7日）。〈瘦肉精美牛有條件解禁 藍委：把我們當傻子耍〉，A3版，《中國時報》。

劉力仁、劉榮、唐在馨、凌美雪（2011年6月11日）。〈南港生技園區、中科五期 環評有條件通過〉，《自由時報》。

劉宏恩（2004）。〈冰島設立全民醫療及基因資料庫之法律政策評析 ── 論其經驗及爭議對台灣之啟示〉，《臺北大學法學論叢》，54，頁50-54。

劉華美（2005）。〈歐盟之變遷和對商業廣告之規範〉，《財產法暨經濟法期刊》，創刊號，頁61-93。

劉華美（2007）。〈歐盟競爭法之研發（R&D）豁免程序 ──對台灣研發聯合管制的啟示〉，《公平交易季刊》，15 (4)，頁95-128。

劉華美（2009）。〈科技評估與民主：韓國科技評估之法制與程序〉，《政治科學論叢》，42 (12)。

劉華美、周桂田（2005）。〈邁向一個開放性風險評估的可能 ──以生物多樣性議題之基因工程為檢討〉，《台灣科技法律與政策論叢》，2 (4)，頁73-104。

劉開元（2011年6月10日）。〈環評要求不准動古蹟 中興新村高等研究園區 有條件過關 環評大會要求國科會只能先開發對文化古蹟無影響的南核心部分約25公頃土地〉，A4版，《聯合晚報》。

慶正（2010年3月17日）。〈美牛進口案處置失當 監院糾正衛生署〉，今日新聞網。取自http://www.nownews.com/2010/03/17/301-2580751.htm#ixzz1pcNYDdNJ

衛生署（2004a）。主辦「代理孕母公民共識會議」徵求民眾參與。取自 http://tsd.social.ntu.edu.tw/surrogatemotherhoodnews.htm。

衛生署（2004b）。「審議民主的試金石，代理孕母公民共識會議九月十一日登場」。取自 http://tsd.social.ntu.edu.tw/surrogatemotherhoodnews2.htm

談毅、仝允桓（2004）。〈韓國國家科技計畫評估模式分析與借鑒〉，《外國經濟與管理》，26 (6)，頁 46-49。

鄭詩君（2009）。〈論我國環境影響評估法中之民眾參與及其法效性〉。台北：國立台北大學法律學系。

蕭伊倫（2011年1月19日）。〈不要華而不實的中興新村高等研究園區〉。取自http://twwatch.blogspot.com/2011/01/blog-post_19.html

蕭新煌（1994）。〈台灣地方環保抗爭運動的性格與轉變〉，載於台灣研究基金會（主編），《環境保護與產業政策》，頁 550-573。台北：前衛。

薛桂文（2004 年 9 月 19 日）。〈陳建仁：半年內提代理孕母法草

案〉，《民生報》。

謝瓊雲（2011 年 1 月 22 日）。〈中興新村園區 環評過即動工〉，B2 版，《聯合報》。

簡凱倫（2011）。〈論風險社會下的環評制度與法院 —— 司法系統與社會脈絡的相互建構〉。台北：台灣大學國家發展研究所。

顏若瑾、張菁雅（2011 年 1 月 5 日）。〈中科五期將環評 環團為中興新村請命〉，《自由時報》。

羅於陵（2006）。〈科技政策形成機制專案研究〉。台北：國家實驗研究院科技政策研究與資訊中心。

蘋果日報（2009 年 10 月 28 日）。〈拒美牛內臟 北中市推標章 大賣場觀望 五大進口商暫不輸入內臟絞肉〉，《蘋果日報》。取自 http://tw.nextmedia.com/applenews/article/art_id/32049193/IssueID/20091028/applesearch/

鐘聖雄（2011 年 10 月 6 日）。〈反中科搶水 彰化農民要行政院「踹共」〉，PNN—公視新聞議題中心。取自 http://pnn.pts.org.tw/main/?p=33271

顧忠華（1998）。〈民主社會中的個人與社群〉，載於殷海光基金會（主編），《市民社會與民主的反思》，頁 19-54。台北：桂冠。

顧忠華（1999）。〈風險、社會與倫理〉，《國立政治大學哲學學報》，5。

顧忠華、鄭文輝（1993）。〈「風險社會」之研究及其對公共政策之意涵〉，行政院國家科學委員會專題研究計畫成果報告。台北。

國家圖書館出版品預行編目（CIP）資料

風險社會典範轉移：打造為公眾負責的治理模式 /
周桂田著 . -- 初版 . -- 臺北市：遠流，
2014.09
　面；　公分
ISBN 978-957-32-7503-9（平裝）

1.社會變遷　2.社會結構　3.風險管理

541.4 　　　　　　　　　　　　103018610

風險社會典範轉移
打造為公眾負責的治理模式

著者──周桂田
總策劃──國立臺灣大學社會科學院
　　　　　風險社會與政策研究中心
執行編輯──余宣佑
編輯協力──簡玉欣
美術設計──丘銳致

發行人──王榮文
出版發行──遠流出版事業股份有限公司
地址──台北市南昌路二段 81 號 6 樓
劃撥帳號── 0189456-1
電話── (02) 23926899　傳真── (02) 23926658

著作權顧問──蕭雄淋律師
法律顧問──董安丹律師

2014 年 9 月 30 日 初版一刷
行政院新聞局局版台業字第 1295 號
售價──新台幣 380 元

YLib 遠流博識網 http://www.ylib.com　E-mail: ylib@ylib.com